社会福祉士養成課程カリキュラムと『社会福祉学習双書』目次の対比表

第11巻　心理学と心理的支援

養成カリキュラム「教育に含むべき事項」	社会福祉学習双書「目次」
①心理学の視点	・第1章「心理学の視点」
②人の心の基本的な仕組みと機能	・第2章「人の心理学的理解」
③人の心の発達過程	・第3章「人の成長・発達と心理」
④日常生活と心の健康	・第4章「日常生活と心の健康」
⑤心理学の理論を基礎としたアセスメントと支援の基本	・第5章「心理的支援の方法と実際」

※本テキストは、精神保健福祉士養成課程カリキュラムにも対応しています。

社会
学習
20

第11巻

心理学と心理的支援

『社会福祉学習双書』編集委員会　編

社会福祉
法　　人 全国社会福祉協議会

刊行にあたって

　現代社会にあって、地域住民が直面する多様な課題や個々人・家族が抱える生活のしづらさを解決するためには、従来の縦割り施策や専門領域に閉じこもった支援では効果的な結果を得にくい。このことは、社会福祉領域だけではなく、関連領域でも共有されてきたところである。平成29（2017）年の社会福祉法改正では、「地域共生社会」の実現を現実的な施策として展開するシステムの礎を構築することとなった。社会福祉に携わる者は支援すべき人びとが直面する課題を「他人事」にせず、また「分野ごと」に分断せず、「複合課題丸ごと」「世帯丸ごと」の課題として把握し、解決していくことが求められている。また、支援利用を躊躇、拒否する人びとへのアプローチも試みていく必要がある。

　第二次世界大戦後、社会福祉分野での支援は混合から分化、そして統合へと展開してきた。年齢や生活課題によって対応を「専門分化」させる時期が長く続くなかで出現し固着化した縦割り施策では、共通の課題が見逃される傾向が強く、制度の谷間に潜在する課題を生み出すことになった。この流れのなかで、包括的な対応の必要性が認識されるに至っている。令和5（2023）年度からは、こども家庭庁が創設され、子ども・子育て支援を一体的に担うこととなった。加えて、分断隔離から、地域を基盤とした支援の構築も実現されてきている。地域から隔絶された場所に隔離・収容する対応は、在宅福祉の重要性を訴える当事者や関係者の活動のなかで大幅な方向転換を行うことになった。

　措置制度から利用制度への転換は、主体的な選択を可能とする一方で、利用者支援や権利擁護も重要な課題とした。社会資源と地域住民との結び付け、継続的利用に関する支援や苦情解決などが具体的内容である。地域や家族、個人が当事者として参加することを担保しながら、ともに考える関係となるような支援が求められている。利用者を支援に合わせるのではなく、支援を利用者のニーズに適合させることが求められている。

　「働き方改革」は働く者全体の課題である。仲間や他分野で働く人々との協働があってこそ実現できる。共通の「言語」を有し、相互理解を前提とした協

働こそ、利用者やその家族、地域社会への貢献を可能とする。ソーシャルワーカーやその関連職種は、法令遵守（コンプライアンス）の徹底と、提供した支援や選択されなかった支援について、専門職としてどのような判断のもとに当該支援を実施したのか、しなかったのかを説明すること（アカウンタビリティ）も同時に求められるようになってきている。

　本双書は、このような社会的要請と期待に応えるための知識やデータを網羅していると自負している。

　いまだに終息をみせたとはいえない、新型コロナウイルス（COVID-19）禍は引き続き我われの生活に大きな影響を与えている。また、世界各地で自然災害や紛争・戦争が頻発している。これらは個人・家族間の分断を進行させるとともに、新たな支援ニーズも顕在化させてきている。このような時代であるからこそ、代弁者（アドボケーター）として、地域住民や生活課題に直面している人々の「声なき声」を聴き、社会福祉領域のみならず、さまざまな関連領域の施策を俯瞰し、地域住民の絆を強め、特定の家族や個人が地域のなかで課題解決に取り組める体制づくりが必要である。人と諸制度をつなぎ、地域社会をすべての人々にとって暮らしやすい場とすることが社会福祉領域の社会的役割である。関係機関・団体、施設と連携して支援するコーディネーターとなることができる社会福祉士、社会福祉主事をはじめとする社会福祉専門職への期待はさらに大きくなっている。社会福祉領域で働く者も、エッセンシャルワーカーであるという自覚と矜持をもつべきである。

　本双書は各巻とも、令和元（2019）年度改正の社会福祉士養成カリキュラムにも対応し、大幅な改訂を行った。また、学習する人が制度や政策を理解するとともに、多職種との連携・協働を可能とする幅広い知識を獲得し、対人援助や地域支援の実践方法を学ぶことができる内容となっている。特に、学習する人の立場に立って、章ごとに学習のねらいを明らかにするとともに、多くの工夫を行った。

社会福祉制度は、かつてないスピードで変革を遂げてきている。その潮流が利用者視点から点検され、新たな改革がなされていくことは重要である。その基本的視点や、基盤となる情報を本双書は提供できていると考える。本双書を通じて学ばれる方々が、この改革の担い手として、将来的にはリーダーとして、多様な現場で活躍されることを願っている。担い手があってこその制度・政策であり、改革も現場が起点となる。利用者自身やその家族からの信頼を得ることは、社会福祉職が地域社会から信頼されることに直結している。社会福祉人材の育成にかかわる方々にも本双書をお薦めしたい。

　最後に、各巻の担当編集委員や執筆者には、改訂にあたって新しいデータ収集とそれに基づく最新情報について執筆をいただくなど、一方ならぬご尽力をいただいたこともあらためて読者の方々にご紹介し、総括編集委員長としてお礼を申し述べたい。

　令和5年12月

『社会福祉学習双書』総括編集委員長

松　原　康　雄

目　次

第3章　人の成長・発達と心理

＊本双書においては、テキストとしての性格上、歴史的事実等の表現については当時のまま、また医学的表現等についてはあくまで学術用語として使用しております。

＊本文中では、重要語句を太字にしています。

表紙デザイン：株式会社ビー・ツー・ベアーズ

第1章

心理学の視点

学習のねらい

　人間の心の不思議さは、人々の興味をとらえて離さない。有史以来、人間はそれぞれが素朴な心理学者だったともいえるだろう。「素朴な（naive）」とは、「客観的な科学的方法に基づかず、主観に基づく」とも言い換えられる。素朴な心理学者と科学的な心理学者を区別するのは、科学的な情報収集力や推論力である。科学的な心理学者は、できるだけ客観的な方法でデータを収集し、普遍的（時間、空間、個体を超え、いつでも、どこでも、誰にでも当てはまる）な知識や、正確な文化差、個人差（個別性の認識）の知識を得ようとする。特に1800年代の後半から、科学的な手法に基づいた心理学が急速に確立され、現在に至る約150年の間に、おびただしい科学的なデータが蓄積されてきた。こうした科学的な手法に基づく心理学を、それまでの心理学と区別して、現代心理学とよぶ。

　こうした心理学の動向をふまえ、ソーシャルワークは発展し、いまやバイオ・サイコ・ソーシャルな側面で利用者（クライエント）を理解することが求められる。

　そこで本章は、大別すると2つのねらいがある。1つめに、前述にある科学的な心理学がどのように形成されてきたのか、現代心理学とそれに至る心理学の歴史（心理学史）について学ぶ。そして2つめに、具体的にはどのような研究手法が現在存在するのかについて学ぶことである。

第1節　心理学の特徴と歴史

1 心理学の起源

心理学者のエビングハウス（Ebbinghaus, H.）は、「心理学の過去は長く、歴史は短い」と述べた。この言葉は、心について人間が考えてきた歴史は長いが、心理学が学問として成立してからの期間は短いことを示している。

心理学（Psychologia）は、「心」や「魂」を表すPsycheと学問を表すlogosからつくられた言葉である。心についての考えの源流はギリシャ時代の哲学にあり、心理学が科学として独立したのは19世紀後半とされている。哲学に源流をもつ心理学は、知覚、認知といった基礎心理学の知見を蓄積するなかで洗練された研究法をもたらした。

一方で、現場のニーズから生まれた心理学もある。医療や教育、司法、産業等の場面で、悩みを抱える人の課題を見出し、支援を模索するなかで生まれた心理学である。

現代の心理学は、この2つの潮流が出会い、さらに近接領域の学問や支援と合流し、多くの恵みをもたらしている。

（1）心理学前史

ギリシャ・ローマ時代では、心についての思想は哲学の中にあった。多くの学問の祖とされるアリストテレス（Aristotélēs）は、『心とは何か』（De Anima）を著し、身体と心は一つであるという心身一元論を唱えた。アリストテレスによると、心は栄養摂取能力を含むもので、植物や動物にも存在する。だが、心のうち思考能力は人間特有のものとされた。

17世紀になると、アリストテレスの影響が後退し、合理主義[*1]と経験主義[*2]の間で議論が行われた。1690年、イギリスの哲学者ロック（Locke, J.）は『人間知性論』を著し、人間は「何も書かれていない書版（タブラ・ラサ）」の状態で生まれると述べた。経験主義は発展して連合主義となり、観念と観念が経験によって連合して心となると考えられた。

（2）心理学の成立

科学としての心理学が独立する土壌には、哲学のほかに医学、生理学などの自然科学の影響があった。ドイツの生理学者フェヒナー（Fechner,

＊1
合理主義(rationalism)、または理性主義。生まれながらにもつ理性に人間の認識の根拠を求める立場。代表的な提唱者としてデカルト(Descartes, R.)がいる。

＊2
経験主義 (empiricism)とは、誕生した後の経験が人間の認識の源泉であるとする立場。代表的な提唱者としてロックがいる。

G. T.）は、物質と心の関係の測定を行う精神物理学を提唱した。ドイツの生理学者ヘルムホルツ（Helmholtz, H. L. F.）は、色覚の三原色説を提唱した。これらの研究は、物理的対象以外に、人間側の要因によって知覚が成立することを示唆したものである。

　1897年、ヴント（Wundt, W.）がドイツのライプチヒ大学に世界最初の実験心理学研究室を創設した。この年が、心理学が科学として成立した年とされる。ヴントは、哲学、生理学、精神物理学をもとに、心理学の研究対象を意識と定め、訓練を受けた被験者[*3]が自分の意識を精密に観察し言語化する内観法を提唱した。ヴントは、意識を心的要素へ還元し、要素間の結合の法則を見出すことで心を理解する要素論の立場にあった。ヴントは世界各国からの留学生を受け入れ、多くの後継者を育てて、心理学の学問基盤を確かなものとした。

　同時代に、1859年に発表されたダーウィン（Darwin, C. R.）の進化論の影響を受けた心理学も現れた。動物と人間を連続したものととらえる立場から、動物を対象とした比較心理学の研究が行われた。遺伝や個体差へ着目したイギリスの遺伝学者ゴールトン（Galton, F.）は、大規模な個人差の研究を行った。ほかにも、ヴントの実験心理学とは異なる心理学として、意識の内容ではなく機能を重視した作用心理学、精神物理学の方法を用いて記憶を研究したエビングハウスの記憶研究などがあげられる。

（3）20世紀初頭の心理学

　20世紀初頭には、ヴントの心理学とは異なる3つの重要な潮流が心理学の中に生まれた。**行動主義**、**ゲシュタルト心理学**、**精神分析**である。

　行動主義（behaviorism）は、アメリカの**ワトソン**（Watson, J. B.）が1913年の論文「行動主義から見た心理学」の中で提唱した立場である。ヴントが意識を心理学の対象としたのに対して、ワトソンは直接観察可能な行動を対象として、心理学を行動の科学と定義した。ワトソンの心理学は、刺激と反応の関係を見出すことで、行動の予測と統制をめざしたものであり、人間は経験に基づく学習によって行動が決定されるという前提に立つ。その後、行動主義は、刺激と反応との間に生活体の能動性を仮定する新行動主義へと発展した。新行動主義の代表者であるアメリカの心理学者スキナー（Skinner, B. F.）は、条件づけをレスポンデント（古典的）条件づけとオペラント（道具的）条件づけに分類し、行動の変容を目標とする行動療法の基礎をつくった。

＊3
ヴントの時代は「被験者（Subjects）」とよぶのが一般的だったが、現在は研究に協力する人の人権を尊重し、「参加者（Participants）」と表現するのが主流である。

　1910年代に登場したゲシュタルト心理学は、全体のまとまりを重視した点で、心を要素に還元することに重きを置いたヴントの心理学とは異なっていた。例えば、ドイツの心理学者ヴェルトハイマー（Wertheimer, M.）が研究した仮現運動は、異なる地点に置かれた2本の直線を短時間に交互に提示すると直線の運動が知覚されるというもので、映画の原理として使用されている。要素に分解するのではなく、全体を研究しようというゲシュタルト心理学者たちの運動は、多くの心理学領域に影響を与えた。

　精神分析は、ウィーンの医師**フロイト**（Freud, S.）が提唱した理論であり治療法である。フロイトは、ヒステリー患者の治療を行うなかで、人間の行動（症状）が無意識によって生じることを発見し、パーソナリティの発達に幼児期経験が重要な役割をもつことを論じた。精神分析は、意識だけではなく無意識も心理学の対象とする必要があることを示した。精神分析は、治療法の一つとなり、その理論は多くの分野に影響を与えた。

（4）現場からの心理学

　20世紀初頭には、現場のニーズに応えるために心理学を応用する動きが生じた。

　知能検査は、1905年にフランスの心理学者**ビネー**（Binet, A.）が教育についていけない子どもを選ぶために開発したのが最初である。ビネーの知能検査はアメリカに渡り、知的障害児のための検査や犯罪傾向をもつ子どものための検査として応用された。アメリカのターマン（Terman, L. M.）がIQ（知能指数）を算出できるように改訂した後、第一次世界大戦では新兵の適材配置のために集団式知能検査が使用された。

　1896年、アメリカで心理学者ウィトマー（Witmer, L.）がペンシルバニア大学に世界最初の心理学的クリニックを開室した。クリニックでは、学校から紹介された学習が困難な子どもを対象に、検査を用いて問題を診断し、必要に応じて改善のための再訓練を行った。医師、心理学者、ケースワーカーなど複数の専門家が協働した、臨床心理学の実践の草分けといえる。

　アメリカの心理学者ホール（Hall, G. S.）は、多数のデータに基づく客観的で科学的な方法を用いて子どもを研究するべきであると主張した。ホールの主張は、科学に基づき学校教育の改革をめざす児童研究運動となり世界へ広がった。心理学を学んだ後に児童精神科医となったアメリカのゲゼル（Gesell, A. L.）は、双生児を対象にした実験研究を行っ

たほか、大規模な観察研究を通して健常児の標準的な発達を整理した。

（5）戦争の影響

　他の学問と同様に、第二次世界大戦は心理学の発展に大きな影響を及ぼした。戦争の過酷な体験は、精神的な支援を必要とする多くの人をつくり出した。

　戦争を通して、精神医学では心的外傷への注目が集まった。第一次世界大戦時は、兵士の神経症症状を破裂弾による脳の障害とみなしていたが、アメリカのベトナム戦争帰還兵の研究を通して、戦争という異常事態で強い心的外傷を受けた結果としてとらえられるようになった。現在では、心的外傷後ストレス障害（Post Traumatic Stress Disorder：PTSD）は、一般の人にも知られた病名となっている。

　戦争は、心理職養成制度の整備も促進した。第二次世界大戦後、アメリカでは多くの帰還兵が心的外傷による戦争神経症に苦しんだ。治療にあたる精神科医の人数が不足したことから、臨床心理学者が心理療法を行う必要が生じた。臨床心理学の訓練規範としてつくられた科学者－実践家モデル（ボールダーモデル）は、近接領域の専門家の訓練の際にも参考とされる制度となった。

　戦争で親を失った子どもたちは孤児院に預けられる。孤児院における子どもの研究から、イギリスの精神科医**ボウルビィ**（Bowlby, J. M.）は、子どもの健全な成長には母親との情動的な絆、すなわち愛着（attachment）が必要であると述べた。愛着の理論は、現代も児童精神医学や発達心理学において重要なテーマとなっている。

2 心理学の発展と対象

（1）現代の心理学へ

　現代に続く心理学は、新しい価値観の模索と、技術の発展に導かれた学際的な研究が特徴といえよう。

　1960年代以降、人間は本来的に自己実現に向かうと考える新たな価値観に基づく人間性心理学が注目されるようになった。アメリカの心理学者**マズロー**（Maslow, A. H.）は欲求階層説を提唱し、高次の欲求に自己実現欲求を位置付けた。アメリカの心理学者**ロジャーズ**（Rogers, C. R.）は、無条件の積極的関心と共感的理解があれば、不適応を抱える人が自己一致の状態へ歩み出すと唱え、来談者中心療法を提唱した。

　コンピューターの発展に伴い、1960年代後半からは認知心理学の研究が盛んになった。認知心理学は、数学者シャノン（Shannon, C. E.）の情報処理モデルに基づき、人間の認知過程をモデル化した、知覚、注意、記憶、思考、言語などの研究の総称である。例えば、イギリスの心理学者バートレット（Bartlett, F. C.）は、既存の知識が枠組み（スキーマ）となって記憶の変容が生じることを実験で明らかにした。内的な認知過程への着目は、行動の変容を目標としていた行動療法にも取り入れられるようになった。論理療法、認知療法を経て、1970年代に認知的な誤りの修正を目標とする認知行動療法が誕生し、現在でもエビデンスに基づいた心理療法を提供している。

　脳神経科学は、医学・生理学・工学・心理学などが融合した科学である。1960年代に、脳の損傷部位と言語や思考、認知といった高次脳機能との関係を結び付ける神経心理学的研究が誕生した。1970年代以降、MRI（磁気共鳴画像）などの画像技術の飛躍的な進歩と、薬理学的研究の進展に伴い、人間の行動の基礎にある脳のはたらきが注目されるようになった。現代では、高次脳機能障害や高齢化に伴い増大する認知症の研究とつながりをもちながら発展している分野である。

（2）心理学の対象

　ヴントの実験心理学を中心に構築された基礎心理学の理論と、現場のニーズに対する実践の積み重ねの応用心理学を両輪として、心理学は発展してきた。今では、心理学は、乳幼児から高齢者まで、個人から集団やコミュニティまで、動物からコンピューターまでを対象に含めた広範な学問となっている。

　国際的な心理学会であるアメリカ心理学会（American Psychological Association：APA）の分科会を見ると、2023年8月現在で54部門にのぼる。なお、日本では、心理学及びその関連分野の学会をまとめる日本心理学諸学会連合がつくられており、この連合には56学会が加盟している。このことからも、現代の心理学は、専門が分化し、多様化する形で発展していることがうかがえる。

> **BOOK 学びの参考図書**
>
> ● サトウタツヤ・高砂美樹『流れを読む心理学史－世界と日本の心理学［補訂版］』有斐閣、2022年。
>
> 　心理学の発展と、心理学に影響を与えた近接領域との関係について、時代の流れにそって描いた心理学史の本。初学者にも読みやすく、心理学の全体像を知るのに最も適している。
>
> ● 鹿取廣人・杉本敏夫・鳥居修晃・河内十郎 編『心理学［第5版補訂版］』東京大学出版会、2020年。
>
> 　現代の心理学の重要なトピックについて、体系的に学ぶことができるテキスト。心理学史の章では、端的に、比較的近代の心理学まで含めて歴史を描いているため、現代に結び付けた形で心理学史を学ぶことができる。

参考文献

● 梅本堯夫・大山　正 編著『心理学への招待／こころの科学を知る［改訂版］』サイエンス社、2014年
● 鹿取廣人・杉本敏夫・鳥居修晃 編『心理学［第3版］』東京大学出版会、2008年
● サトウタツヤ・鈴木朋子・荒川　歩 編著『心理学史（心理学のポイント・シリーズ）』学文社、2012年

第2節　心理学の研究方法と展開

　「心」は目に見えず、自分の中ですらとらえどころがなく、文学や歴史と似た個別性、一回性、複雑性があるので、およそ物理学や天文学のように客観的な自然科学の対象にすることなどできないと思う人も少なくないだろう。目に見える行動のみを研究の対象とすべきだとする「行動主義」「行動科学」という立場が、20世紀なかばごろまでの心理学の主流だったこともある。

　しかし今では、第1節で示したように、現代の心理学は基礎心理学と実践から得た応用心理学を両輪に多様化し、発展を遂げている。ゆえに、現在はさまざまな方法を用いて、心に科学的に迫ることができるようになった。それは心理的事象に個人レベルではなく集団レベルの法則性がしばしば見出され、それらが実験的あるいは統計的な方法で確認されるからである。実際、近年のノーベル経済学賞のいくつかは、心理学的な研究手法を経済行動や経済的判断に適用させた成果である。また一人ひとりの心のあり方も、文学とは違う科学的な方法で把握する方法も開発されている。本節ではそれらを概観してみよう。

1　心理学の研究方法

（1）概念的定義と操作的定義

　例えば「不安」「知能」といった心の状態やはたらきについて科学的に明らかにしようとするとき、心理学はどのような方法を用いるのだろうか。

　このように日常的にもよく使われる言葉で表される概念は、まずその科学的な定義を明確にしなければならない。そのとき、その概念の理論的な意味を抽象化して言い表した概念的定義と、それを客観的・具体的に把握するための手続きを示す操作的定義を与え、科学的探究に堪える誰もが共有できる構成概念にすることが必要である。

　例えば、「不安」なら「特定の対象がないにもかかわらず自分が脅かされるような漠然とした予感」などと定義し、それは特定の対象を伴った「恐怖」とは異なり、一過的な「状態不安」と性格特性としての「特性不安」に区別できるなどと概念的定義を行う。そして、例えば「状態不安」なら「緊張状態にある」「気分が落ち着いている」などと感じる

〈図１－１〉 知能検査の一例

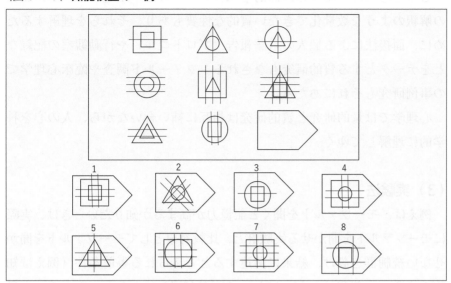

（出典）Raven's Progressive Matrices の課題を参考に筆者作成

こと、「特性不安」なら「さして重要でないことでも心配し過ぎる」「ものごとを難しく考え過ぎる」と思うことなどと操作的定義をする。また、「知能」ならば「関係性の抽出と相関の抽出」と概念的に定義し、[2]「**図１－１**のような図形の配列の関係性を推理（抽出）し、見出した関係性を右下の空欄に適用（相関の抽出）させたときの適切な図形がわかる」ような能力と操作的に定義する、といった具合である。

（２）量的研究と質的研究

　心理現象の因果関係を突き止めるためには、その現象の原因と考えられる要因（これを表すものを独立変数または説明変数という）を設定し、その要因の変化に伴って結果となる心理現象（これを表すものを従属変数または被説明変数という）に予想される変化が生ずるかどうかを確かめる必要がある。そのために目に見えない心理現象を何らかの方法で数量化する量的研究が計画され、質問紙による心理検査で測定された測定値や、実験法で得られた心的作業量などの量的指標を独立変数や従属変数に割り当てて、相関関係や因果関係のモデルを、相関分析、因子分析、重回帰分析、構造方程式モデリングなどの統計学的手法を用いて検証する。特に心的な統計量の科学的な尺度化を扱う心理測定学（計量心理学）では、項目反応理論などの高度な理論化がなされ、それを用いて高い予測力をもったテスト（例えば英語のTOEFLやTOEICなど）が実用化されている。

しかし心には、個人の内面的意味世界やそれらが生起する社会的文脈の解釈のような数量化できない質的な性質もあり、それらを理解するために、面接法による個人の言語報告（プロトコル）や行動観察の記録などをデータとする質的研究もなされる。フィールド調査や臨床心理学での事例研究もそれにあたる。

心理学では量的研究と質的研究は相互に補い合いながら、人の心を科学的に理解してゆく。

（3）実験法

例えば、モーツァルトを聞くと記憶力が高まるか知りたいときは、実際にモーツァルトを聞かせる実験群と、比較対象としてモーツァルトを聞かせない統制群を設け、結果に関連すると考えられる事前条件（例えば知能や音楽への親和性など）において両群が同じになるように実験協力者（あるいは参加者、かつては「被験者」といったが倫理的な理由から現在はほとんど使われない）をあらかじめランダムに割り当てた上で実験を行い、実験群が統制群より成績が高くなったかどうかを調べればよい。

異なる協力者を群に割り当てることを個人間実験計画というのに対し、同じ人の中で実験条件と統制条件を設けて比較することを個人内実験計画という。経済学では経済政策の効果を実際の社会の中で大規模なランダム化比較試験（Randomized Controlled Trial：RCT）を行って検証することもある。最近のノーベル経済学賞にはこのような研究が少なくない。

しかし例えば、飢餓状態にいる人間はどれほどストレスを感じるかを、実験法で検証することは倫理的に許されない。代わりに、戦争などで不幸にしてそうした経験をした人たちと、同じような文化的背景をもちながら経験しなかった人たちを比較して検証できることがある。このように実験群、統制群に参加者を無作為に割り当てられない場合を準実験という。この場合、飢餓状態の人がそうでなかった人たちと、例えば人種や宗教など、本来知りたい要因以外で関連してしまう要因（これを交絡要因という）の効果を統計的に統制することが必要となる。

乳幼児や障害のある人のように言語化能力が不十分な人や、そもそも言語をもたない動物を対象とする場合、どの刺激をより長く見ているかを、視線を記録できるアイトラッカーなどを用いて比較する選好注視法や、刺激への馴れの有無を用いて対象間を弁別しているかを明らかにする馴化・脱馴化法が使われることがある。この方法によって新生児期や

乳幼児期の子ども、あるいはチンパンジーが高度な認知機能をもっていることが明らかにされた。また差別意識のように社会的にあからさまにしにくい潜在的な心のはたらきの影響を調べるために、関連する刺激に対する間接的な質問への反応時間の差を用いた潜在連合テスト（Implicit Association Test：IAT）も開発されている。

　さらに心の動きが反映されている皮膚電気活動の変化や、脳神経活動の電気的変化を測る脳波のような古典的方法や、脳活動に伴う血流量の変化を、手術したり薬物を投与することなく非侵襲的な方法で計測し画像として可視化する脳神経学的方法（EEG〔脳波〕、ERP〔事象関連電位〕、NIRS〔近赤外線分光法〕、MRI〔磁気共鳴画像〕、PET〔陽電子放射断層撮影法〕、MEG〔脳磁図〕など）が開発されている。

（4）質問紙法・投影（映）法・作業検査法

　人の心の様子を直接本人に尋ねるのが質問紙法と面接法である。

　質問紙法は文字どおり紙媒体で（あるいはweb上で）、主として文字情報を手がかりとして、対象者の心理的状態を報告してもらうという方法であり、一般にいうアンケートのようなものである。先ほど例にあげた「状態不安」の程度を調べるには、「緊張状態にある」「気分が落ち着いている」などの文に対して、それをどの程度の強さで感じるかを、例えば「全く感じない」の「1」から「よく感じる」の「5」までの5段階のように量的に評定してもらい（これをリッカート尺度という）、その合計得点で状態不安の程度を量化するというようなやり方をとる。また、それ以外に多肢選択式や記述式の回答を求めることもある。代表例としてはここにあげた不安傾向を測定するSTAI（State-Trait Anxiety Inventory）や、パーソナリティの5因子を測定するNEO-PI-R、NEO-FFIなどがある。

　質問紙法は一度に大量にできるという利点があるが、言語による自己報告に依存するため、乳幼児や知的障害者など、それができない対象者には不向きである。また社会的に望ましい回答に偏ったり、虚偽の回答が入ることもあるため、虚偽尺度（「私は絶対に間違ったことをしない」のように社会的には望ましいが誰にとっても実現が困難と思われる項目でどれほど高得点を取るかで判断する）を工夫するなど、回答バイアスへの配慮が必要である。

　紙媒体で行われる心理検査として、もう一つ代表的なものが投影（映）法である。あいまいで多義的で自由に表現することのできる図絵や言葉

に対する反応に心の状態が投影されていると考え、それを推定するもので、**ロールシャッハ・テスト**、絵画統覚検査、文章完成法、バウムテスト、PFスタディなどがある。

　また紙に向かって指示された作業を行わせたときの作業量から心的状態を推定するのが作業検査法で、内田クレペリン検査が代表的である。

　通常「作業検査法」に分類されないが、記憶や推理など知的な作業を通して知的レベルを推定する知能検査は、心理検査として最も古くかつ最も実用的に用いられているものである。個別式のビネー式知能検査やウェクスラー式知能検査（幼児用のWPPSI、児童用のWISC、成人用のWAISがある）や、集団式の田中式、京大NX式などを用いて、知能指数（IQ）を測定する。**図1-1**もその一つである。これら心的作業を通して心の状態を把握する方法は、被検者が答えを意図的に歪曲しにくいという利点がある。

　このような検査法において重要なのがその信頼性（reliability）と妥当性（validity）である。信頼性とは、測定値の安定性あるいは一貫性、すなわちその検査法で同一対象を繰り返し測定して同じ値が安定して得られるかどうかのことで、再テスト法（一定の時期を隔てて実施した同じ検査間の相関を見る）、折半法（テストの中の項目を半分に割りその間の相関を見る）、a係数（統計的内部一貫性を見る）、評定者間一致率などを用いて確認する。一方、妥当性とは、その検査が測りたいことを正確に測定できているかということで、何らかの外部基準と関連があるという意味の基準関連妥当性、専門家から見て検査項目の内容が正しくその専門領域を測定しているかという意味の内容的妥当性、そしてその構成概念から予測されるほかの構成概念との関連性が理論どおりに見出せるかという意味の構成概念妥当性などがある。

（5）観察法

　研究者が関心をもつ行動や発言を実際の場面で観察し、一定の方法で記録を取りデータとするのが観察法である。実験室の中で見たい行動を再現させる状況を設定してワンウェイミラーやビデオで観察する一般的な観察法のほか、異文化地域や学校など、研究対象となる現地に実際に赴いて行うフィールドワーク、対象者の活動に研究者自らが参加者として加わりながら行う**参与観察**、さらにはその活動の改善や変革にかかわりながら行う**アクションリサーチ**がある。

（6）面接法

　面接は対面で対象者との会話を通して必要な情報を得る方法である。テレビのインタビューのように、質問者が思いつくままに聞いていたのでは、科学的なデータを取ることができない。静かな落ち着いた空間の中で、研究すべき問い（リサーチ・クエスチョン）に即してあらかじめきちんと用意された質問項目にそって進めてゆく構造化面接を行えば、すべての対象者から同じ観点の情報が得られるが、それでは個人に特有で重要な経験を聞き落とす可能性がある。その場合、あらかじめ用意された質問項目にない自由な質問も許す**半構造化面接**によってその欠点を回避することができる。

　こうして得られた言語化された（ナラティヴな）分厚いデータは、語られたままに加工せず文字起こしされた後、その文章の内容に忠実にカテゴリー化やコード化を施したり、時系列にそって図式化することを通して客観的な理論化を行うさまざまな研究手法（KJ法、グラウンデッド・セオリー・アプローチなど）が唱えられている。

　特に臨床心理学では、面接法が心理アセスメントの重要な方法論として位置付けられている。

（7）縦断研究と横断研究

　人間の成長過程の中に見られる心理的変化を研究する方法として、同じ人々を長年にわたって追跡して一定の形式でのデータを取り続ける**縦断研究**がある。これは文字どおり人間の発達的変化を把握できるが、データ収集には膨大な時間がかかる。それに代わって、ある時点で異なる年齢層からデータを取るのが**横断研究**である。しかしそのいずれの方法においても、それだけでは研究参加者がさらされている特定の歴史的・時代的影響（これをコーホート効果という）が混在する。それを統制したりコーホート効果それ自体を検討するために、両方を合わせ、異なる年齢集団（これをコーホート、あるいは社会学ではパネルという）を追跡する研究をコーホート研究（あるいはパネル調査）という。

　いずれの場合も、社会集団を正しく把握するために、理想的には対象となる母集団のすべての成員を調査対象とする悉皆調査が必要だが、それがかなわない場合が多いので、母集団の代表性を担保する方法を工夫したサンプリング調査がなされることが多い。

2 生態学的心理学

　ここまで一般的な心理学の研究手法について説明してきたが、特定の理論的関心から、その領域に特徴的な研究法をもったさまざまなアプローチが展開している。

　生態学的心理学では心理現象を、生活の文脈から切り離された刺激に対する反応や情報処理としてではなく、生物が行動しながら動的に出会う物理的・社会的環境の中での知覚的文脈におけるかかわり方として理解しようとする。例えば赤ちゃんにとって小さくて丸い柔らかな物は「つかむ」「口に入れて吸う」という行動を誘発させる（これをアフォーダンスとよぶ）というような見方である。この立場では自然に行動が生起する日常的環境の中でとらえることが重視されるため、非日常的な実験室や質問紙法よりも自然観察法を用いることが多い。

＊4
本書第2章第2節7参照。

3 進化心理学的アプローチ

　人間も他の動物と同じように進化の過程から生まれた存在であり、その心理現象の説明要因には、進化の過程で必然的に生じたと解釈され得る側面がある。ティンバーゲン（Tinbergen, N.）は生物現象を進化的な視点から説明するための要因を、究極要因と至近要因に区別した。究極要因とは、生物として生存と繁殖にどのようにかかわるかという観点からのもので、そのための機能に関する問い（例えば「共感」は他の個体と情動を共有し協力行動を誘発することで生存に寄与する機能をもつ、など）、系統発生（進化）に関する問い（例えば「共感」は霊長類やげっ歯類にも見られ、それらの共通祖先から進化の過程で獲得された情動反応である、など）のことである。一方、至近要因とは、その行動や心的現象を引き起こす直接の原因は何かという観点からのもので、機構（メカニズム）に関する問い（例えば「共感」はオキシトシンというホルモンの分泌と関連がある、など）、ならびにそれがどのように発生や発達の過程で生まれてきたかという個体発生に関する問い（例えば「共感」は乳幼児期に表れる情動伝染〔一人が泣き出すと周りの乳幼児もいっせいに泣き出す〕などに由来する、など）である。ティンバーゲンは、これら4つの問いに答える必要があると唱えた。

　それを心理学に当てはめたのが**進化心理学**である。進化心理学はその理論的枠組みから生まれる仮説に特色があり、方法論には特別なものは

ないが、系統発生を問うために他の動物との比較が有益であり、特に比較認知科学とよばれる。それに対し、特に人間に焦点を当てたものが人間行動進化学である。

4 認知行動科学

　人間の心理現象を説明するにあたって、刺激に対する反応の連合として説明する行動主義的なアプローチに対して、インプットされた情報がどのように内的に処理されてアウトプットを導くかについて、コンピューターのような情報処理モデルを想定するのが**認知行動科学**である。

　経験を通じて獲得した知識を情報としてもち続けるハードディスクのような記憶装置である長期記憶と、入力情報を必要に応じて変換（例えば２＋２を４と変換する）したり長期記憶に蓄えられた情報を検索して比較（「ホン」という音刺激を「本」と認識する）や統合（「この本」は「心理学」に関する本だと判断する）などをする中央演算ユニットにあたる短期記憶（ワーキングメモリー）から成る二重貯蔵モデルが一般的である。そして、例えば長期記憶に蓄えられた情報のネットワークからどのように必要な情報を検索してくるかを検証するため、特定の課題に対する反応時間を手がかりにモデルを検証するなどという方法論を用いる。

　こうした情報のやりとりを単に仮説的なモデルにとどめるだけでなく、先に述べたような実際の脳神経活動の所在とその活動に対応させる脳神経科学的方法も活発に用いられるようになりつつある。

5 行動遺伝学

　脳神経活動のような生物学的要因と心理現象との関連性の探究は、さらに遺伝子との関係にまで及ぶ。それが**行動遺伝学**である。古典的には、個人差に及ぼす遺伝と環境の相対的な影響の度合いを、遺伝子が同一の一卵性双生児と、遺伝的にきょうだいと同じ違いがありながら生育環境は一卵性双生児と同じ二卵性双生児の類似性を量的に比較することで推定する双生児法が多くの成果を上げてきた。

　それは遺伝の影響力だけでなく、同じ家庭環境を共有することで類似する共有環境の影響と、同じ家庭でも一人ひとりに固有な非共有環境の影響も明らかにし、さらには遺伝の影響が環境によって異なるという遺伝と環境の交互作用までを明らかにすることができる。そして、遺伝の影

響が単に「一生変わらない」持続性のみならず、遺伝的な変化まで明らかにしている。また、最近では分子生物学的方法を用い、すべてのゲノム情報から遺伝子を探索する全ゲノム関連解析（Genome Wide Association Study：GWAS）や、DNAに後天的に付加された化学的な変化によって遺伝情報の発現が調整されるというエピジェネティクスまで射程に入れるようになってきている。

BOOK 学びの参考図書

● 高野陽太郎・岡　隆 編『心理学研究法－心を見つめる科学のまなざし　補訂版』有斐閣、2017年。
　　実験法や観察法のさまざまな研究手法が、理論的背景と豊富な具体例とともにわかりやすく書かれ、心理学とは何かまでを考えさせてくれる。

引用文献

1 ）Spielberger, C. D. (1966) 'Theory and research on anxiety', in Spielberger C. D. (ed.), *Anxiety and behavior*, New York, Academic Press.
2 ）Spearman, C. E. (1927) *The abilities of man*, New York, Macmillan.

参考文献

● 安藤寿康『遺伝と環境の心理学－人間行動遺伝学入門』培風館、2014年
● J. J.ギブソン、古崎　敬ほか 訳『生態学的視覚論－ヒトの知覚世界を探る』サイエンス社、1985年
● 長谷川寿一・長谷川眞理子『進化と人間行動』東京大学出版会、2000年

第2章
人の心理学的理解

学習のねらい

　本章では、人間誰にも当てはまり、たいていの人が経験する、心理学の基礎的・共通事項に関する研究成果を学ぶことがねらいである。すなわち、「人の心のはたらきの基礎となる脳は、どんな仕組みで動くのか？」という脳科学、「人などを形成する遺伝子の仕組みとはたらきは何か？」という遺伝学、「人は外界からの物理的な刺激を、なぜ情報として認識できるのか？」という感覚や知覚の仕組み、「人や動物は、経験を通じて、どのように行動や認識を変えるのか？」という学習や条件づけの仕組みや記憶の仕組み、「人はなぜ感情をもつのか？　どんなときにやる気を出したり失ったりするのか？」という感情や動機づけの仕組み、「自分であるとはどういうことなのか？　人の性格はどう分類できるか？　なぜ同じ経験をしても感じ方が違うのか？」などの性格の個人差、さらに人間関係の心理、集団心理、高齢者心理、などである。

　もちろん人間は一人ひとりが異なる存在なので、これらの知識が万人に均等に当てはまるわけではない。だが、こうした基礎的な知見を一つの基準（ものさし）として人を見ることができれば、人を見る目が整理されることが期待できるだろう。日頃の実践に活用していただきたい。

第 1 節　心の生物学的基盤

1 脳とニューロン

　心の生物学的な基盤は、脳を中心とした神経系である。神経系は、**ニューロン**（神経細胞）とよばれる細胞から成り、脳、脊髄から成る中枢神経系と、中枢神経系と身体の各器官の間にあって感覚、運動情報の伝達や生体機能調節にかかわる末梢神経系の2つが存在する。

　脳の内部には、大脳皮質で約160億、小脳などを含めた脳全体では約860億のニューロンが存在しており、これらのニューロンが互いに接合し合うことで、大規模な神経回路が構成されている。

　ニューロンとニューロンの接合部を**シナプス**といい、1つのニューロンに対し数千から数万個のシナプスが存在する。心のはたらきは、こうしたニューロンの複雑なネットワークの中を信号が行き交うことにより実現されているのである。

〈図2-1〉ニューロン（神経細胞）の構造

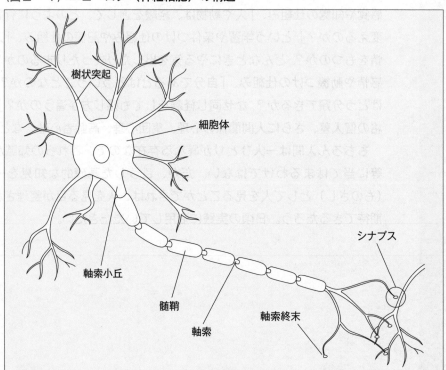

（筆者作成）

2 ニューロンの活動

　ニューロンは、それ自体が一つの情報処理器であり、細胞の本体である細胞体、他のニューロンから信号を受け取るための樹状突起、そして他のニューロンに信号を送るための軸索から成っている（**図2－1**）。ニューロンの発する信号は、活動電位とよばれるニューロン内外の一時的な電位差変化である（**図2－2**）。静止状態のニューロンの細胞膜の内部では、外部に比べナトリウムイオン（Na^+、プラスの電荷をもつ）の量が少ないため、約70ミリボルト、マイナスの電位となっている（ニューロン内部の外部に対する電位差を「膜電位」という）。

　樹状突起や細胞体には膨大な数のシナプスが存在するが、それぞれにおいて他のニューロンから信号が入力され、シナプス後側における膜電位が変化する。そして、それらの変化の統合により膜電位が興奮閾（約－60～－50ミリボルト）に達すると、細胞膜に存在するナトリウムイオンチャネル（イオンを通す穴）が多数開き、細胞外から細胞内にナトリウムイオンがなだれ込む。これによりニューロン内外の電位差は急速に縮まり、さらには電位差の逆転を引き起こす。

　その後、ナトリウムイオンチャネルの閉鎖、及び細胞内からのカリウムイオン（K^+）の流出等により、膜電位は静止状態のそれへと戻ることになる。このナトリウムイオンチャネルの急激な開放に続く、細胞膜

〈図2－2〉活動電位

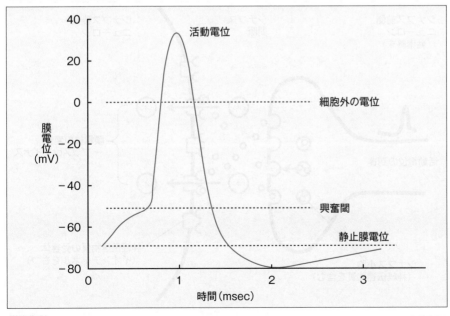

（筆者作成）

における一連の電位差変化が活動電位である。なお、活動電位が発生することをニューロンの「興奮」あるいは「発火」とよぶ。

　活動電位は軸索の始まりの部分（軸索小丘）で発生し、軸索中を連鎖的に発生しながらシナプスの軸索終末へと伝わっていく。これを興奮の「伝導」という。シナプスではニューロン間に約20[1]ナノメートルのすき間（シナプス間隙）が存在するため、軸索終末の活動電位は後側のニューロンには直接伝えられない。

　軸索終末のシナプス小胞には**神経伝達物質**とよばれる化学物質が蓄えられており、活動電位の到達により、それがシナプス間隙に放出される。放出された神経伝達物質は、後側のニューロンでそれに応じた受容体に受け止められ、それを契機に受容体に備わったイオンチャネルが開放されることで、後側のニューロンで細胞膜内部の電位がプラスまたはマイナス方向に変化することになる。これを興奮の「伝達」という（**図2-3**）。

　シナプスでは、このように神経伝達物質を通じて信号が間接的に伝達される。このため流入・流出するイオンの種類により、膜電位が活動電位を引き起こす方向（プラス方向）に変化する興奮性のシナプスと、逆に活動電位を生じにくくする抑制性のシナプスの2種類が存在することになる。そして、活動電位が生じるか否かは、こうした興奮性のシナプ

* 1
1ナノメートルは10億分の1メートルである。

〈図2-3〉シナプスにおける興奮の伝達

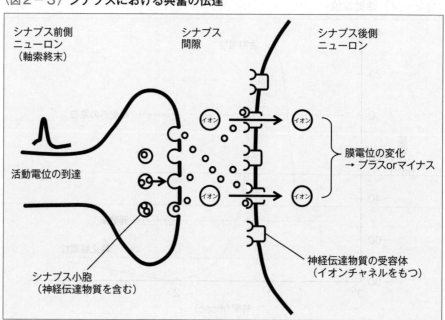

（筆者作成）

ス入力と抑制性のシナプス入力が総合された結果として決まる。すなわ
ち、「オンにしろ」という信号と「オフにしろ」という信号を複数同時
に受け取り、それらをもとに、さらに次のニューロンに信号を送るか否
かが決定される。そして、そうしたニューロンがネットワークをつくっ
てコンピューターの電子回路のようにはたらくことで、神経系は複雑な
演算を行うことができるのである。また、あるニューロンからの興奮の
伝達により活動電位の発生が繰り返されると、そのシナプスの後側にお
ける受容体の数が変化し、生じる膜電位変化の大きさが変化する。これ
はネットワークにおけるニューロン間の結合強度の変化、すなわち学習
につながっている。

3　神経伝達物質と心の状態

　神経伝達物質には、グルタミン酸、γ-アミノ酪酸（GABA）、アセチ
ルコリン、ノルアドレナリン、セロトニン、ドーパミンなど、さまざま
な種類（少なくとも50種類以上）のものがある。これらの神経伝達物
質は、ニューロンにより何を放出するかが異なっており、例えばセロト
ニンを伝達物質とするニューロンはセロトニンニューロンとよばれる。
これらの伝達物質には、ドーパミンやノルアドレナリンのように興奮性
の作用をもつものと、γ-アミノ酪酸のように抑制性の作用をもつもの
がある。そして、ある脳領域において、そこで使われている神経伝達物
質が過剰になるまたは欠乏することは、その脳領域がかかわる機能の不
全を起こすことになる。
　表2-1に示すように、精神疾患やパーキンソン病などの神経変性疾
患の多くには、神経伝達物質の過剰や欠乏がかかわることがわかってい
る。我われのさまざまな精神活動は、脳内で神経伝達物質がバランスよ
く伝達されることで実現しているのである。

〈表2-1〉 **主な神経伝達物質と病気とのかかわり**

神経伝達物質	過　剰	欠　乏
ドーパミン	統合失調症	パーキンソン病
ノルアドレナリン	不安障害	うつ病
セロトニン		うつ病、不安障害
アセチルコリン	パーキンソン病	アルツハイマー型認知症

（筆者作成）

4 脳の構造と機能

　脳は、**図2-4**に示すように構造の異なる複数の組織から構成されており、それぞれの組織が担う機能も異なっている。脳幹は、血液循環・呼吸の調節や姿勢の保持、覚醒水準の調節などを担っており、間脳の視床は脳内の各領域や感覚器の間で神経線維（軸索）を中継し、信号のやりとりを制御する役割を果たしている。また、間脳の視床下部の各神経核は自律神経系、内分泌系の制御を通じて、生体の**恒常性維持**[*2]に関与する。

　大脳はヒトの脳において約80%の重さを占める組織であり、運動や感覚、思考や言語、記憶や感情の中枢である。その表面には、大脳皮質または灰白質とよばれる厚さ約3ミリメートルの組織が広がり、ニューロンの細胞体の部分が多く分布する。これに対し内部には、神経線維（軸索）の束から成る白質とよばれる組織が広がる（**図2-5**左図）。

　大脳皮質（厳密には大脳新皮質）は、そこに存在する神経細胞の形、大きさ、密度、配列などの違いにより6つの層に分けられ、さらにその層構造のパターンは大脳皮質の場所により異なっている。ブロードマン（Brodmann, K.）は、これをもとに大脳皮質の領域を52に分ける区分法を提案している（**図2-5**右図）。これは、同じ大脳皮質の中でも場所によりその機能が異なることを示唆している。

　実際、例えば後頭葉は見る機能に深くかかわっているし、中心溝の前・後の皮質はそれぞれ運動、体性感覚に関与している。また、左大脳半球の側頭葉上部（ウェルニッケ野）、前頭葉後下部（ブローカ野）は、それぞれ言葉を聴く機能、話す機能にかかわることが古くから指摘されている。

*2
体温や血圧、血糖値など、身体の状態を一定に保つこと。ホメオスタシスともよばれる。

〈図2-4〉脳の構造（正中断面：右側は脳のMRI画像）

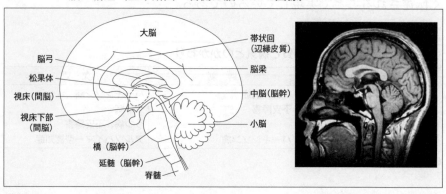

大脳
帯状回（辺縁皮質）
脳弓
脳梁
松果体
中脳（脳幹）
視床（間脳）
視床下部（間脳）
小脳
橋（脳幹）
延髄（脳幹）
脊髄

（筆者作成）

〈図2−5〉大脳の各部位（左：大脳を正面から見た断面、右：ブロードマンによる大脳皮質の区分）

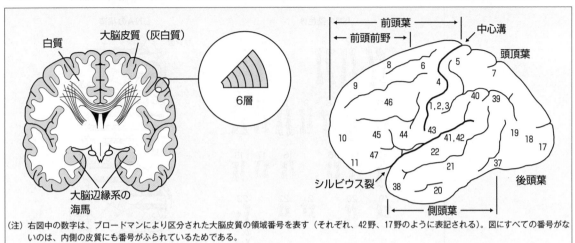

（注）右図中の数字は、ブロードマンにより区分された大脳皮質の領域番号を表す（それぞれ、42野、17野のように表記される）。図にすべての番号がないのは、内側の皮質にも番号がふられているためである。

（筆者作成）

　ただし、例えば、ある感情の生起と特定の脳領域とが一対一に対応するというような単純な機能局在論は正しくない。ある特定の心のはたらきは、複数の脳領域がそれぞれの役割を果たしながら一つのシステムとして関与することで実現しているし、脳の各領域の専門化の程度には違いがあり、多様な心的機能に重複して関与する領域も多い。

　また、大脳深部の大脳辺縁系は感情や本能的行動にかかわり、脳表面の大脳新皮質は知的な活動にかかわるという単純な図式が示されることもあるが、実際には感情機能にしろ、知的機能にしろ、大脳辺縁系と大脳新皮質の両方がかかわり合いながら実現されているとみるのが適切であろう。

　こうした脳の各領域が具体的にどのような心のはたらきに関与しているかの検討は、古くから、脳損傷患者の行動の変化に注目する神経心理学的手法や動物の脳を対象とした研究の成果をもとに進められてきた。しかし1990年代からは、健康な人間の脳活動を非侵襲的に調べることのできるfMRI（機能的MRI）、PET（陽電子放射断層撮影法）、MEG（脳磁図）などの脳機能イメージング技術を用いた研究が大きな成果を上げている。現在では、こうした研究により脳と心の関係について、かなり多くのことが理解されるようになってきている。

*3
計測のための器具を体内に挿入したり、体組織を採取するといった外科手術により身体や脳に傷を付ける手法（侵襲的手法）を用いない、安全で負荷の低い測定手法のことを「非侵襲的」な測定法という。

5 遺伝と遺伝子

　心の生物学的基盤を理解するためには、それに対する遺伝の影響も知

〈図2−6〉染色体とDNA

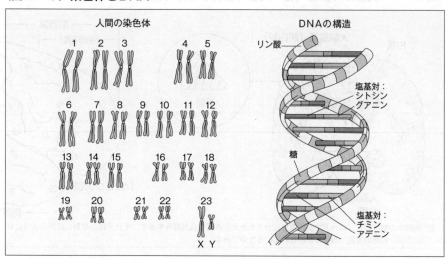

人間の染色体

DNAの構造

リン酸

塩基対：
シトシン
グアニン

糖

塩基対：
チミン
アデニン

X　Y

（出典）MSDマニュアル家庭版ホームページ「DNAの構造」をもとに一部改変

る必要があるだろう。体格や髪の色といった身体的特徴だけでなく、知能や性格といった心理学的特徴についても遺伝の影響が見られることがわかっている。それらは双生児を用いた行動遺伝学的研究により検討され、例えば、知能の個人差については、遺伝の寄与率が50％程度であることなどが明らかになっている。また、統合失調症などの精神疾患や自閉症スペクトラム障害などの発達障害にも、その発症には（すべてではないが）遺伝が関与している。

　遺伝とは、親の形質（形や性質のこと）が子に伝わる現象を表す概念であり、遺伝現象をつかさどる遺伝情報のことを**遺伝子**という。遺伝子の物質的基礎はDNA（デオキシリボ核酸）であり、DNAの化学構造がワトソン（Watson, J. D.）とクリック（Crick, F. H. C.）により特定されたことから、その仕組みについて多くのことがわかっている。

　我われの身体をつくり上げる約60兆個の細胞には、その一つひとつに細胞核があり、その中には46本の**染色体**が存在する（**図2−6**左図）。染色体は2本で1組になっており、46本のうち半数の23本は父親の精子から受け取り、残る23本は母親の卵子から受け取る。

　一つひとつの染色体をほどいていくと、紐状の物質が二重らせんを描くDNAが現れる（**図2−6**右図）。紐の部分は糖（デオキシリボース）とリン酸が交互に配列されてできており、紐を橋渡しする横木の部分は、塩基とよばれる物質である。塩基には、アデニン（A）、チミン（T）、グアニン（G）、シトシン（C）の4種類があり、常にAとT、GとCがペア（対）となって結合されている。DNAの2本の紐は細胞分

*4
性格の個人差に遺伝が与える影響について詳しくは、本章第7節2参照。

*5
糖とリン酸、塩基のそれぞれが1分子ずつまとまった単位のことをヌクレオチドといい、DNAはこのヌクレオチドが連なったものである。

〈図2－7〉DNAの塩基配列

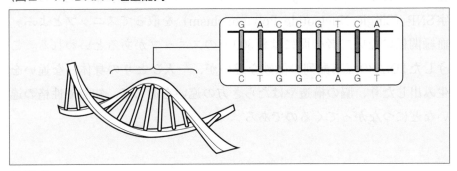

（筆者作成）

裂の過程でほどけるが、それぞれの紐に塩基対の１つが残り、ペアとなる塩基を分裂後の細胞内で引き寄せるので、分裂前と同じDNAが複製される。これによりDNAはあらゆる細胞で常に同じものが存在することになる。

　DNAは46本の染色体に分散して存在し、そのすべてをつなげると２メートルの長さになる。そして、この中にA・TとG・Cの塩基対が約30億個並んでいる。この塩基対の並び順を塩基配列といい、これが遺伝情報、すなわち遺伝子となる（**図2－7**）。ただし、約30億個の塩基配列がすべて遺伝情報をもっているわけではなく、人の場合、遺伝子としてはたらくのはそのうちの２万～３万個といわれている。[6]

　細胞を構成する物質の中でもタンパク質は、身体の構造をつくったり、酵素として代謝を促進したりとさまざまな重要な役割を果たす。タンパク質はアミノ酸からできており、その組み合わせにより、人の身体で10万種ほどがあるといわれる。このタンパク質をどうつくるかの指令となるのが遺伝子である。具体的には、DNAの連続した３塩基の配列（これをコドンという）がタンパク質の合成に使用するアミノ酸の種類を決めており、どの部分の塩基配列がはたらくかにより、アミノ酸の連ね方、すなわち、どのようなタンパク質がつくられるかが変わる。我われの心のはたらきに重要なのは脳であるが、脳も身体の一部である以上、その構造やはたらき方は塩基配列を指令としたタンパク質の合成により決められることになる。

　この塩基配列は個人間でほぼ同じであり、このため我われはみな同じような身体の構造をしている。一方で、塩基配列の中には人により異なっているものもあり、これを遺伝子多型という。多型の中で最も多いのは、ある一部分の塩基配列を見たときに、例えば、多くの人が「ATGCATGC」となっているところを「ATGCATG"A"」のように一

*6
ただし、最近では、何の役割ももたないとされたジャンク配列の中にも、実は重要な役割を担っているものがあることが解明されつつある。

塩基だけ異なっているパターンであり、これを一塩基多型、英語の頭文字SNP（Single Nucleotide Polymorphism）を取ってスニップとよぶ。血縁関係にない二者の間には約300万のスニップがあるといわれる。こうしたDNAの塩基配列の微妙な違いが、一人ひとりの身体的な違いを生み出したり、脳の構造やはたらき方の違いを通じて、知能や性格の違いなどにつながってくるのである。

> 📖 BOOK 学びの参考図書
>
> ● K. シルバー、苧阪直行・苧阪満里子 訳『心の神経生理学入門－神経伝達物質とホルモン』新曜社、2005年。
> ● 生田　哲『脳と心をあやつる物質－微量物質のはたらきをさぐる』講談社、1999年。
> 　どちらの書も脳の構造や神経細胞のはたらき、神経伝達物質と精神疾患、薬物の作用機序などについて初学者向けにコンパクトにまとめている。
>
> ● N. R. カールソン、泰羅雅登・中村克樹 監修・翻訳『カールソン神経科学テキスト－脳と行動』丸善出版、2013年。
> 　大変高価ではあるが、専門的なことを詳しく知りたいときには、やはり神経科学の専門書を読むことが重要である。

参考文献
● From the MSD Manuals (Known as the Merck Manuals in the US and Canada and the MSD Manuals in the rest of the world), edited by Robert Porter. Copyright 2021 by Merck Sharp & Dohme Corp., a subsidiary of Merck & Co., Inc, Kenilworth, NJ. Available at http://www.msdmanuals.com/ja-jp/ (Accessed Sep 1, 2023).

第2節　感覚・認知

1　感覚、知覚と認知

　人間は、視覚や聴覚を通して、自分を取り巻く環境や自分自身の状態についての情報を得ており、それをもとに危険の回避や、好ましい対象への接近など、適応的な行動を取っている。また、これらの情報をもとに、外界の対象や事象に対するイメージを形成したり、他者とのコミュニケーションを行ったりしている。「感覚」「知覚」「認知」は、いずれもこうした情報の受容過程をさす言葉であるが、そこで行われる処理の複雑性や内容の豊富さにより区別して使われる。

　感覚と知覚は、ともに感覚器に与えられた情報（刺激）をもとに外界の様子を意識の上に表現するはたらきである。感覚と知覚は、厳密に区別可能なものではなく、感覚器における刺激の受容や、それにより感じられる単純な感性経験を「感覚」とよび、これに対し、より中枢的で、複雑な処理により成立する感性経験やその過程を「知覚」ということが多い。例えば、視覚により対象の大きさや動きを感じることは、「大きさの知覚」「動きの知覚」とよばれる。

　一方、認知とは、外部の対象や事象を知覚した上で、記憶や知識をもとにそれが何であるかを判断したり、解釈したりする過程のことをいう。例えば、感覚・知覚のはたらきにより、眼前に黄色くて、丸く、柔らかい手触りと酸っぱいニオイがするものがあることがわかったとしても、それが「ミカン」であることを知るためには、ミカンとはいかなるものであるかの知識が必要である。このように外界の対象や事象は、感覚・知覚のはたらきから得た情報を、それに関する知識をもとに解釈することで認知される。そして、そのための知識は生後の経験や学習により後天的に得られたものである。もちろん感覚・知覚のはたらきもそれが発達の中で成立するためには後天的な経験が重要であるが、そこでの経験が生得的にもつ感覚・知覚のための仕組みを発現させるスイッチとしての役割を果たすのに対し、認知における知識は、それ自体が後の認知のために獲得され、利用されるという点で異なっている。

　以下では、視覚を中心に、感覚、知覚、認知の具体的なはたらきや特徴を説明していく。

*7
認知という用語は、実際には広い意味で用いられている。心理学や脳科学、認知科学における認知とは、外界の対象を認識するはたらき、概念や知識を形成するはたらき、経験や知識に基づき解釈や推理を行うはたらき、見通しを立てたり、判断を行うはたらき、言葉や動作を通じてコミュニケーションをするはたらきなど、知的活動全般をさすものとして用いられることが多い。

2 感覚器と適刺激

　感覚は、受容する情報の種類により視覚、聴覚、嗅覚、味覚、平衡感覚、体性感覚（皮膚感覚、深部感覚、内臓感覚）に分けられる。それぞれの感覚には、目、耳、鼻、舌、前庭器官、皮膚・筋肉・内臓といった感覚器（感覚受容器）が存在する。

　感覚器には、例えば視覚（目）に対する光線のように、それらを最も効率よく興奮させる刺激の種類が決まっており、これを「適刺激」という。一方、例えば眼球を押すことなどにより光の感覚を覚えることがあるが、このような場合の刺激を「不適刺激」という。視覚の適刺激は短波長側で360〜400ナノメートル、長波長側が760〜830ナノメートルの範囲の電磁波、すなわち可視光線[*8]であり、それが眼球内部の網膜に広がる視細胞を刺激することで光の感覚が得られる。

　聴覚（耳）の適刺激は、空気の振動、すなわち音波であり、それが外耳道の奥にある鼓膜を振動させ、その振動が内耳における蝸牛内部の聴細胞（有毛細胞）を刺激することで音の感覚が得られる。人間の聴覚で受容可能な音波は20〜20,000ヘルツの周波数をもつものである[*9]。

3 形の知覚とプレグナンツの傾向

（1）図と地の分離

　視覚の場合、視野中の対象が反射した光が網膜に像を結ぶことから知覚の処理が始まる。網膜に映る像には、形をもつ対象（図）とその背景（地）が含まれるが、そのままではどちらが図でどちらが地なのかはわからない。対象物の形を知覚するためには、まず網膜に映る像のどれが形をもつものなのかを決める必要がある。これを「**図と地の分離**」という。視野の中のどの領域が図であるかは、本来あいまいな問題であるが、図としてのとらえられやすさには一定の傾向があり、次のような要因のはたらきが指摘されている（**図2−8③〜⑥**）。

　①相対的に狭く、小さい領域は図になりやすい、②輪郭線が閉じた領域は図になりやすい、③上下や左右で対称な形の領域は図になりやすい、④水平、垂直に広がる領域は図になりやすい、⑤上下方向に安定した形（下から上に伸びる形）の領域は図になりやすい、⑥同じ幅をもつ領域は図になりやすい、⑦観察者にとって見慣れた形や既知の形をもつ領域は図になりやすい。視覚のための仕組みは、こうした要因に基づき、

*8
可視光線は電磁波の一種であり、波としての性質をもつ。波が1回の繰り返しの間に進む距離を「波長」という。可視光線の波長の違いは知覚される色の違いに対応しており、例えば620〜750ナノメートルの波長の光は、意識上では赤い色として知覚される。
ナノメートルについては、本章第1節2*1参照。

*9
音は空気の振動（疎密の繰り返し）が大気中を移動することで伝わる。音も光と同様に波としての性質をもつが、音の性質は波長ではなく周波数で表すことが多い。周波数は1秒当たりの振動の回数であり、その単位にはヘルツを用いる。すなわち、800ヘルツの音は1秒間に空気が800回振動する音である。周波数の違いは、意識上では音の高さの違いとして感じられる。

〈図2-8〉「図と地の分離」に影響する要因

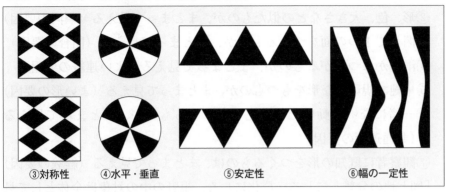

③対称性　④水平・垂直　⑤安定性　⑥幅の一定性

(出典) 松田隆夫『視知覚』培風館、1995年、84頁をもとに筆者作成

網膜に映る像から図を切り出すように構成されていると考えられる。

(2) 要素の群化

　「図と地の分離」の結果、さまざまな形が視野の中から切り出されるが、これらはバラバラなまま知覚されるのではなく、それらを要素としたより大きな単位へとまとめられる。これを「**群化**」という。このとき、どの要素とどの要素がまとめられるかはあいまいな問題であるが、図と地の分離の場合と同様、視野中の要素の群化には一定の傾向がある（**図2-9**）。

〈図2-9〉群化の要因

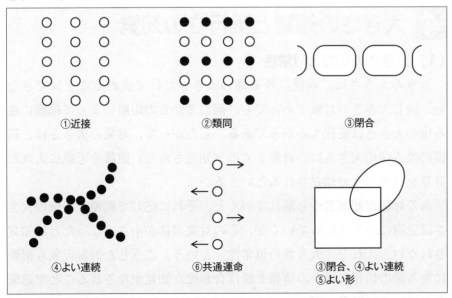

①近接　②類同　③閉合

④よい連続　⑥共通運命　③閉合、④よい連続　⑤よい形

(資料) 松田隆夫『視知覚』培風館、1995年、87～88頁をもとに筆者作成

①空間的に近いもの同士が、まとまって見える（近接の要因）

②形、色、大きさなどの似たものが、まとまって見える（類同の要因）

③閉じて1つの面をつくるものが、まとまって見える（閉合の要因）

④滑らかにつながるものが、まとまって見える（よい連続の要因）

⑤単純で規則的な形をもつものが、まとまって見える（よい形の要因）

⑥一緒になって動いたり変化したりするものが、まとまって見える（共通運命の要因）

⑦観察者に既知の形をつくるものは、まとまって見える（経験の要因）

「図と地の分離」にしろ、群化にしろ、視野の中の対象は全体として最も簡潔で、最も秩序のあるまとまりをつくろうとする傾向があり、ヴェルトハイマー（Wertheimer, M.）は、これをプレグナンツの傾向（または法則、原理）とよんだ。

同様の傾向は、聴覚の場合にも存在する。聴覚器では、さまざまな周波数（高さ）、波形（音色）をもった音が時間的広がりをもって同時に受容される。我われは、これらバラバラな種類の音にまとまりをつけることでそれぞれの音を音源の異なる別の音として聞いている。そこには、視覚の場合と同様に群化の要因のはたらきが認められる。例えば、音の流れの中で周波数や強さ、音源位置が近い音がまとめられるという近接の要因や、音色（波形）の似た音はほかと区別してまとめられるという類同の要因、強さや音源位置が一緒になって変化する音はまとめられるという共通運命の要因などが指摘されている。

4 大きさの知覚と奥行きの知覚

（1）大きさの知覚と恒常性

対象の大きさは、網膜に映る像の大きさだけで決めることはできない。同じ大きさの対象であっても、観察者からの距離によって網膜に映る像の大きさは変化するからである。したがって、対象の大きさは、網膜に映る像の大きさに、対象までの（知覚された）距離を考慮に入れた計算を行うことで知覚されるといえる。

ある対象が観察者から離れていくと、それに応じて網膜上の像の大きさは急激に小さくなっていくが、その対象自体が小さくなったとは知覚されない。これを「大きさの恒常性」という。こうした恒常現象も網膜に映る像の情報にほかの情報を掛け合わせた知覚がなされることで達成されている（図2－10）。

〈図2−10〉大きさの恒常性

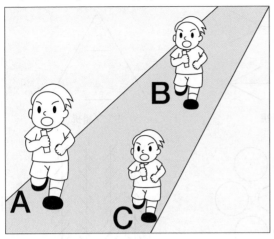

Bの少年は、Aの少年よりも網膜に映る像として
は小さいが（BはCと同サイズ）、Aの少年より
小さい人間であるとは知覚されない。

（筆者作成）

（2）奥行きの知覚

　対象までの距離（奥行き）もまた、それ自体、知覚される情報である。
観察者を取り巻く世界は、縦、横に奥行きを加えた三次元の情報から成
る世界であるが、それを写し取った網膜像では奥行きの情報が失われて
いる。このため視覚の仕組みは、奥行きにかかわるさまざまな手がかり
を用いて対象までの距離を算出し、三次元の世界を再構成している。

　奥行き知覚に使われる手がかりには、以下のようなものが指摘されて
いる。

　①生理的手がかり：網膜像を鮮明にするための水晶体の厚みの調節
　　（ピント調節）や両眼の輻輳（近くの対象を見る際に両眼が内側に
　　寄ること）に伴う眼筋の緊張

　②両眼視差：左右の眼に映る像のズレの大きさが対象までの距離によ
　　り違うこと（近いほどズレが大きい）

　③運動視差：観察者の動きに伴う網膜上の移動量が対象までの距離に
　　より違うこと（近いほど移動量が大きい）

　④絵画的手がかり：大地の模様（肌理）が観察者から離れるにつれて
　　細かくなることや、遠くの対象はかすんで見えることなど

（3）錯視

　視覚にかかわるこれらのはたらきを見ると、知覚とは感覚器に与えら
れた情報を"解釈"し、それをもとに観察者を取り巻く世界を意識の上
に再構成するはたらきであるといえる。ヘルムホルツ（Helmholtz, H. L.

〈図2-11〉さまざまな幾何学的錯視

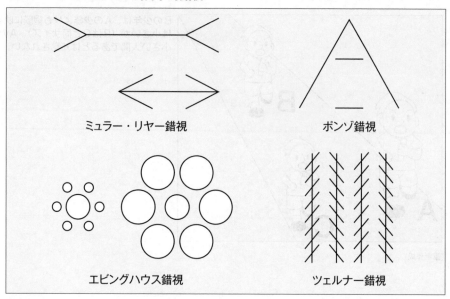

ミュラー・リヤー錯視　　　　ポンゾ錯視

エビングハウス錯視　　　　ツェルナー錯視

（筆者作成）

F.）は、知覚系のこうしたはたらきをさして「無意識的推論」とよんだ。

　こうした知覚系による解釈の過程が、ある特殊な状況でうまくはたらかない場合、刺激の物理的な特徴が正しく知覚されないことが起こる。**図2-11**は、刺激の物理的特徴と知覚内容の間にズレのある「幾何学的錯視（さくし）」の例である（例：ミュラー・リヤー錯視の2つの図形は上下で軸の長さが同じ）。**錯視**とは、こうした知覚のはたらきの誤作動の例として考えられる。

＊10
ポンゾ錯視の2つの線分は上下で同じ長さだが、上のほうが長く見える。エビングハウス錯視では、図の中心にある円は左右で同じ大きさだが、周囲との対比により左のほうが大きく見える。ツェルナー錯視では、4本の縦線は上下に垂直で互いに平行だが、いずれも斜めに傾いて見える。ミュラー・リヤー錯視については本文を参照。

5 外界の対象の認知過程

（1）パターン認知

　知覚のはたらきにより抽出された対象の特徴は、記憶内に保持されたさまざまな対象の形や大きさに関する知識と照らし合わされることにより、その対象が「何」かの認知に至る。文字や日常的な物品のようにあるパターンをもつ対象について、それが何であるかを知る過程を「パターン認知」という。

　パターン認知に関する研究では、対象の形がどのように知識化されており、それと対象のパターンとがどのように照合されるかが問題となる。外界の対象は、それ全体の形を単位に知識化されているのではなく、例えば「A」という文字ならば、右斜め線と左斜め線、横の線分……の

ように、それを構成する特徴の集合としてその形が知識化されており、照合の際には、眼前の対象がどのような特徴をもっているかを分析し、その上でその特徴を最も多くもつ対象の知識がそれとして認知されるという「特徴分析」の考え方が支持されている。これは、無数にある対象の全体像をすべて記憶するよりも、共通性の高い部品（特徴）の組み合わせで認識するほうが、大きさや傾きの違いにかかわらず効果的にパターンを認知できることがわかっているためである。

こうした知識表現、処理の方法は、文字のような二次元のパターンの場合も、日常的な物品のような三次元パターンの場合も、ともに当てはまると考えられている。ただし、「顔」だけは特別で、顔は特徴の集合としてではなく、それ全体を単位として認知されるとみなされている。

＊11
特徴分析の考えを具現化した代表的なモデルに、セルフリッジら（Selfridge, O. G. & Neisser, U.）が考案したアルファベット文字認識のためのパンデモニアム・モデルがある。

（2）ボトムアップ処理とトップダウン処理

特徴分析によるパターン認知処理は、知覚のはたらきを通じて得られた情報から、対象を表す知識へアクセスするという流れであり、情報が低次の感覚処理からより高次な過程へと昇っていくという意味でボトムアップ処理またはデータ駆動型処理という。

しかし、「幽霊の正体見たり枯れ尾花」という句に表れているとおり、我われの認知は、文脈情報をもとにした予想や期待、思い込みをもとに行われるという側面もあり、これをトップダウン処理または概念駆動型処理という（**図2－12**）。

こうしたトップダウン処理によって認知の内容が影響を受けることは、パターン認知に限らずさまざまな認知過程で見られる現象である。例えば、会話の中では同じ「ありがとう」であっても、文脈によってそ

〈図2－12〉 **トップダウン処理**

同じ形の文字であっても、前後の文脈が異なると、違う文字（13とB）として認知される。

（出典）Bruner, J. S., Minturn, A. L. (1955) 'Perceptual identification and perceptual organization', *The Journal of General Psychology*, Vol. 53, pp. 21-28 をもとに筆者作成

の受け取られる意味は感謝にも皮肉にも変化する。また、我われは人種や職業など、ある特定の集団やその成員についての知識（ステレオタイプ）をもっており、それをもとに特定の人物の行動や性格などを評価したり判断したりすることがある。

　こうしたトップダウン処理のおかげで、我われは情報が不十分な状況でも、処理すべき対象や出来事について効率的に認知することができるが、ときにそれは偏見や見間違い、記憶違いなど、認知の内容を不適切に歪（ゆが）ませることにもつながってくる。

6　注意のはたらき

（1）選択的注意

　感覚器には、外界に関する膨大な情報が与えられるが、我われはそのすべての情報を意識している（気が付いている）わけではない。例えば、人であふれたにぎやかな場では、さまざまな話し声が同時に聴覚器に到達するが、眼前の人との会話に夢中になっているとその人の声しか聞こえず、周囲の話し声は存在しないかのように感じられる。このように、注意を向けた対象だけを認識し、それ以外の刺激をシャットアウトする現象を「**カクテルパーティー効果（現象）**」という。

　知覚系が処理をした情報の中で我われが意識をするのは、注意を向けた情報のみであり、注意のこうした情報選別のはたらきをさして選択的注意（または焦点的注意）という。カクテルパーティー効果は、聴覚における選択的注意の例であるが、同様の現象は「不注意による見落とし」[*12]など視覚においても認められる。注意のはたらきは、トップダウン処理と同様、我われの知覚や認知が能動的性質をもつことを物語っている。

（2）選択的注意のモデル

　選択的注意はどのようなものとしてとらえられるだろうか。両耳分離聴[*13]を用いた実験では、注意を向けていない側の耳の刺激を人の話し声から機械音に変えたり、男性の声から女性の声に変えたりしても、ほぼその変化に気付くことがわかっている。一方、同じ声で途中から外国語に変えた場合、意味のわからない言葉になったことに気付かないことが多い。このことは、注意を向けていなくとも音の高さや音色など感覚・知覚レベルの処理はされるが、注意を向けていないとその刺激の意味の処理を行うことがむずかしいことを示している。

*12　注意を向けていれば誰もが気付く事象に、注意を向けないことで気付かなくなること。シモンズら（Simons, D. & Chabris, C.）は、バスケットボールをパスし合う男女の間をゆっくりとゴリラの着ぐるみを着た人が通り過ぎる映像において、ボールのパスに注意を向けた場合、半数以上の人がゴリラの出現に気付かなくなることを報告している。

*13　ヘッドホンを使い左右の耳に異なる聴覚刺激（音声など）を同時に与えた上で、一方の耳の刺激のみに注意を払わせる実験手法。注意の方向を確実にするため、注意を向けた耳に聞こえる内容を間髪入れずに反復（追唱）させるなどの手続きを取る。

〈図２−13〉選択的注意のモデル（上：減衰モデル，下：最終選択モデル）

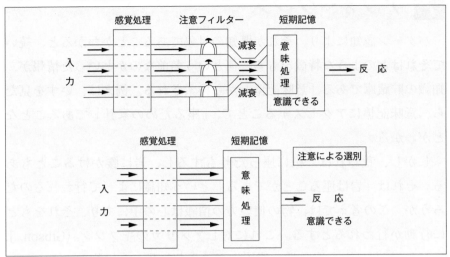

（出典）D. E.ルーメルハート、御領　謙 訳『人間の情報処理−新しい認知心理学へのいざない』サイエンス社、1979
年、106〜109頁をもとに一部改変

　こうした研究から、選択的注意のはたらきは、感覚器に入力された情
報を処理する流れの中で、感覚・知覚レベルの処理を行う場と、見たり
聞いたりしたものを意識に上らせ、意味の処理をする場（短期記憶）の
間にあって、特定の特徴をもつ刺激（例：右耳に聞こえる音）のみを通
すフィルターのようなものと考えられる（**図２−13**上図）。両耳分離聴
の実験の例でいうと、注意を向けていない側の耳に入った情報は、この
フィルターではねられてしまうので、その先に進めず、意味がわからな
い言葉になったことに気付けないのである。

　ただし例えば、注意を向けていない側の耳であったとしても、そこに
自分の名前が聞こえると気付くこともある。同様に、注意を向けられな
かった情報も意識には上らないが、ある程度のパターン認知や意味処理
が行われていることがわかっている。こうしたことから選択的注意の
フィルターは、注意されない刺激を完全に遮断するのではなく、その情
報を減衰させて通すと考えられている。これを選択的注意の「減衰モデ
ル」という。

　一方で、注意の有無にかかわらずすべての刺激が意味レベルの処理を
受け、何が意識に上り反応に至るかが注意により後から決められるとい
う「最終選択モデル」もあり（**図２−13**下図）、現在では、この２つの
選択的注意の仕組みがともに存在すると考えられている。

7 アフォーダンス

パターン認知により、それが既知の対象であることがわかると、続いてそれはどのような特徴をもち、何という名前なのかといった情報が、知識の貯蔵庫である「意味記憶」[*14]から検索される。例えば、いすを見たら、意味記憶にアクセスすることで、「座るための家具」であることなどがわかる。

＊14
本章第4節1（3）参照。

しかし、我われは、机に座ったりもするし、岩に腰かけることもある。それは「岩は座ることができる」という知識によって行われるのだろうか。この考えでは、物の使い方の情報は心の中にあり、それをもとに行動が行われるとする。これに対しアメリカのギブソン（Gibson, J. J.）は、情報は人を取り巻く環境世界にあり、我われは物とのかかわりの中でそれを常に発見すると考えている。例えば紙には、破く、持ち上げる、扇ぐ、包むなど、さまざまな行為の可能性がある。こうした、環境にある物などが提供する価値のことを、ギブソンは「**アフォーダンス**」[*15]とよんでいる。

＊15
「アフォーダンス」とは、「〜を与える」「〜ができる」を意味する英語の動詞「アフォード」をもとにしたギブソンの造語である。

アフォーダンスは、物と人の関係性の中に初めから存在する価値や意味であり、心や知識の中にあるものではない。例えば、トイレットペーパーの芯を立てて並べるとその上に人が立つことができるが、「上に立てる」というアフォーダンスは、そのことを誰も知らないとしても、芯と人の間に存在している。もちろん、我われは「岩は座ることができる」という知識をもっているかもしれない。しかし、その知識があるから岩に座るのではなく、岩を見たり触ったりするなかで、座れるというアフォーダンスを瞬時に発見して、それが行為につながっていくのである。

また、多様なアフォーダンスから何がピックアップされるかは、対象によって決まっているわけではない。例えば、同じ岩でも、背の高い人には「座れる」と感じられるし、小さな子どもには「寄りかかれる」となるだろう。我われは、物と自分の身体との関係において、そこにどのような価値や意味があるかを見出しているのである。

アフォーダンスの概念はわかりにくいし、当たり前のことのようにも感じる。しかし、この考えは、本節の冒頭に述べた、対象の価値や意味は知識や経験をもとに心の中で決まるという常識的な見方に対し、価値はすでに環境の中にあり、それを常に我われが見出しているという、また別の見方を提案するものである。そのため、このような考えは、環境の認識、すなわち知覚や認知に関する重要な考えとみなされている。

BOOK 学びの参考図書

●大山　正『視覚心理学への招待−見えの世界へのアプローチ』サイエンス社、2000
　年。
　　図と地の分離、群化、錯視、奥行き、色・明るさ、運動、注意といった視知覚研究
　の代表的トピックについて、古典的な研究をふまえ広く体系的に学ぶことができる。

●重野　純『音の世界の心理学』ナカニシヤ出版、2014年。
　　本節では、音の知覚（聴覚）についてあまりふれることができなかったが、聴覚
　に興味のある人はこちらを読むことをお勧めする。

●佐々木正人『新版 アフォーダンス』岩波書店、2015年。
　　アフォーダンスの概念をわかりやすく説明するだけでなく、ギブソンの知覚論に
　ついても解説しており、本節とはまた違う観点から視知覚について考えることがで
　きる。

第3節　学習・条件づけ

1 学習とは

　「学習」という用語を国語辞典でひもとくと、最初の説明には「（学校などで）他の生徒と一緒に、繰り返しながら（段階的に）基礎的知識を学ぶこと」と表記されている。しかし、心理学における学習とは、「個体の経験の結果として起こる変容の過程」と定義されている。この違いにまず気付いてほしい。私たち人間の行動は、生得的なものと習得的なものに分けることが可能である。後者の習得的な行動はすべて学習による産物である。

＊16
『新明解国語辞典　第七版』三省堂、2011年。

　例えば、言語的な能力が未発達な時期の子どもは、大人の言語的な注意が理解できず興味本位で、熱いフライパンに触ることがあるだろう。結果的に触ることにより熱さを身をもって体験し、その後はフライパンの状態を確認してから触るようになる。このようにフライパンの熱さを確認するように行動が変容することが心理学における学習である。なお、学習には経験を伴わない成長や加齢、疲労、薬物による行動変容は含まれない。

　学習は、上記のような直接的な経験によるものだけではない。他者の体験する様子を見聞きすることでも学習は成立する。このような他者の経験（代理経験）による学習を、「社会的学習」という。以下に、代表的な社会的学習の例を2つ紹介する。

　社会的学習は大きく2つに分けることが可能である。すなわち、単にモデルを観察するだけで学習が成立するタイプと、観察後モデルの行動を実行し、実行した行動とモデルのオリジナルの行動を照合して適切に実行可能となったときに学習が成立するタイプである。前者を「観察学習」、後者を「模倣学習」という。

＊17
観察学習については発達過程においてもその重要性が指摘されている。詳細は、本書第3章第2節に記載されている。

（1）観察学習

　初めてテレビの時代劇のチャンバラシーンを見た幼児が、テレビ視聴終了後、身近な棒状の物を振り回して戦うそぶりを見せることがあるだろう。このように情報を知るだけで成立する学習が、観察学習である。
　観察学習を提唱したバンデュラ（Bandura, A.）は、大人が人形を殴ったり蹴ったりする攻撃場面を子どもに観察させるという実験を行ってい

る。その結果、観察した子どもは後に同じような状況に置かれると、観察した「殴る・蹴る」というような行動の生じる割合が高くなることを確認している。大人の行動（モデル）を見ることで、代理強化[*18]を体験していると考えられている。同様に、自身が怒られなくとも、友人が叱られるところを見るだけで代理罰[*19]を体験することもある。このような観察学習の例は身の回りに少なくない。

（2）模倣学習

　社会的学習の中でも、見本となる他者（モデル）の行動の観察から、適切な技能を学習するものがある。これを模倣学習という。モデル（例えば教師）が舞踊の見本を見せ、学習者（例えば生徒）がその舞踊をまね（模倣）する。生徒が教師から模倣の出来を評価されて、舞踊の完成度が高まっていくという身近にある学習である。

　この模倣は生得的にも備わっているもの（例えば、生後4か月の子どもの前で、大人が舌を出すと、その子どもも舌を出す）もあるが、人間の場合、ほとんどの模倣は学習されたものと考えられている。

　模倣学習では他者の行動そのものだけでなく、他者の行動の手がかりも模倣することで、能率のよい学習の達成が可能である。例えば、道順に精通している他者（モデル）と一緒に行動している状況を想定してみよう。モデルの後追いだけでなく、モデルが手がかりにしている行動様式（例えば経路にあるランドマークを見る行動）も模倣しておけば、モデルが不在になった直後から道に迷うことは少なくなるであろう。

　また、模倣することを繰り返し強化することで、直接強化されたことがない、新たな行動が成立することがある。これは「汎化模倣」とよばれる。例えば、転校を何度も経験した生徒が、転校当初の新しいクラスの友人と同じ行動をすることでうまくいった経験を繰り返すと、新しいクラスに入ってそれまで全くやったことのない行動でも模倣してうまくいくことである。つまり模倣行動自体の強化で、全く新しい行動を模倣するようになる。以上のように、模倣は日常生活における学習方法として一般的なものである。

（3）洞察学習

　前記のような社会的学習とは異なるが、日常場面において認知的構造の変化によって成立する学習があることが指摘されている。ケーラー（Köhler, W.）は、チンパンジーが道具を使って餌を手に入れる過程に

*18
他者が行動の結果として強化を受けることの観察により、観察者の行動が促進される効果（引用文献2）。

*19
他者が行動の結果として罰を受けることの観察により、観察者の行動が抑制される効果（引用文献2）。

第2章

検討を加えた。その結果から、問題解決場面においてその状況全体を見通すことが可能ならば、試行錯誤することなく比較的短時間に学習が成立することを示唆した。このような学習を「洞察学習」という。人間は過去経験も適切に取り入れ、より効率的な洞察学習を実行している。

2 条件づけ

　空腹時ならば、たとえ嫌いなものであったとしても食べ物を見ただけで口内に唾液が満ちてくるであろう。このような反応を条件反射という。この条件反射を形成する過程が「条件づけ」である。条件づけは以下に記す2種類に分類することが可能である。なお、条件づけは、刺激−刺激の対連合（**レスポンデント条件づけ**）及び刺激−反応−結果の行動随伴性（**オペラント条件づけ**）によって形成されるため、「連合学習」とよばれる。[20]

＊20
本2項は第5章第4節2「応用行動分析」とあわせて学習するとよい。

（1）レスポンデント（古典的）条件づけ

　熱いものに触ると思わず手を引っ込める。また食べ物を口に入れると唾液が出てくる。このような現象は、誰かに教わったものではない。誰もがもち得る生得的な反射反応である。この反応を無条件反応という。

　無条件反応を誘発する刺激は無条件刺激という。唾液分泌という無条件反応を引き起こす無条件刺激は食べ物を口に入れることである。この無条件刺激と無条件反応には一義的な対応関係がある。この対応関係にない刺激（中性刺激）も、無条件刺激と同時呈示することで無条件反応を誘発するようになる。

　有名な**パブロフ**[21]（Pavlov, I. P.）の研究はこの現象を確認したものである。つまり、犬へ食物を与える（無条件刺激）のと同時にメトロノーム音（中性刺激）を聞かせ続けると、メトロノーム音のみでの唾液分泌（条件反応）が確認される。このような、中性刺激が条件反応を誘発する過程をレスポンデント条件づけという。

＊21
パブロフによる犬を使った研究は心理学領域で特に有名であるが、彼は消化器システム（消化腺）を研究する生理学者であり、その研究で1904年にノーベル生理学・医学賞を受賞している。分泌量を計測するために、口からでなく直接唾液採取を行っていたとき、偶然この現象を発見した。この発見後、パブロフはレスポンデント条件づけの研究に亡くなるまでの30年間没頭し、多くの研究成果を残している。

　このようなレスポンデント条件づけは、日々の生活の中に多くひそんでいる。例えば、白衣を着て対応する医療関係者（中性刺激）による予防接種（無条件刺激）が繰り返されることによって、予防接種のみで喚起されていた不快感情（無条件反応）を白衣着用の医療関係者を見るだけで生じさせてしまう（条件反応）。これもレスポンデント条件づけの一例である。

（2）オペラント（道具的）条件づけ

　前記のレスポンデント条件づけは、不随意な行動（例えば、空腹時はどのような食事を見ても唾液が分泌される）が変容する過程を示している。しかし私たちの行動は随意的（例えば、空腹時に入った食堂のメニューから自分の意志で食べるものを選択する）なものが多い。この随意的な行動も不随意なそれと同様に変容する。

　幼稚園に通う子どもをしつける場面を想定してみよう。大人の想定しないことも多々あるが、子どもは自分の意志で自己ペースの積極的な行動をする。その際、大人にとって望ましい行動をした場合にのみ子どもへ報酬となるお菓子を与える。子どもにとって自分の行動が好ましいか否か当初は判断がつかない。しかし、自分の意図的行動中のいくつかを実行した直後「のみ」、お菓子がもらえることに気付き、それらの行動が増える（このような行動形成技法をシェイピング〔反応形成〕という）。

　このように、お菓子がもらえる行動の頻度が増えていく過程は、レスポンデント条件づけと似ているが、条件づけられた行動が随意的であるという点で異なる。このような行動変容過程をオペラント条件づけという。

　また、例えば一人でジグソーパズルを作成するときなど、時間を費やし試行錯誤を重ねる方略での学習もオペラント条件づけである。ソーンダイク（Thorndike, E. L.）は、出ることが困難な仕掛けを施した箱（問題箱）に入れられた猫の行動を観察した。その結果、最初はペダル踏みや留め金はずしなどの脱出に必要な対応を偶然行って、問題箱から脱出することを確認した。さらに脱出成功後、同じように問題箱の中へ猫を閉じ込めると、脱出に要する時間は減少していった。このような試行錯誤によるオペラント条件づけは、人間の場合は単なる試行錯誤ではなく、過去経験から得た「仮説」を加味して、より学習効率を高めている。

　オペラント条件づけも日常生活のさまざまな場面で応用されている。オペラント条件づけの発展に大きく寄与したスキナー（Skinner, B. F.）は、当初からこの条件づけの技法の応用を考えた。特に有名なものはプログラム学習の発展への寄与であろう。「プログラム学習」とは、主に個別指導学習において、指導者が学習者の学習目標到達までの過程を細かい段階（フレーム）に分けてプログラムした後、フレーム終了ごとに学習者は回答を行い、そのフィードバックを受けるというものである。

オペラント条件づけの基礎研究で確認された、学習者の積極性及び自己ペース維持・細かいフレームの構築（スモールステップ）・指導者の即時確認などの知見がプログラム学習にはいかされている。現在はコンピューター支援学習（Computer Assisted Instruction：CAI）でプログラム学習が利用されている。

3 馴化・鋭敏化

日々の生活で、同じ刺激が繰り返されるなかで反応が変わっていくことがある。例えば、救急車のサイレン音を最初に聞いたときの驚愕感は、それを何度も聞いていくうちに薄れていく。しかし、巨大地震直後に消防車のサイレン音を聞いたときの驚愕感は、聞くたびに増していく。前者は「馴化」（慣れ）、後者は「鋭敏化」（感作）といわれる。この2つは、単一事象が繰り返して提示されるときに成立するので、複数事象（無条件刺激と中性刺激、自発的行動と報酬または罰）の連合による前項の条件づけと対比して「非連合学習」とよばれる。

（1）馴化

大きなサイレンを鳴らして救急車が自宅前を通過すると驚くが、それが繰り返されると驚きが小さくなっていく。刺激（この例では救急車のサイレン音）に対して最初生じていた反応が、繰り返し提示されることで減少することが「馴化」である。馴化は無脊椎動物から人間までさまざまな動物にみられる。

救急車が頻繁に来る病院近隣に居住することで、救急車のサイレン音に馴化して驚くことがなくなったとしても、パトカーのサイレン音には驚く（般化）。これは馴化がもつ刺激特定性である。しかし、救急車のサイレン音に似た警告音にはあまり驚かないので、馴化は波及する性質をもつ。

刺激特定性と般化の性質を利用して言語報告が困難な動物や人（例えば乳児）の行動特徴を測る方法がある。これは馴化・脱馴化法とよばれる。まず刺激Aを繰り返し提示し馴化させる。その後全く異なる刺激Bを提示する。刺激Bに対する注視時間の上昇の有無、すなわち（以下に記す）脱馴化が起きるか否かから、刺激AとBの区別を検討する方法である。

なお、一度馴化した救急車のサイレン音であっても、巨大地震経験直

後であれば、再度驚いてしまうだろう。また、一度馴化した救急車のサイレン音を一定期間（例えば、1年間の船上生活中）聞かず、その後再度聞くと驚きが生じる。前者が脱馴化、後者が自発的回復（一度馴化した刺激への敏感さが時間の経過とともに自然に回復すること）とよばれる。

（2）鋭敏化

　刺激に対して最初生じていた反応が、繰り返し提示されることで増大することを「**鋭敏化**」という。馴化と逆の現象である。細かな特徴は馴化とは異なっている。

　最初に示した大地震の例のように、刺激強度が強いと鋭敏化が生じやすい。逆に刺激強度が弱いときは馴化しやすい。刺激特定性も鋭敏化にはみられない。例えば、驚愕感を惹起させる強い地震の繰り返し直後では、室内灯の点灯のように、全く異なる刺激でも驚愕感が生じることがある。

BOOK 学びの参考図書

●実森正子・中島定彦『学習の心理−行動のメカニズムを探る［第2版］』サイエンス社、2019年。
　実験結果を適切に紹介して学習の原理を解説した本。「学習」にとどまらず「記憶」についてもわかりやすく書かれており、初学者にも適している。

引用文献
1）J. E. メイザー、磯　博行・坂上貴之・川合伸幸 訳『メイザーの学習と行動 日本語版 第3版』二瓶社、2008年、1頁
2）下山晴彦 編集代表『誠信 心理学辞典［新版］』誠信書房、2014年、94頁

参考文献
●今田　寛 監修、中島定彦 編『学習心理学における古典的条件づけの理論−パヴロフから連合学習研究の最先端まで』培風館、2003年
●J. E.メイザー、磯　博行・坂上貴之・川合伸幸 訳『メイザーの学習と行動 日本語版 第3版』二瓶社、2008年

第4節　記憶と思考

1 記憶とは

　記憶は日常生活の中で絶え間なく利用されている。見た物の名称がわかり、聞いた言葉の意味がわかるのは知識が記憶されているからだと考えられる。子どものころの出来事を思い出せるのも、昨日の晩ご飯のおかずを思い出せるのも記憶のはたらきである。

　記憶とはどのようなものなのであろうか。記憶は人間の知的機能・活動に不可欠であるといえる。心理学的研究としては、エビングハウス[*22]（Ebbinghaus, H.）が科学的研究の道を開き、現在では認知心理学の主要な研究領域としてさまざまな研究が行われている。

（1）記憶の過程

　記憶のはたらきは、符号化（記銘）、貯蔵（保持）、検索（想起）の3つの過程に分解することができる（**図2－14**）。

❶符号化（記銘）

　記憶の第一段階は、新しい事柄を覚えることである。意識的に新しく覚える場合には「記銘」というが、意識して覚えようとしなくても記憶に残ることもある。そこで、この段階は、覚えようと努力したかどうかにかかわらず、多様な外界の情報から必要な情報を選択・変換して記憶に取り込む段階として「符号化」とよばれる。

❷貯蔵（保持）

　次は符号化された情報を覚えておく段階である。積極的に覚えておく場合には「保持」というが、特に努力をしないでも覚えていることもある。そこで、情報を蓄えていくという意味で「貯蔵」の段階とよばれる。

❸検索（想起）

　最後に貯蔵された情報を思い出す段階がある。意図的に思い出す場合には「想起」というが、より一般的に、貯蔵された情報から情報を探し出すという意味で「検索」の段階とよばれる。記憶した内容そのものを検索して言ったり書いたりする方法を「再生」といい、記憶した内容を

*22
エビングハウスは記憶のはたらきを単純化し、既存の記憶内容による影響を最小にするために、無意味つづり（アルファベットの子音・母音・子音で構成される単語でない3文字：例WUX）を記憶の材料に用い実験的な検討を行った。複数の無意味つづりを完全に覚えられる（完全学習）までの反復回数を記憶の困難さの指標とし、その後一定の時間後に同じものを再度学習して完全学習までの反復回数が節約される割合（節約率）を時間経過における記憶量として取り扱うなどの数量化の工夫を行った。

〈図2−14〉記憶の過程

符号化（記銘）→貯蔵（保持）→検索（想起）

（筆者作成）

含むリストから記憶した内容を選択する方法を「再認[23]」という。

（2）記憶の分類

　記憶は一つの集約された機能ではなく、複数の異なる機能が相互に関連してはたらいていると考えられている。古典的にはアトキンソンとシフリン（Atkinson, R. C. & Shiffrin, R. M.）の「二重貯蔵モデル[24]」が有名であるが、現在ではさらにさまざまな分類が明らかになっている。

❶感覚記憶

　感覚器官を通して得られるさまざまな情報はすぐに消えてしまうのではなく、感覚記憶とよばれるごく短時間しか持続しない記憶に貯蔵される。感覚記憶は感覚の種類ごとにあり、視覚では「アイコニックメモリー（またはアイコン）」、聴覚では「エコイックメモリー」とよばれている[25]。

❷短期記憶

　私たちが覚える作業をするときに、貯蔵（保持）しておける時間が短い「**短期記憶**」とよばれる記憶が使われている。短期記憶では言語的な情報を音として記憶しており、その記憶の容量は覚える内容の違い（数字、単語など）や個人差を含めて、7 ± 2個程度とほぼ共通している[26]。

　短期記憶は何もしなければ数秒で消失し、ほかに覚える対象があると置換されてしまう。もし、持続させようとするならば、内容を繰り返し反復すること（リハーサルという）が必要である。

❸ワーキングメモリー

　短期的な記憶は、意図的に覚えるような場合にだけ使われるのではない。文を読む、話をする、計算をする、問題を解くなどの私たちの知的な作業は、その過程の中途の情報についての短期的な記憶を必要とする。このような記憶を**ワーキングメモリー**という[27]。

　ワーキングメモリーは、その作業の途中で活用されるだけで、完了す

*23
テストの設問形式でいえば、自由記述問題は再生にあたり、選択肢から正答を選ぶ問題は再認にあたる。

*24
アトキンソンとシフリンのモデルでは、感覚的な情報はまず、すべてが感覚貯蔵庫（感覚記憶）にごく短時間貯蔵され、その中で注意が向けられた情報が次の短期貯蔵庫（短期記憶）に貯蔵され、その中から長期貯蔵庫（長期記憶）に転送されると考えられている。それぞれの記憶分類の存在はおおむね認められているが、相互の関係については否定的な見解もある（例えば、短期記憶の障害があっても長期記憶による学習が可能である場合など）。

*25
感覚記憶の存在は直感的にはわかりにくいが、例えば、暗い部屋でペンライトを振って様子を観察してみよう。ライトは一瞬一瞬、別の位置に動いているが、軌跡がつながっているのが見える。つまり、見ている時点よりも過去のライトの光を感覚記憶によって見ることができていると考えられる。

*26
7 ± 2個は、不思議な数字（マジカルナンバー）とよばれている。この個数は「チャンク」とよばれる音のまとまりを単位としている。135296845172という12桁の数字を短期記憶するのはむずかしい。しかし、1352・9684・5172と区切って覚えると容易になる。これは4桁ごとの数字が1つのチャンクとなることによるものと考えられる。

〈図２−15〉 ワーキングメモリーのモデル

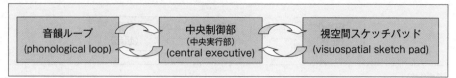

（出典）Baddeley, A. D. (1990) *Human Memory: Theory and Practice*, Hove, UK, Lawrence Erlbaum Associates, p.71をもとに筆者訳、一部改変

＊27
ワーキングメモリーは作業記憶、作動記憶ともよばれる。「小説を読む」という場面を考えてみよう。読書を進めていくためには、前の部分を記憶しておく必要がある。特に、読んでいる部分の直前の文章については、より詳しく記憶されていないと理解が進まないだろう。しかし、順に読み進めていくと、新しい情報が追加されたり、更新されたりすることで、ワーキングメモリーの内容は順次更新されていく。

れば消失してしまったり、作業途中で内容が更新されたりする一時的な記憶であると考えられる。また先に説明したような単純な短期記憶も、ワーキングメモリーの機能で説明される。

　イギリスの心理学者バドリー（Baddeley, A. D.）は1970年代からワーキングメモリーのモデルを提案している。このモデルの特徴は、音韻的な短期記憶である「音韻ループ」と視覚的な短期記憶である「視空間スケッチパッド」の２つを設けたことと、それらを使って認知的作業を制御して進める役割を果たす「中央制御部（または中央実行部）」を想定したことである（**図２−15**）。

❹長期記憶

　これまで述べてきた一時的な記憶以外の記憶のはたらきは「長期記憶」に分類される。次に長期記憶について詳しく見ていこう。

（3）長期記憶のさまざまな機能

❶エピソード記憶

＊28
例えば、晩ご飯のおかずを思い出すことを考えてみよう。食事をしたときにはおかずの内容を記銘しようと努力したわけではない。また、昨日や一昨日のおかずは思い出せても、１週間前、１か月前はどうだろうか。しかし、特別な記念日など印象深いことで食事の内容を一生思い出せる日もあるだろう。

　「いつ」「どこで」という情報を含む経験に関する記憶である。私たちは刻々と経験を記憶していることで、円滑に日常の生活を送ることができる。出来事を意図的に記銘することもできるが、ほとんどのことは意図せずに符号化されている。そして、時間経過に伴い、多くのことは思い出すことができなくなる。[28]

　しかし、印象的な出来事など、長期間（場合によっては一生）思い出すことが可能な記憶もある。**エピソード記憶**を検索（想起）するためには、符号化の際にともに得られた情報が手がかりとなる。[29]

❷意味記憶

＊29
10年以上も思い出さなかった小学校時代のエピソードを、小学校を訪問することで思い出すことがある。小学校に行くことで検索の手がかりができて思い出すことができたと考えられる。そのエピソードを長い間思い出さなかったのは、記憶が消失してしまったのではなく、手がかりがなくて検索（想起）できなかっただけと考えられる。

　知識はまさに長期的記憶であり、「**意味記憶**」とよばれている。言語的な理解や発話が可能なのは、言葉に関するさまざまな知識（文字、単

語の意味、文法など）が記憶されているからだといえる。

　意味記憶も経験の中で符号化（記銘）したはずであるが、エピソード記憶と異なり、思い出すときに、いつ、どこでという情報が伴わないことが特徴である。エピソード記憶と意味記憶はいずれも言語的な情報の記憶であり、「宣言的記憶」とよばれる。

❸手続き記憶

　自転車や自動車の運転、楽器の演奏など一連の動作に関する記憶を「**手続き記憶**」[*30]という。このような技能は練習によって習得されたものであり、長期記憶のはたらきによるものであると考えられる。しかし、手順を言語化しないでも想起し、行動することが可能であることから、宣言的記憶とは区別され、「非宣言的記憶」の一つに分類されている。

❹展望的記憶

　未来のある時点で実行すべき予定や約束に関する記憶を「**展望的記憶**」とよぶ。展望的記憶では、実行すべき時点において、以前に符号化（記銘）した実行すべき内容を思い出すことが必要であり、単に過去の経験を検索（想起）するエピソード記憶とは区別されて、その特性が研究されている。

（4）忘却とは

　記憶というと「覚える」側面が注目されがちだが、実は「忘れる」ということが非常に大切である。忘れることができることで、誤って記憶してしまった内容を訂正したり、嫌な思い出を忘れたりすることができる。

　貯蔵された記憶が時間経過によって失われていくことで忘却が生じるという考えを「減衰説」という。また、時間の経過によって他の情報の影響を受けて忘却が生じるという考えを「干渉説」という。[*31]

　一方、忘却は記憶の内容自体の消失や変化によって生じるのではなく、記憶されている情報を検索する際に、手がかりが不足しているなどの理由で検索に失敗することによるという考えを「検索失敗説」という。それぞれの説を裏付ける証拠が見つかっており、忘却は複雑に生じている現象であると考えられる。

*30
行動の手順を言語化することが可能な場合もあるが、実際の行動時には言語化していては間に合わない場合も多い（車の運転など）。また、高度な技能においては、習得された行動の内容を言語化することが困難な場合もある（プロのスポーツ選手や楽器の演奏者の技など）。

*31
これらの説では、何かを記憶することで「記憶痕跡」（傷のようなもの）ができることを仮定している。減衰説では記憶痕跡がちょうど傷が治るように薄れていくと考える。干渉説では記憶痕跡同士の区別がむずかしくなることで忘却が生じると考える。干渉は2つの記憶内容の類似性が高いと生じやすい。

2 日常生活における記憶

（1）記憶をよくする方法

　前述のように短期記憶の記憶容量はほぼ一定だが、チャンク（結合単位）を大きくすることで実質的な記憶範囲を増大させることが可能である。長期記憶では符号化（記銘）時に手がかりが多く鮮明なほど、検索時に思い出しやすくなる。

　例えば、覚えようとする事項を、図表や物語にまとめる（体制化）、さまざまな関連事項をあわせて調べる（精緻化）、心的イメージを浮かべて記憶する事項と結び付ける（記憶術でよく使われている[*32]）、といった方法の効果が確かめられている。

（2）記憶に影響を及ぼす要因

❶事後情報効果

　記憶はいつでも正確なものなのだろうか。ある情報を記銘した後に、誤った情報（事後情報）に接することで、その誤った情報がもともと記銘されていたように感じてしまうことがある。これは目撃者の証言を求める場面において大きな問題になるため、事後情報効果[*33]としてさまざまな検討が行われている。

❷感情と記憶

　感情は記憶に影響を与える。例えば、衝撃的な事件や出来事は強い感情を引き起こし、ただ1回の経験でも鮮明な記憶が永続的に残る（フラッシュバルブ記憶）。逆に非常に強い不快で認めたくない出来事（身内や恋人の突然の死など）を想起できないことがある（抑圧）。

　また、符号化（記銘）の際の楽しい、悲しいなどの気分と検索（想起）の際の気分が一致しているほうが、内容を思い出しやすいという現象も報告されている（気分一致効果）。

3 思考と認知バイアス

　問題を解かねばならないとき（問題解決）、何かを決めないといけないとき（意思決定）、限られた証拠から推測をするとき（推論）など、人の思考のはたらきは私たちの知的活動に欠かせない。人の思考力は、さまざまな新しいものを生み出す創造性をもっている。そして、いつも

*32
自分の家の玄関からゆっくり歩くように、順番に家のいろいろな場所を（例えば10〜20か所を決めて）視覚的にイメージしてみよう。そして、新たな事項を順番にそれぞれの場所に結び付けたイメージをつくりながら覚えていく。すると想起時に場所を順にたどっていくことで、結び付けて覚えた項目を思い出しやすくなる。この方法は記憶術の一つの方法で、場所法とよばれている。

*33
事件場面を目撃した後に、それとは異なる情報（例えば、人相、服の色など）を含むような誘導的質問を受けると、実際には見ていない情報でも見たと思い込みやすい。

48

合理的、論理的に思考できるわけではなく、一定の偏り（バイアス）をもっている。

（1）創造性

　人の思考には新しい発想を生み出す創造性があることが大きな特徴である。ヴェルトハイマーは、過去の経験や知識を直接的に活用している思考を「再生的思考」、新しい発想が得られる思考を「生産的思考」に分類した。また、ギルフォード（Guilford, J. P.）は、知能の研究の中で、過去の経験や知識から1つの答えを探す「収束的思考」と多面的なアイディアを出していく「拡散的思考」の2つの思考方法を示し、拡散的思考が創造性に関連しているとした。

　ケーラーは、チンパンジーの研究から、問題を解決する方法には、さまざまな方法を試して解決方法を探していく「試行錯誤」だけではなく、新しい解決法がひらめく「洞察」による解決があることを示した。しかし、何か新しい商品や企画を考えようとしても洞察に至らず、行き詰まってしまうことが多い。創造性を発揮するには、過去の経験や知識が妨害することもあり、それを突破して新しい見方をする必要がある。

（2）ヒューリスティックとプロスペクト理論

　例えば、数字4桁のパスワードを忘却したときに、0000から順に試していく方法は手間がかかるが、必ず正解にたどり着く。このような必ず解にたどり着く問題解決の方法をアルゴリズムという。しかし、実際にはまず自分が思い付くパスワードを試してみるやり方をとるのではないだろうか。この方法は、当てはまれば早く解にたどり着けるが、はずれてしまえば全く解決にたどり着かない。

　このような一定の経験則や直感に基づき問題を解決しようとする思考を**ヒューリスティック**といい、人間の思考方法の特徴である。ヒューリスティックは不正確ではあり、解に到達しない可能性もあるが、早い判断が可能であることが利点である。

　しかし、ヒューリスティックは誤判断を引き起こすことも多い。例えば、コイントス（コインを投げて表・裏を当てるゲーム）をして、5回連続で表が出ているとき（不正はなし）、次は表・裏のどちらが出そうだと考えるだろうか。ずっと表が続いたから、次こそは裏と考える人が多い（逆にまた表が出ると考える場合もある）。しかし、不正がなければ、表・裏の出る確率は毎回同じでそれぞれ2分の1である（この錯覚

第
2
章

＊34
ギルフォードはアメリカの心理学者。人間の知能について計120種類の内容等で構成されるという理論を唱え、その中に収束的思考と拡散的思考が含まれるとした。ほかに、日本で普及している矢田部ギルフォード（YG）性格検査の基礎となったギルフォード性格検査の開発者でもある。

＊35
例えば、レンガを使ってできそうな新しいものをなるべくたくさん考えてみよう。このような新しいアイディアを多面的に考えることを拡散的思考という。しかし、無限にアイディアを考え付くわけではない。また、考え付いたものも、もとの用途に基づくものであったり、どこかで見たことがあったりするものが多く、斬新で有効なものはなかなか思い付かない。

＊36
洞察に達する前には、行き詰まり状態になりやすい。この行き詰まり状態をインパスという。なお、洞察に達すると、アハ体験とよばれる驚きや感動のような特有の感情を経験する。

多くの類似商品の中から
CMなどでよく目にして、
記憶が鮮明な商品を選
ぶような事例が当ては
まる。また、飛行機が墜
落すると、飛行機を利用
するのを控え、自動車で
移動したほうが安全と
考えることも、多くの報
道がなされ、想起しやす
い状態になることで、航
空機事故が生じる確率
が実際よりも高く見積も
られることによると考え
られる（実際には航空機
事故の発生率は低く、
航空機事故による死亡
率は極めて低い）。

＊38
「国連加盟国の中でのアフ
リカ諸国の割合は
65％以上か未満か」、
「国連加盟国の中でのア
フリカ諸国の割合は
10％以上か未満か」と
いう質問の後に、その
割合を推定させると、
前者では45％、後者で
は25％という結果で
あった（値は中央値）。

＊39
人間は経済的活動にお
いていつでも利得を考
え、合理的に行動する
のではないことを示し
た。例えば、「A：100
万円の報酬をもらえる、
B：コインを投げて表な
ら200万円の報酬をも
らえるが、裏ならば報酬
なし」という選択肢で
は、確実に報酬が得られ
るAが選択されやすい。
しかし、「A：100万円
を返済する、B：コイン
を投げて表なら返済しな
くてよいが、裏ならば
200万円を返済」とい
う選択肢では、リスクを
冒すBを選択する人が多
くなる。カーネマンらは、
このように利得を得ると
きと損失を被るときでは
判断の基準が異なる
という非対称性が存在す
ることなどを実証的に証
明し、理論化した。

をギャンブラーの誤謬という）。

　このように、本来の確率にかかわらず、よくありがちだと直感的に感じることに基づいて判断や選択をすることを「代表性ヒューリスティック」という。そのほかにも、思い出しやすいことは起こりやすいと判断する傾向がある「利用可能性ヒューリスティック」[37]、初めに与えられた情報によって後で提示される情報の判断が影響される「係留と調整のヒューリスティック」[38]などがある[1]。

　カーネマン（Kahneman, D.）らは、こうしたヒューリスティックに関する研究をもとにして、人間の思考の傾向を経済学において活用したプロスペクト理論を提唱した[39]。この理論においては、人は判断するときに、いつでも確率に基づき合理的に思考するのではなく、例えば、利得が生じるときと損失が生じるときでは判断の基準が異なることを示している。

（3）さまざまな認知バイアス

　（2）で示したヒューリスティックのような思考の誤りや偏りの一定の傾向を認知バイアスとよぶ。これ以外にも、多くの認知バイアスが発見されており、意思決定や社会的判断に影響を与えている。ここでは主なものをいくつか紹介する。

❶確証バイアス

　人は思い込みや仮説をもっていると、その考えを立証する証拠に着目しやすい。その思い込みや仮説は確証されて、強められやすい。例えば、初対面の人を「いい人」ではないかと思って見ていると、よいところが目について、悪いところがあっても気にもならず、よい人であるという仮説が強められる（逆もある）。また、占いが当たると期待していると、当たっているところに着目しがちで、実際は多くのことははずれていても、期待どおり当たっていると感じてしまうことも当てはまる。

❷後知恵バイアス

　スポーツや選挙等で勝敗が決した後に、「最初から予測していた」と主張する人がいる。後知恵バイアスとは、結果を知った後に、それが最初から予想できていたかのように考えてしまう傾向のことである。結果がわかってから、「ほら言ったとおりでしょ」「思ったとおりだ」「そうなると思っていたよ」というのは後知恵バイアスの典型例である。

❸偽の合意効果（総意誤認効果）

　自分や自分たちが考えていることは多数派であり、実際よりも多くの人が同じ考えをもっているという錯覚をもちやすいことである。例えば、実行することに躊躇するようなこと（例：プラカードを持って歩く）について、「できる」と回答する人の割合を推定すると、「自分はできる」と回答した人は「自分はできない」と回答した人よりも推定値が高くなる。[2]

❹透明性の錯覚

　自分が知っていることや感情状態などが、実際以上に他人に明らかになっていると過大評価する傾向のことである。例えば、実験参加者に多くの人の前でうそをついてもらい（例：ひどい味の飲み物をわからないように飲むなど）、その後、そのうそが何人の人に見破られたか推定させると、実際よりも多い人数を推測しやすい。[3]

❺正常性バイアス

　都合が悪いことについて、自分には生じない、自分だけは被害に遭わないといった自分に対する生起についての過小評価をすることである。自然災害や事故・事件、病気などについて「自分だけは大丈夫」という考えが当てはまる。

BOOK 学びの参考図書

● 森　敏昭・中條和光 編『認知心理学キーワード』有斐閣、2005年。
　　認知心理学の各領域について、主要なキーワードごとにわかりやすい解説が掲載されている。

● D.カーネマン、村井章子 訳『ファスト＆スロー―あなたの意思はどのように決まるか？（上下巻）』、早川書房、2012年。
　　ノーベル経済学賞を受賞した心理学者カーネマンが、多様な認知バイアスの現象についてわかりやすく解説している（文庫版あり）。

引用文献

1）Tversky, A., Kahneman, D.（1974）'Judgment under uncertainty: Heuristics and biases', *Science*, Vol. 185, pp. 1124-1131.

2）Ross, L., Greene, D., House, P.（1977）'The "false consensus effect": An egocentric bias in social perception and attribution processes', *Journal of Experimental Social Psychology*, Vol. 13, pp. 279-301.

3）Gilovich, T., Savitsky, K., Medvec, V.（1998）'The illusion of transparency：Biased assessments of others' ability to read one's emotional states', *Journal of Personality and Social Psychology*, Vol. 75, pp. 332-346.

第5節　感情・動機づけ

1　感情とは・情緒とは

（1）感情の定義

我われは、さまざまな状況で感情を経験している。例えば、テストの前に不安や緊張を感じることがあるし、恋人と一緒にいるときに、いとおしいと感じることがある。また、テスト前に不安を感じれば単語帳をめくる、問題を解くなど何らかの準備をするし、恋人が好きだと感じれば、プレゼントをあげたり、抱きしめたりなどの恋愛行動をするだろう。

感情の中でも、特定の表情、しぐさ、行動を引き起こし、数秒から数分間程度持続するものを情動または情緒という。情動には、ほかにも怒り、悲しみ、恐怖、恥、罪悪感、喜びなどがある。

一方、朝起きたときに「爽やかだ」「ゆったりした」という比較的穏やかな感情を経験することがあるが、これを気分という。気分は持続時間が長く比較的穏やかな感情であり、何か行動をかき立てられることはない。

（2）感情の経験（主観的経験、生理的反応、表出行動）

感情を経験すると、さまざまな反応が引き起こされる。例えば、恐怖の経験をした場合には、怖い、逃げ出したいという主観的経験、ドキドキする、汗をかくという生理的反応、口を少し開けて眉間にしわを寄せるという表情の変化があり、実際に逃げ出すこともある。

主観的経験は、悲しい、うれしいなど、そのときの感情状態を言語的に表したものである。また、「この状況は、自分には対応できない」「この失敗は自分のせいだ」など状況をどのように評価するかも主観的体験の一つである。

生理的反応には、心拍数の上昇や血圧、血流量、発汗、皮膚温度、呼吸の深さと速さの変化などがある。こうした生理的反応は、自律神経系（交感神経系と副交感神経系）のはたらきによるものである。

交感神経系は筋肉の活動を高め、闘争や逃走を可能にし、さらにけがをしたときの出血を抑えるという役割をもつ。レヴェンソン（Levenson, R. W.）らは、交感神経系の反応の違いを検討したところ、怒りや恐怖を経験したときには、驚き、喜び、嫌悪と比較して心拍数が変化しやす

く、また、怒りの経験をしたときに最も皮膚の温度が高まり、闘争を行う準備反応であると考察している。

一方、副交感神経系は、行動抑制を行うときに活動し、心拍数や血圧を減少・低下させ、リラックスした状態をつくり出す。動物は、もう逃げられないとあきらめたとき、身をすくめる（フリージングする）が、このとき副交感神経系が活動している。

感情の表出行動には、表情や姿勢、声の調子、体の動きなどがある。例えば、うれしいときは笑顔だが、悲しいときは泣く、怒ったときは大きな声を出すなど、感情によって表出行動には違いがある。特に、表情は喜び、驚き、恐れ、悲しみ、怒り、嫌悪などの感情によって異なることが明らかになっている。

エクマン（Ekman, P.）とフリーセン（Friesen, W. V.）は、顔面の筋肉の動きをユニットに分け、感情ごとに典型的な表情のパターンを明らかにしている。例えば、怒りには眉を引き寄せ、目を見開き、上下のまぶたを硬くして下唇を押し上げるという典型的な表情があり、嫌悪の場合は鼻背にしわを寄せ、下唇を押し上げるのが典型的な表情である。

（3）感情に関する理論

感情の起源とプロセスについては、さまざまな理論が存在する。進化論を提唱したダーウィン（Darwin, C. R.）は、人と動物の表情の連続性に注目し、怒りの表情は元来敵をかむための行動の一部であり、嫌悪の表情は異物を吐き出すときのものであると主張した。ダーウィンは、感情の表出が習慣的な行動と感情状態が連合してでき上がったものだと考えていたのである。エクマンは、進化論の影響を受け、種の保存のために必要な感情だけが進化の過程で残ってきており、現在我われが経験し表出している感情は文化的に共通していると主張した。

エクマンらの研究では、日本やアメリカを含む10か国の人々に幸福、驚き、悲しみ、恐れ、嫌悪、怒りという感情の表情写真を見せ、どの感情を表しているか評定させた。その結果、多くの国でそれぞれの感情について70％以上の表情の解読がなされ、文化間での表情表出の普遍性の有力な証拠となった。また、フライダ（Frijda, N. H.）は、10の活動傾向と感情の関係について述べている。例えば、回避（活動傾向）は防御という機能をもち、恐怖と関連し、支配（活動傾向）は全般的制御の機能をもち、傲慢と関連するなどと説明している。

ジェームズ（James, W.）は、「泣くから悲しい」という感情の末梢起

源説を唱えた。この説は、まず生理的な反応が末梢で起こり、その結果、主観的な経験をするという考えである。さらに、トムキンス（Tomkins, S. S.）は、表情表出に注目し、顔面の筋肉の反応パターンが脳にフィードバックされ、その結果として感情が経験されるという顔面フィードバック説を唱えた。後にストラック（Strack, F.）は、口にペンをくわえることにより作為的に喜びの表情をさせて、その後に感情経験が異なることを明らかにしている。また、シャクター（Schachter, S.）とシンガー（Singer, J. E.）は、同じ生理的覚醒を経験していても、周囲の状況が異なる（浮かれている、または怒っている人がいる）と経験する感情が異なることを実験的に検討し、生理的覚醒をどのように解釈（認知）するかによって経験する感情が異なるという2要因（生理的覚醒とその認知的評価）理論を提唱した。

　同じテストを受けるときでも不安を感じている人とそうでない人がいるように、状況をどのように評価するかも感情の経験にかかわっている。ラザルス（Lazarus, R. S.）によれば、ある出来事や事象を目にしたとき、それが驚異的かどうかを評価し（一次的評価）、状況が驚異的であれば不快、驚異的でなければ快感情を経験する。状況が驚異的な場合、対処できるか、責任がどこにあるかなどが評価され（二次的評価）、不快感情の質（恐怖、怒り、罪悪感など）が決定される。

　このように、思考の役割を強調し、出来事に対する個人の評価からいかに感情が生じるかという点に焦点を当てることを、感情の認知説という。

　また、感情が生物学的現象であると仮定せず、社会的、個人的目的に役立つ文化の産物であると考える、社会構成主義という立場も存在する。社会構成主義では、感情は主観的経験、表示反応（顔面表情と身体姿勢）、生理的反応パターン、対処反応の組み合わせと定義されるが、このパターンが社会的、文化的に規定されていると考える。例えば、アメリカの男性が女性に比べて泣かないのは、その反応が文化的な規範からはずれているからだ、と考えるのである。

（4）感情とパーソナリティ

　日頃から、イライラしている人や心配性の人がいる。ある状況への一時的な感情反応を感情状態というが、日常的に状況を通じて同じ感情を経験しやすいという感情の特性もある。

　例えば、不安を感じやすい人は特性不安（trait anxiety）が高く、怒

りを感じやすい人は特性怒り（trait anger）が高いと考えられる。こうした、不安や怒りなど否定的な感情を経験しやすい人は、情緒が不安定で抑うつの得点が高く、肯定的な感情を経験しやすい人は外向的で主観的な健康につながりやすいことがわかっている。

　また、強い不安を特定の状況で経験し、それを避けたり、対処するのに大きな時間を割いたりする状態になった場合、不安障害（anxiety disorder、不安症とも訳される）という精神疾患と診断され、臨床的な治療が必要となる。

2 怒りと攻撃性

（1）怒りと攻撃性の関係

　家庭内暴力（ドメスティック・バイオレンス）、性的虐待、非行における暴行、いじめといった攻撃的行動が社会問題となって久しい。攻撃的行動には怒りがかかわっていると考えられる。怒りは、したいことをダメだと言われたり、言いがかりをつけられたり、自分のルールを乱されたときなど、欲求が阻止されたときに経験される。その際に、相手に仕返しをするために自動的に行ってしまうのが、敵意的攻撃行動である。

　一方、自分のほしいものを手に入れるために殴る、包丁を突きつけるなどの攻撃をすることがある。この場合は自分で戦略的に考え、制御して行うため、道具的攻撃行動といわれる。道具的攻撃行動の場合は、必ずしも怒りとは関係しない。

　また、自分を強く見せるための道具的攻撃も存在する。例えば、学校で行われるいじめは、集団内で特定の個人に対して仲間はずれにするなど間接的に攻撃し、自分たちを優位な立場に置くことを目的とする攻撃行動と考えられる。

（2）怒りと攻撃性の制御

　怒りを経験しないでおくことは不可能である。強い怒りを経験したときに、それを抑制しようとしても、かえって血圧が上がるなど身体的に悪影響が出る。また、怒っているときに相手のことを考えると、同じ考えが反すうされ、ますます怒りが増幅することがある。

　怒りの喚起の制御（内的制御）や他者への表出の制御（外的制御）に関しては臨床的な見地から効果的な方法が研究されている。怒りを経験したときには、リラクセーションや自己教示（落ち着けと自分に言い聞

第2章

かせるなど、怒りに関する思考にストップをかける）が有効であること
がわかっている。また、制御に向けたステップとしては、怒りのきっか
けに気付き、リラクセーションを行い、ほかの視点から考えられないか
冷静に考えることが求められる。ほかの視点で考える例としては、相手
が100％悪いと思ってひどく腹が立っているが、見方を変えると自分や
第三者など、ほかの要因にも責任があることに気付くなどがある。ま
た、全か無の思考（100％相手が悪いなど）が柔軟になれば、怒りの喚
起自体も低減される。

　怒りや攻撃性を高める要因としては、テレビゲームや映画などの暴力
シーンを見ることで、それを模倣し、攻撃行動の頻度が高まるとする一
般的な考え方がある。これまでの実験的研究から、映像に映る暴力の現
実性、残酷性、力動性、行為の正当性が高く、報酬がある場合には実際
に攻撃行動が促進されることがわかっている。

　種類は限られるが、こうした映像を見ることを避ければ、攻撃行動が
減じられる可能性がある。

3　動機づけ理論

　心理学でいう動機づけ（motivation）は、やる気や意欲とは必ずしも
同じではない。動機づけは、行動が開始され、持続するプロセスをさす
（図2－16）。

　動機づけの機能としては、行動や心の活動を、①開始し、②方向づけ、
③持続し、④調整することがあげられる。したがって、たいていの人の
行動は動機づけが関係するといっても言い過ぎではない。

　以下、動機づけに関する3つの理論・モデルを紹介する。それぞれに
おいて重視する「動機」（図2－16参照）は、順に価値、目標、自己決
定感と異なっている。

（1）主観的課題価値モデル

　このモデルの特徴として、価値（課題に対する主観的な価値づけ）を
複数に分類していることがあげられる。具体的には、次の4つの課題価
値が考えられている。

　①達成価値（課題をうまくやることの自分にとっての重要性）
　②内発的価値（課題パフォーマンスから引き出される喜びや課題に対
　　する興味）

〈図２－16〉「プロセス」としての動機づけとその要素

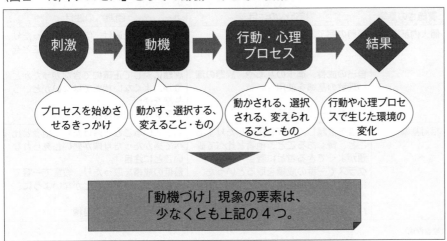

（筆者作成）

③利用価値（現在あるいは将来の重要な課題との関連性）

④コスト（課題を行うときに感じる不安、成功・失敗に伴う恐怖、必要な努力、失われる機会などの否定的側面）

（2）達成目標理論

達成目標理論の大枠は、達成場面で人が設定する目標が、行動や感情に影響する、というものである。したがって、目標内容が異なれば、行動や感情も変わることになる。

目標の内容の違いから、達成目標理論では２つから４つの目標を取り上げる。特に、最近では３つあるいは４つの目標を検討している。

ここでは、「接近－回避」と「個人内－相対」の２つの基準の組み合わせで４つの目標を紹介する（表２－２）。接近とは、「できる」ことに近づくことであり、回避とは「できない」ことから遠ざかることをさす。マスタリーは「自分の中で比較して」できること（個人内）をさし、パフォーマンスは「他人と比較して」できること（相対）をさす。

まず、マスタリー接近目標とパフォーマンス接近目標のどちらもが、積極的な行動につながりやすいことが指摘されている。それに対して、パフォーマンス回避目標は、失敗を恐れるという意味で、行動に消極的になりやすく、また失敗した後の無力感につながりやすいといわれている。さらに、マスタリー回避目標はパフォーマンス回避目標ほどではないが失敗を恐れるために、失敗を回避するための積極的な行動が促されるとされている。

〈表2-2〉4つの達成目標とその内容

有能さの基準	接近への注目	回避への注目
個人内基準	課題の完了、学習、理解に着目 自己の成長、進歩の基準や、課題の深い理解の基準を使用 **マスタリー接近目標**	誤った理解を避け、学習しなかったり、課題を完了できなかったりすることを避ける 課題に対して正確にできなかったかどうか、よくない状態ではないかという基準を使用 **マスタリー回避目標**
相対基準	他者を優越したり打ち負かしたりすること、賢くあること、他者と比べて課題がよくできることに着目 クラスで一番の成績を取るといった、相対的な基準の使用 **パフォーマンス接近目標**	劣っていることを避けたり、他者と比べて愚かだったり頭が悪いと見られないことに注目 最低の成績を取ったり、教室で一番できなかったりすることがないように、相対的な基準を使用 **パフォーマンス回避目標**

（筆者作成）

　そのため、マスタリー接近目標とパフォーマンス接近目標は、学習行動を促して学習成績を上げる効果があると考えられている。しかし、マスタリー接近目標は、能力を伸ばすこと自体が目標であるのに対して、パフォーマンス接近目標は、あくまでも他人と比べて成績が高いことによって自尊感情を高めたり維持したりすることが目的である。また、成績に自信がもてない状況では、パフォーマンス接近目標を設定する場合とパフォーマンス回避目標を設定する場合で、成績に差が生じないという指摘もある。したがって、一般的には、学習だけを考えると、最も適合しているのはマスタリー接近目標ということになりそうである。

（3）自己決定理論

＊40
行動自体が目的となって行動が生じている状態をさす。

　最近、内発的動機づけに近いものとして、自律的動機づけの研究が盛んにされるようになった。自律的動機づけとは、自己決定感、つまり自分の行動を自分で決めているという感覚が高い、動機づけをさす。この自己決定感が高いときは、自律的動機づけも高く、外部からの報酬は必要ないが、自己決定感が低いとき（つまり、外からやらされている状態）では自律的動機づけも低く、外部からの報酬が必要となる、という考え方が、実験の結果から強まった。

　1980年代なかば以降、複数の小理論から、自己決定性を重視した大きな理論が構成された。これを自己決定理論とよぶ。現在では、自己決定理論は、動機づけの有力な理論の一つとなっている。ここでは、そのうち、有機的統合理論について説明する。

　どんな人でも、すべてのことを最初から自己決定してはいない。ま

た、他人から行動を強制される他律的な状態から、自ら進んで行動する自律的な状態へ変化する場合もあるだろう。有機的統合理論は、このような他律から自律への自己の調整（制御）の変化を段階的にとらえたものといえる。その段階は、簡単にまとめると以下のようになる。

　非動機づけ…「やらない」

　外的…………「やらされている」

　取り入れ……「〜をしなければならない」

　同一化………「〜でありたい」

　統合…………「〜をしたい」（価値観から）

　内発…………「〜をしたい」（興味から）

おおむね、自律性が高いほど、行動の持続性が高い、よりよい対人関係を結ぶ、健康的、という結果が得られている。

　また、内在化を促進するには、関係性のサポート、有能さのサポート、自律性のサポートが、順に必要である。

　また、自己決定性の段階と動機づけの段階の関係を表したものが**図2－17**である。

　自己決定に注目すると、内在化は外的な調整が内的な調整へと移行するプロセスといえる。そのプロセスが最適に機能するとき、調整は自己の感覚へと統合される。内在化の度合いが強い状態は、課題に対してより強く動機づけられている状態である。自己決定をサポートする環境では、サポートしない環境に比べ、内在化の度合いが強まる結果が示された。また、自己決定をサポートする環境では、調整スタイルは統合となる傾向が示され、自己決定をサポートしない環境では、調整スタイルは取り入れとなる傾向が示されている。

〈図2－17〉 **有機的統合理論の図式**

行動	非自己決定的 ←———————————————————→ 自己決定的					
動機づけ	非動機づけ	外発的動機づけ				内発的動機づけ
調整段階（スタイル）	調整なし	外的調整	取り入れ的調整	同一化的調整	統合的調整	内発的調整
認知された因果律の所在	非自己的	外的	外的寄り	内的寄り	内的	内的

（出典）長沼君主「自律性と関係性からみた内発的動機づけ研究」上淵　寿 編著『動機づけ研究の最前線』北大路書房、2004年、40頁

BOOK 学びの参考図書

●上淵　寿・大芦　治 編著『新・動機づけ研究の最前線』北大路書房、2019年。
　　この節で取り上げた動機づけ理論について、より詳細に説明している。さらに、その他の動機づけ理論もていねいに紹介している。また、動機づけとはそもそも何であるのかについても、冒頭できちんと答えを出している。

参考文献

● Darwin, C.（1872）*The expression of the emotions in man and animals*, London.（ダーウィン、浜中浜太郎 訳『岩波文庫 人及び動物の表情について』岩波書店、1991年）

● Ekman, P., Friesen, W. V.（1978）*Facial Action Coding System: A technique for the measurement of facial movement*, Palo Alto, CA, Consulting Psychologists Press.

● Frijda, N.（1987）*The emotions*, Cambridge, Cambridge University Press.

● Lazarus, R. S.（1991）*Emotion and adaptation*, New York, Oxford University Press.

● Levenson, R. W., Ekman, P., Friesen, W. V.（1990）'Voluntary facial action generates emotion-specific autonomic nervous system activity', *Psychophysiology*, Vol. 27.

● Schachter, S. & Singer, J. E.（1962）'Cognitive, social, and physiological determinants of emotional state', *Psychological Review*, Vol. 69, pp. 379-399.

● Strack, F., Stepper, S., Martin, L. L.（1988）'Inhibiting and facilitating conditions of the human smile: A nonobtrusive test of the facial feedback hypothesis', *Journal of Personality and Social Psychology*, Vol. 54, pp. 768-777.

● 湯川進太郎『バイオレンス－攻撃と怒りの臨床社会心理学』北大路書房、2005年

第6節　自己

1 自己とは

　「自己」は、自分や自我と類似した語である。自分という語は、主体としても、自分を対象視した客体としても使う（「自分は他人から見たら最初は気むずかしく見えます（客体）が、本当は人なつこいです（主体）」など）。**ミード**（Mead, G. H.）やジェームズは自己を、自分の視点から主体として見る面（主我：I, self as knower）、他者の視点から見られる面（客我：me, self as known）とに分けた。同様に、主観的自己意識、客体的自己意識などの分類もある。自己概念、自己覚知、自己意識、自己知覚、文化的自己観など自己の付く心理学用語は実に多く、心理学事典にも数十語は載っている。

　ここでは3つの側面について概説する。「自己の認知」（自分が自分をどのような人間だと思っているか）、「自尊心・自己肯定感と自己評価」（自分をどのように評価しているか、自分にどのような感情をもっているか）、「自己に関する動機づけ」の3側面である。

（1）自己の認知

❶自己概念

　自己概念とは、自分自身が自分について抱いている概念（イメージや認識）のことである。自己概念に基づいて自己評価や将来の自分への期待値も変わり、その結果行動も変わる。

　自己概念を測定する古典的な方法の一つは、「私は誰でしょう？（Who am I ？：WAI）」テストである。これは、「私は、＿＿＿＿＿」の下線部に文を入れて完成させるもの（文章完成法の一種）である。最初は「私は○○町に住んでいます」など表層的で一面的な文が出てきやすいので、より深く多面的な自己概念を知るために、一定数の文をつくる必要がある。伝統的には、「私は」で始まる20の文をつくる20答法が用いられてきた。10歳くらいまでの回答者では、自分の身体的特徴、持ち物などの表層的な回答が出やすいが、その後年齢が上がるにつれ次第に内面的な自己などについても増える傾向がある。また、自分の所属する集団に関する社会的アイデンティティ（私は○○県人である、など）や他者との関係性（私は人から頼りにされる、など）については、欧米人

と比べると日本人に多く見られやすい傾向がある。

❷自己スキーマ（セルフ・スキーマ）

認知心理学には、それぞれの概念はいくつかの特徴的な要素の組み合わせでできているという考え方がある。例えば、鳥という概念は、羽、くちばし、卵からかえる、羽毛がある、などの特徴的な要素の組み合わせであり、それぞれの典型的な組み合わせのパターンをスキーマ（図式）という。自己概念も非常に多様な要素の組み合わせによるスキーマからできている（勇敢な人、臆病な人、やさしい人などの概念は、さまざまな行動や特徴の組み合わせでできているスキーマであるといえる）。自分に関連すると思う特徴ほど、人は敏感に意識しやすくなる。例えば自分が自分の短所だと思って意識しているようなことは、ほかの人がもっていると敏感に見えやすくなることがあるのは、このためである。

❸自己知覚

自分のことは自分の内面や本心がわかっているので、自分が一番よく知っているといわれる。しかし自分でも本当の自分がわからないこともある。そのようなときは、自分の言動から自分の本心を推測することもある。自己知覚が行われるときは、他人の行動を見てその人の内心を推測するのと同じように、自分の言動を見て、自分の本心を推測することもあるのである。例えば「自分は笑っているから、楽しいのだろう」などの場合がそうである。

（2）自尊心・自己肯定感と自己評価

❶自尊心

自尊心（self-esteem）は、心理的健康を維持する上で、大事なものであると考えられている。教育現場などでは、自己肯定感とよばれることもある。自尊心が高いということは、自分が何かをうまく成し遂げた実績や能力があるという高い自己評価の感情であるともいえる。欧米などの自己高揚的文化（self-enhancing culture）では、自己の短所よりも長所に過度に注目することにより、自尊心を高く保つ傾向があり、日本などの自己改善文化（self-improvement culture）では、他者から批判されないために自分の短所に注目して改善しようとするために、自分の長所が意識されにくくなり、自尊心は低くなりがちである。こうした自己卑下的な傾向は思春期や青年前期で特に強まりやすい。

　何かがうまくいったときを成功、うまくいかなかったときを失敗とすると、成功や失敗の原因をどう考えるか（成功－失敗の原因帰属）にも自己高揚や自己改善の文化的構えは影響する。特に失敗場面では、自己高揚傾向が強い文化圏の人々は、自尊心を下げないために自分の能力や努力不足などの内的要因以外の外的な要因（課題がむずかしかった、運が悪かったなど）に原因帰属しやすい。自己改善的な文化の場合には、失敗の原因を努力不足に帰属する傾向がみられる。成功場面では、自己高揚的な人は自分の能力が高いからだと、能力に原因帰属しやすい。日本などの自己改善的な文化では、成功の原因を努力や他者の支援などに、少なくとも人前では帰属する傾向がある。

　自尊心を測定する尺度で最も古典的かつ広範に使用されてきたのがローゼンバーグ（Rosenberg, M. J.）の自尊心尺度である。これは「私は少なくともほかの人と同じ程度には価値のある人間だと思う」「自分にはたくさんの長所があると思う」「自分を好ましい人間だと思っている」などの10項目から成り、そう思う程度を1～5点で評定するものである。最も高い人で50点、最も低い人で10点になる。この尺度が本物の自尊心を測れているのか、自己高揚傾向を測っているのではないかなど、批判も少なからずある。

　この尺度では、白人系のアメリカ人では平均が44点程度で非常に高く、白人系のカナダ人でも41点程度と高いのに対して、日本人では平均が31点程度で、相対的に低い。特に若者では低くなりやすいので、「日本の若者は自尊心が低い」ことの論拠として問題視されることもある。しかし、平均が30点だと、各項目に平均して3点の「どちらともいえない」と答えたことに等しいので、積極的に自己否定しているわけではない。むしろこの尺度で使っている項目が、日本人の考える自尊心と一致していない可能性や、同じ人でも場面によって自尊心の高さが変化すると自己認識していることを示している可能性もある。

❷社会的比較

　自己認識は、他者と比較して自分の相対的な位置付けを知ることでも形成される。そのため、誰と比較するかによって自己概念も変化する。自己と他者とを比較することを、社会的比較と名付けてフェスティンガー（Festinger, L.）が研究を行い、その後多くの研究が生まれた。フェスティンガーは、人間が真実を知ろうとするとき、物理的に測定可能な物理的真実と、他者との比較や社会的合意によって真実となる社会

的真実とを区別した。例えば、身長は物理的に測定可能な物理的真実であるが、「背が高いか低いか」ということは、他者と比較しないとわからない社会的真実である。身長が170cmであっても、小学生や女性であれば「高い」し、成人の男子バレーボール選手であれば「低い」というように、社会的真実は社会的比較によって得られる。

このように、社会的比較を行う相手によって、自己概念は変化するので、人はそのときどきの状態や得たい自己概念によって、比較対象を変化させる。まず、自分が所属する内集団での自分の位置付けを知りたいときは、内集団の成員と比較する。また、より向上したい動機が強いときには、自分よりも上位の人と上方比較（upward comparison）する。逆に自信がなくて自尊心を高めたいときには自分より下の人と比較する下方比較（downward comparison）を行う。客観的な位置付けを知りたいときは、上位、下位、同程度の人と比較する。

（3）自己に関する動機づけ
❶自己査定動機
自尊心を回復したい、向上したい、などの動機のほかに、正確な自分の位置付けを知りたい、という自己査定動機もある。最も優れた他者、平均的な他者、最も成績が悪い他者と比較するなかで自分の位置付けを知ろうとする三角測量効果があることも知られている。

❷ポジティブ幻想
自分に関して自己高揚動機がある場合には、「他者一般よりも自分は優れている」というポジティブ幻想（positive illusion）を抱きやすい。実際に優れている場合には幻想ではないが、集団の8割の人が「自分は上位20％に入っている」という認識をもっていれば、少なくとも実際は上位20％に入らない6割の人がポジティブ幻想をもっていることになる。

日本人の場合は、比較的ポジティブ幻想が出にくいが、日本人が重視する価値観（他人にやさしい、思いやりがあるなど）の領域では、相対的に出やすい。

❸印象管理と自己呈示
相手に自分をよく見せたい、失敗したときに印象を悪くしたくない、自分に対してあるイメージをもってもらいたい、など日常生活で、他者

から自分にもたれるイメージを管理することを印象管理（impression management）といい、印象の管理は、商品など物の印象にも当てはまるが、自分について望む印象を与えたいことを、特に、自己呈示（self presentation）というので、自己呈示は印象管理に含まれる。社会学者のゴフマン（Goffman, E.）が人々の社会的相互作用を演劇論の観点から理論化したときに自己呈示という用語を使い、その後1980年代ごろから社会心理学でも実証的な研究が盛んに行われた。

　自己呈示もさまざまに分類されている。「取り入り」は、上位の他者に好感をもたれるために同調したりお世辞を言ったりすることである。取り入りが失敗すると、イエスマン、ごますりなど、かえって悪印象をもたれる。「示範」は、相手に自分を道義的に正しい立派な人物に見せたいときに、自己犠牲を払ったり他者を援助しようとしたりする自己呈示である。示範がうまくいかないと、偽善者などと思われる。「威嚇」は相手に自分を畏怖させたいときに行うが、うまくいかないと空威張りなどと思われる。また相手の同情を引きたい場合に、自分の失敗話をするなどもあるが、失敗すると能力がない、怠け者などと思われる。

📖BOOK 学びの参考図書

● 梶田叡一・溝上慎一 編『自己の心理学を学ぶ人のために』世界思想社、2012年。
　　心理学が「私」をどう研究してきたか、社会心理学、青年心理学、人格心理学、認知心理学、発達心理学、心理臨床・精神分析などの各領域からの知見を、古典的研究から最新の研究まで概観したもの。

● 榎本博明『自己心理学の最先端－自己の構造と機能を科学する』あいり出版、2011年。
　　自己に関する科学的な研究が幅広い視点でまとめられている。自己肯定感の新しい尺度なども紹介されており、学校・施設関係者や企業人事担当者などにも有用であろう。

第7節　性格

1 性格とは

（1）性格という概念

　性格の定義はさまざまだが、かみ砕けばこう表現できる。「一定の永続性のあるその人らしさのことである」と。「この人はこういう性格だ」と人の性格が概念化されるのは、その人が特定の場面で、その人らしい反応の仕方を繰り返すからである。「驚いたときにびくっとする」「うれしいときに笑う」など誰もが自動的に同じような反応をすることについては、性格とはいわない。しかし、驚く場面が人と違ったり、うれしいときや笑い方が人と違ったりすると、その人らしさにつながる。例えばみんなが驚くときに驚かない人は、「肝の据わった人」「落ち着いた人」あるいは「鈍感な人」と思われ、普通の人以上に驚きやすい人は、「神経質な人」「びくつきやすい人」などと思われる。

　このように性格は、特定の状況に対する反応の仕方の個人差で見ることが一般的である。さらにいえば、性格はその人の内部にあると考えられるので、反応の仕方に個人差があったとしても、一時的で外的な要因で誰にでも生じる行動パターンは、性格に原因帰属されにくい。例えば、保護者に暴言を吐く子どもがいたとして、それが「思春期」や「反抗期」という一時的で誰でも通過するような要因に原因帰属されれば、「暴力的な子」という性格に帰属されることはないだろう。

　性格の中には、環境や経験の影響で後天的に獲得されるものもあれば、遺伝の影響が強く、環境や経験の影響を受けにくい気質（temperament）もある。クレッチマー（Kretschmer, E.）の気質類型論などが有名である。

　性格の遺伝的な影響は、行動遺伝学の領域（本節2参照）で研究されている。二卵性双生児は通常のきょうだい程度の遺伝子の類似度で、一卵性双生児は遺伝子が同一であることから、一卵性双生児のほうが二卵性双生児よりも類似性が高い事柄は、遺伝の影響が大きいと考える。

　学問として性格を研究する場合は、性格を診断できる妥当性の高い診断ツールが必要になる。本人が回答する質問紙形式のツールや、他人が観察する観察に基づくツール、あるいは性格と関連が深い遺伝子のパターンから診断するツールなど幅広くあり得るが、本人が回答する質問

紙の形式が最も一般的である。質問に回答する形式のツールは大きく分けると、「人と打ちとけるのが苦手である」などの質問に回答していくタイプのほかに、その人の潜在意識も含めた深い自己を調べようとする投影（映）法[*41]という調べ方もある。投影（映）法では、直接その人の反応傾向を聞くのではなく、ある場面を提示して、「この人は次に何と言うでしょう」と聞いたり、ロールシャッハ・テストのように、無意味な図版を見せて、何に見えるか聞き、その反応傾向から、専門家がその人の性格傾向を診断したりする。

*41
本書第 5 章第 2 節 2
（3）参照。

（2）性格の理論

　性格の理論には、特性論や類型論、精神分析学理論、社会認知的理論や人間性主義的理論などがある。ここでは特性論、類型論、その他に分けて紹介する。

❶特性論

　特性論（trait theory）は、人間には共通した特性があり、その程度の強さの個人差が性格であると考え、いくつかの基本的な特性を理解すれば性格は理解できるという考え方である。オルポート（Allport, G. W.）が提唱した。

　特性は、内向性－外向性（心のエネルギーが自分の内面に向かうか、外界に向かうかということで、対人的に内向的か社交的かではない）、明るい、暗い、やさしいなどさまざまある。たいていは特性を測る質問紙の結果を集めて因子分析という統計手法で、似た項目同士を集めた因子を特性とみなし、同じ因子の項目をさらに精選して尺度をつくる。性格尺度をつくると、特性ごとに得点化・数値化できるのがメリットである。

　特性論は、**ビッグファイブ**（神経質さ、外向性、開放性、愛想のよさ、誠実性の 5 因子に、多くの性格検査を統合すると集約できるという理論）や、古典的にはアイゼンク（Eysenck, H. J.）の特性論（因子分析に基づき、人の性格を内向性－外向性、神経症傾向、精神病的傾向の 3 次元から理解できるとした）、キャッテル（Cattell, R. B.）の特性論（人間の性格は12の根源的特性から構成できるという考え）など非常に多い。

❷類型論

　特性論に対して**類型論**（type theory）は、複数の特性の組み合わせ

BOOK 学びの参考図書

●松井　豊・櫻井茂男『スタンダード自己心理学・パーソナリティ心理学』サイエンス社、2015年。

初学者でもわかりやすく、パーソナリティ心理学や自己心理学の重要な考え方が幅広く網羅的に紹介されている。国家試験等の各種試験対策などにも利用可能である。

●小塩真司『はじめて学ぶパーソナリティ心理学－個性をめぐる冒険』ミネルヴァ書房、2010年。

パーソナリティ研究にかかわる統計学やテスト手法の説明がわかりやすく図示されている。心理統計法などの基礎的な概念を学ぶのにもよい。また、血液型性格診断などの何が問題なのかなど、科学的な視点からわかりやすく説明されている。

により、性格の違いはよりよく説明できるという考えである。例えば血液型ステレオタイプは、学術的には認められていないが、いくつかの特性の組み合わせで血液型別の性格を描こうとしているという点で類型論である。類型論は直感的に理解しやすいが、類型に該当しない中間型や複数の類型に当てはまる人を概念化しにくいのが短所である。

類型論の最も古典的な例としては、ヒポクラテス（Hippocrates）の体液病理説に基づくガレノス（Galenus, C.）の4類型（感情的な多血質、思慮深く受動的な粘液質、陽気で社交的な黄胆汁質、内気で悲観的な黒胆汁質）がある。ドイツの精神科医クレッチマーも、体型と精神疾患の関連を大勢の調査から示している。躁うつ病（双極性障害）は肥満型に多く、統合失調症は細長型、てんかんには闘士型が多い、などである。シェルドン（Sheldon, W. H.）も胚葉起源説の立場をとり、消化器系が発達し肥満傾向の内胚葉型は内臓緊張型、筋骨の発達した中胚葉型は身体緊張型、神経系統が発達した痩せ型傾向の外胚葉型は、頭脳緊張型の気質をもつとした。

体型以外の類型もさまざまある。ユング（Jung, C. G.）は精神のエネルギーが自分の内面に向かう内向型と外側に向かう外向型の類型に分けた。シュプランガー（Spranger, E.）は人生の価値の置き方で6類型に分類した。理論型（真理の探究を最重要視する）、経済型、芸術型、権力型、宗教型、社会型である。

❸その他

精神分析学理論は、**フロイト**（Freud, S.）によるもので、無意識の欲動的エネルギーであるリビドー[*42]（libido）と、社会道徳などの規範にそった行動を要求する**超自我**（super ego）の間の葛藤を、自我（ego）が調整するという力動論的な考え方である。社会認知的な考え方に、状況論的性格理論がある。人の性格は状況により異なるが、同じ状況では一貫しているという考えで、状況の影響を重視しない特性論への批判にもなっている。

＊42
リビドーとは、生まれながらに人がもっている欲望や、抑圧された欲望などの、さまざまなエネルギーである。無意識には、リビドーなどのさまざまなエネルギーが詰まっており、そうしたエネルギーを総称してフロイトはエスとよんだ。

2 性格の遺伝学

性格は遺伝するか。

結論からいえば、遺伝する。正確にいえば、遺伝的であるというほうが的確である。それはどういうことか。

（1）遺伝の仕組み

　「遺伝」の言葉の意味は文字どおり「遺し伝える」ことである。「蛙の子は蛙」「瓜の蔓になすびはならぬ」、と昔から言い伝えられるように形質の世代間の伝達現象をさす。この現象の背後にあるメカニズムを解明したのが、19世紀なかばのモラビアの修道士、メンデル（Mendel, G. J.）であった。彼はエンドウ豆の色や形などが親世代から子世代に伝達する仕組みを、対立する2つの要素（これを今日、**遺伝子**とよぶ）が分かれ、その一方がランダムに子どもに伝わることで合理的に説明できることを証明した。

　一方がめしべ（母・雌）から、もう一方がおしべ（父・雄）から伝えられた遺伝子は、合わさって1組の遺伝子型をつくる。片方の親がマメを丸くする性質の遺伝子型［まる・まる］、もう一方が「しわ」にする遺伝子型［しわ・しわ］であれば、その子の遺伝子型は［まる・しわ］になるが、それがマメの形という表現型では、「まる」と「しわ」の中間になるのではなく、「まる」になる。このように2つの遺伝子が組み合わさったとき、両者の中間になるのではなく、どちらかが顕性である[*43]ことがあり、これは「顕性の法則」とよばれる。

　顕性の法則が成り立つと、「しわ」の親からも「まる」の子どもが生まれ、表現型は遺伝しない。メンデルが調べたのは、わずか1組の遺伝子型で表現型が決まるような形質だった。人間の性格は、それに比べるとはるかに複雑で、たった1組の遺伝子から成るとは考えにくい。数多くの遺伝子（これをポリジーンという）が関与する形質では、遺伝子は親から子に伝達されるが、両親の組み合わせ、つまり遺伝子型は、両親のいずれにもなかった新たな組み合わせとなり、その規定を受ける。「遺伝する」というよりも「遺伝的である」といえよう。

　今日、遺伝子は細胞核の中にあるDNAをつくるA、T、C、Gの4種類の塩基、約30億の配列の中に、およそ2万個程度、埋め込まれていると考えられている。塩基配列は99.9％まで個人差がない。しかしわずか0.1％の違いが多くの遺伝子に機能的差異をもたらし、その組み合わせは天文学的な数になり、いかなる人間といえども、同じ遺伝子型をもつ者はいないと言い切ることができる。

　性格が遺伝子の影響を受けるのであれば、いかなる人間も遺伝的に同じ性格にはならないことを意味するのである。

[*43]
「優性」ともよぶが、優劣を意味することが懸念され、このように表記されることになった。「優性」の反対概念は「劣性」（2つの遺伝子が組み合わさったとき、表現型に表れない性質）といったが、これも同じ理由で「潜性」と表記される。

（2）性格の遺伝を調べる

　性格に及ぼす遺伝の影響を実証的に知る方法が「双生児法」である。一卵性双生児は、この世で唯一、同じ遺伝子型をもつ２人であり、顔かたちはうり二つのように似ている。一方、二卵性双生児は、子宮や家庭内の環境も共有するが、遺伝的には一卵性の半分しか似ていない。一卵性双生児と二卵性双生児それぞれのもつ類似性を比較することによって、もし一卵性の類似性が二卵性の類似性を上回っていれば、そこに遺伝の影響があるとみなすことができる。

　図２－18はビッグファイブといわれる５性格特性の、一卵性と二卵性それぞれの類似性を相関係数で表したものである[*44]。この図が示すとおり、どの性格特性でも、一卵性の類似性が二卵性のそれを上回っていることから、人間の性格にも遺伝の影響があることがわかる。

（3）重要なのは家庭環境ではなく個人固有の環境である

　図２－18は同時に、性格形成に家庭環境の影響がほとんどはたらいていないことも示している。一卵性の遺伝的類似性は二卵性の２倍である。さらに、一卵性でも二卵性でも同じようにはたらくであろう家庭環境要因、つまり同じ親に育てられることによってきょうだいが似るような環境要因がはたらいているとすれば、二卵性の類似性は一卵性の半分より大きくならねばならない。しかし実際はそうなっていない。これは家庭環境がきょうだいの性格を類似させるようには、はたらかないことを意味する。

　同じ傾向は、別々に育てられた双生児の神経質の類似性を、同じ環境で育った双生児の類似性と比較した**図２－19**からも読みとれる。両者

＊44

相関係数とは、完全に一致すれば１、全く似ていなければ０となる数値のこと。
ビッグファイブについては、本節１（２）❶参照。

〈図２－18〉ビッグファイブの双生児の類似性

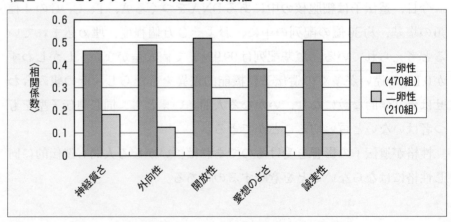

（資料）Shikishima, et al.（2006）*Twin Research and Human Genetics*をもとに筆者訳、一部改変

〈図2-19〉神経質の双生児の類似性

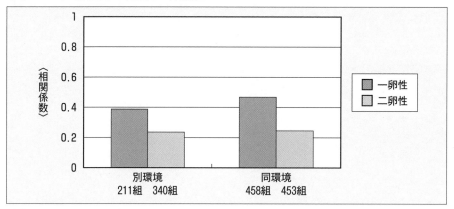

（出典）Loehlin, J. C.（1992）*Genes and environment in personality development*, Newbury Park, CA, Sage Publications, p. 54, Table 3.7をもとに筆者訳、一部改変

には有意な差はなく、むしろいずれも一卵性の類似性が二卵性のほぼ2倍という関係性が同じである。

　性格は遺伝だけでは決まらない。その証拠は同じ遺伝子型をもつ一卵性でも、その類似性は100％ではないからである。つまり非遺伝要因である環境要因もまた大きな影響をもつ。しかしそれは家庭環境がもたらす家族を類似させる側面ではなく、家庭の中でも一人ひとりに固有な環境であることがわかる。

　このように性格を形成する要因は、遺伝要因、環境要因のいずれにおいても、一人ひとりに固有なものであることがわかる。つまりその人固有の遺伝的素質がその人固有の環境要因の中で、その人独自の適応をしようとするスタイルが、「性格」となって表れているのである。

BOOK 学びの参考図書

●榎本博明・安藤寿康・堀毛一也『パーソナリティ心理学－人間科学、自然科学、社会科学のクロスロード』有斐閣、2009年。

　狭義の「性格」だけでなく、広く心理や行動の個人差をさまざまな学際的な理論と方法でどのように明らかにするかを示している。

参考文献

● 杉森伸吉・松尾直博・上淵　寿 編著『コアカリキュラムで学ぶ教育心理学』培風館、2020年
● 安藤寿康『「心は遺伝する」とどうして言えるのか－ふたご研究のロジックとその先へ』創元社、2017年
● 榎本博明・安藤寿康・堀毛一也『パーソナリティ心理学－人間科学、自然科学、社会科学のクロスロード』有斐閣、2009年
● 安藤寿康『遺伝マインド－遺伝子が織り成す行動と文化』有斐閣、2011年
● 安藤寿康『能力はどのように遺伝するのか－「生まれつき」と「努力」のあいだ』講談社、2023年

第8節　知能

1　知能とは何か

　現生人類の学名がホモ・サピエンス、すなわち「知恵のある人」と名付けられていることに象徴されるように、「知能」はヒトを最も特徴付けるものである。かつてはヒトを他の動物と異ならせているように見える心的特徴（理性的な思考、言語・シンボル操作、道具使用、文化の創造など）をあげれば、それが知能の定義となった。

　しかし進化的にヒトに最も近縁であるチンパンジーやボノボにも、高度な論理的思考やシンボル操作能力、文化の創造があることが見出され、また一方で生命をもたないコンピューターが「知的な」ふるまいをするようになると、動物の知能、機械の知能との比較の中で知能を考えねばならなくなった。

　このように知能にかかわる問題は、文字どおりその時代の知的状況に応じて変化してきたし、これからも変化し続けると思われる。

　東　洋らはシーグラー（Siegler, R. S.）による知能の分類を発展させて、知能研究法のアプローチとして5つをあげている。①心理測定的、②ピアジェ的、③情報処理的、④神経生理学的、⑤比較文化的、[1]である。ここでは、それに人間以外の動物との比較による⑥比較心理学的を加えた6つのアプローチから知能について考えてみよう。

2　知能の査定と理論

（1）心理測定的アプローチ

　その名のとおり、心理のはたらきをテストによって数値化して理解しようとする、19世紀後半以来の心理学の中で最も伝統的なアプローチである。19世紀末に、知能を反応の速さや弁別の鋭敏さのような基礎感覚能力の総体と操作的に定義したキャッテル（Cattell, J. M.）らが、我われの普通考える知能を測れなかったのに対し、知能を良識、順応力、判断力、批判力などの高次精神作用と考え、年齢に応じて内容的に知的であると経験的に判断されるさまざまな知的課題（例えば3歳級なら「目、鼻、口をさし示す」「2個の数字を復唱する」など）を配列し、その正答数から得点化する検査は、子どもの学校適応をよく予測するこ

とができた。これが今、我われの使う知能検査の原型である。

今日、WISC（Wechsler Intelligence Scale for Children：ウィスク）[45]
やWAIS（Wechsler Adult Intelligence Scale：ウェイス）などウェク[45]
スラー式知能検査が世界的に用いられているほか、日本ではビネー
（Binet, A.）の名を冠した田中ビネー式知能検査、鈴木ビネー式知能検
査などが個別式知能検査として開発されている。いずれもどの年齢（月
齢）水準の問題まで回答できるかによって個人の精神年齢（Mental
Age：MA）を測定する。ここで生活年齢（暦年齢／Chronological
Age：CA）2歳0か月の人の精神年齢が生活年齢と同じ2歳ならば標
準的である。しかし、生活年齢2歳半の人がこの精神年齢だとしたら、
標準より遅れていることになるだろう。ここから精神年齢を生活年齢で
割った値をもとに**知能指数**（IQ = ［MA/CA］× 100）をつくったのが、
シュテルン（Stern, W.）である。

その後、第一次世界大戦中のアメリカで集団式知能検査として言語性
の α 式、非言語性の β 式がそれぞれ開発された。日本で開発されたA
式、B式知能検査はこれに対応している。これは精神年齢ではなく、集
団中の位置（偏差値）によって数値化されている。

心理測定学による知能の量的研究の大きな成果は、一般知能（general
intelligence："g"）の概念が確立され、そのもとで因子分析という統計
手法を用いて知能の因子構造モデルが展開したことだろう。スピアマン
（Spearman, C. E.）は、数多くの異なる知的課題の成績の間に正の相関
が見出されることから、課題間に共通する一般因子（g因子）と、それ
ぞれの課題に固有な特殊因子（s因子）が潜在するという2因子モデル
を数学的に示した。

一方でサーストン（Thurstone, L. L.）のように、知能は「言語理解」
「空間」「数」「記憶」など複数の因子から成るという多因子モデルも提起
され、これらは一般知能を頂点とする複数の下位因子の階層モデルを構
成するモデルに統合されている。

最近では、流動性知能（Gf：General fluid intelligence. 新しい問題に
対する発見的問題解決能力）と結晶性知能（Gc：General crystallized
intelligence. 既有知識を用いた問題解決能力）をはじめとした複数の因
子から成るキャッテル／ホーン／キャロル理論（CHC theory）がある。
この理論には一般因子は掲げられていないが、その存在を否定している
のではなく、教育などへの適用にとって特殊な多因子に着目するほうが
有意味と考えられているからだという（同様の発想はガードナー

〔Gardner, H.〕の多重知能理論にも当てはまる）。

（2）ピアジェ的アプローチ

　若いころビネーの下で働いていたピアジェ（Piaget, J.）は、正答数よりも子どもの間違いのほうに興味をもっていたという。人間は小さいときから論理的に正しい推論ができるわけではない。例えば3歳児では、粘土のかたまりを長細くすると、細くなったのを見て軽くなった、あるいは長くなったのを見て重くなったなどと判断してしまう。これは「保存」という論理数学的な推論をするための基礎となる知的操作能力が未発達だからであるとピアジェは考えた。

　人間の知能は、**感覚運動期**（誕生～2歳ごろ）、**前操作期**（2～6、7歳）、**具体的操作期**（7～11、12歳）、**形式的操作期**（11、12歳以降）という段階を経て発達し、抽象的な対象も扱えるようになる。このアプローチの関心は心理測定的アプローチのような個人差ではなく、さまざまな認知的側面の発達過程を、個別の臨床的面接や観察によって明らかにすることである。コールバーグ（Kohlberg, L.）はこれを道徳性判断に適用し、独自の発達段階説を打ち立てた。

　一方、ピアジェのように知能の論理数学的側面を強調して、人間を「孤独な科学者」としてとらえる立場に対して、社会関係の中での発達を重視し、人間を「社交的な立法家」としてとらえる立場もある。例えば自力で発揮できる能力の上に他者の手助けによって達成可能な「発達の最近接領域」があるとしたヴィゴツキー（Vygotsky, L. S.）のような考え方、あるいは学習を社会的実践の共同体への参加ととらえて日常的な認知に焦点を当てたレイヴ（Lave, J.）の状況的学習理論の考え方がそれにあたるだろう。

（3）情報処理的アプローチ

　心理測定的アプローチが、人間の知能を量化可能なものとしてエネルギーをイメージしているとすれば、コンピューターをイメージして、人間を情報処理装置とみなしてモデルを立てるアプローチが、近年の認知科学の発展とともに主流になっている。**短期記憶**と**長期記憶**の2貯蔵庫を仮定した情報処理モデルはこのようなアプローチのスタンダードであるが、特に短期記憶の重要な機能として、**ワーキングメモリー**という、情報を短期間保持しながら処理する機能をもつ記憶のはたらきは、さまざまな知的課題との関連が検討されている。[46]

また、**長期記憶**には、「宣言的知識」（事柄についての知識、例：「電車は自動車と同じく乗り物の一種である」）と「手続き的知識」（やり方についての知識、例：「電車に乗るときは、まず切符を券売機で購入する」）の区別がされている。宣言的知識の機能として、個人の経験の思い出のような**エピソード記憶**と、領域固有の知識のネットワークが組織化された**意味記憶**がある。

さらに今日、人間の情報処理能力をはるかに超える膨大な情報を、機械学習やディープラーニングという手法で高速度に解析し、囲碁の世界チャンピオンを負かしたり、まれな疾患を診断したりするような的確な問題解決をするようになった人工知能（Artificial Intelligence：AI）も、人間の知能を考える上での新たなモデルを提供しているといえよう。

（4）神経生理学的アプローチ

知的活動と脳波との関係、脳の一部が事故や疾患で機能しなくなった人の心理的・行動的特徴を調べることなどによって、知的能力と脳機能との関連を知ろうとする試みは比較的古くからあったが、近年、fMRI（機能的MRI）やNIRS（近赤外線分光法）など非侵襲的な手法の発展により、この領域には大きな期待が寄せられている。特に先述のワーキングメモリーと前頭前野、長期記憶と海馬などとの関連は広く知られている。

（5）比較文化的アプローチ

知的な人とはどのような人かは文化によって異なる。日本人は社会性も知能の重要な側面と考える傾向にあるが、アメリカ人は成績のよさや勘の鋭さなどが重視されるという報告がある。

（6）比較心理学（進化）的アプローチ

霊長類などの認知能力に関する知見は、人間の知能の理解にとっても資するものが大きい。人間に最も近縁のチンパンジーは位置についての短期記憶の容量と把持時間が人間よりも優れているが、他個体と注意を共有したり意図を読み解く社会的能力（心の理論）は人間のほうが高い。先に述べた人工知能も、ある意味でヒトの知能のある部分の機能を適応的に進化させたものと位置付けることができる。これらは人間の知能の進化的意味を理解する上で重要である。

〈図2−20〉IQにおける双生児きょうだい類似性の発達的な変化

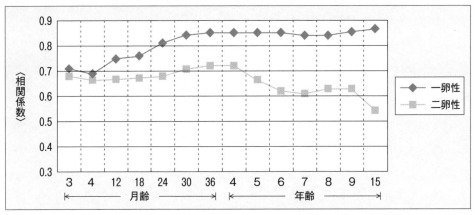

（資料）Wilson, R. S. (1983) 'The Louisville twin study: Developmental synchronies in behavior', *Child Development*, Vol. 54, pp. 298-316, Fig. 4（p.311）をもとに筆者訳、一部改変

3 知能に及ぼす遺伝と環境の影響

　心理的形質に及ぼす遺伝と環境の影響を推定する方法である双生児法[*47]を用いて、IQにおける一卵性双生児と二卵性双生児の類似性が発達とともにどのように変化するかを表したのが**図2−20**である。常に一卵性の類似性が二卵性を上回っていることから、遺伝の影響があることがわかるとともに、一卵性でも100%一致していないことから、一人ひとりに固有の非共有環境がかかわっていること、また特に子ども期では二卵性も一卵性の半分以上の類似性を示すことから、家庭環境の影響があることがわかる。さらに、一卵性の類似性は発達とともに増加するのに対して、二卵性は減少することから、遺伝の影響が発達とともに大きくなるということ、つまり遺伝の影響が一生決まっているわけではないことが読みとれる。

　近年は知能にかかわる遺伝子探しもなされるようになってきたが、候補となる遺伝子はどれも何か特定の機能（言語、空間など）にかかわるのではなく、一般知能（g）全般にかかわっていることが示されており、「ジェネラリスト遺伝子」とよばれている。

*47
本章第7節2（2）参照。

> **BOOK 学びの参考図書**
>
> ● I. ディアリ、繁桝算男 訳『知能』岩波書店、2004年。
>   　わが国の知能を概説した書籍では、実のところ知能研究批判の様相を呈するもの
>   が多いなかで、知能研究の第一人者によって書かれたバランスの取れた概説書であ
>   るといえる。

引用文献

1）東　洋 著、柏木惠子 編『教育の心理学－学習・発達・動機の視点』有斐閣、1989年、
　54～55頁

参考文献

● Siegler, R. S.（1976）'Three aspects of cognitive development', *Cognitive Psychology*, Vol. 8.
● Kovas, Y., Plomin, R.（2006）'Generalist genes: Implications for the cognitive sciences', *Trends in Cognitive Sciences*, Vol. 10.
● サイエンティフィック・アメリカン 編『別冊日経サイエンス128 知能のミステリー』日経サイエンス、1999年
● 安藤寿康『遺伝と環境の心理学－人間行動遺伝学入門』培風館、2014年
● 安藤寿康『能力はどのように遺伝するのか－「生まれつき」と「努力」のあいだ』講談社、2023年

第9節　対人関係

1　対人関係

（1）人に対する認知過程

❶帰属

　大きな事件や事故が起きると、私たちは自然と「この人はなぜ、こんなことをしてしまったのだろう」と考える。そして、その原因として、その人の性格、家庭環境や人間関係、年齢や性別などをもとに、何らかの推測を行う。このように、行動の原因を推測しようとする心のはたらきを帰属（attribution）という。

　他者の行動の原因を考えるときには、おおまかに2つの道筋があるとされている。一つは属性帰属（dispositional attribution）または内的帰属（internal attribution）といわれる考え方で、例えば「彼が事件を起こしたのは、すぐかっとなる性格だからだ」というように、その人の個人的で内的な特性（属性）に原因を求める考え方である。もう一つは状況帰属（situational attribution）または外的帰属（external attribution）といわれる考え方で、例えば「彼が事件を起こしたのは、周囲から孤立していたからだ」というように、その人を取り巻く外的な状況に原因を求める考え方である。

　一般的に、帰属は必ずしも合理的に行われず、さまざまなバイアスを伴う。代表的な帰属のバイアスとして、他者の行動に及ぼす外的な状況の影響を低く見積もり、他者の内的な属性に行動の原因があるとする基本的帰属の誤り（fundamental attribution error）があげられる[1]。例えば、過酷な勤務状況の中で事故を起こしてしまった人に対して、「いくら上司から命令されていたからといって、本当に疲れていたら休むはずだ」「休まなかったからには、本人にも働きたいという意思があったのではないか」などとして、その人自身にも責任があると判断することがある。このような場合には、外的な状況（ここでは上司からの命令）の影響を軽視し、その人自身の内的な属性（ここでは意思）の影響に過度に原因を求めているといえる。

　自分自身の成功や失敗についても、バイアスが観察されている。自分の失敗については、他人や運など、自分の内的な属性以外に原因を求める傾向がある（上の例でいえば、「こんな事故を起こしてしまったのは、

無理な勤務を命令されたからだ」「運が悪かった」というように）。また、自分自身の成功については、「これまでの努力が報われた」などと、自分自身の内的な属性（能力や努力）に帰属する傾向がある。このように、自分の失敗は外的要因に、成功は内的要因に帰属する傾向を、自己奉仕的バイアス（self-serving bias）という[2]。

　帰属に関する研究では、比較的一貫して文化差が示されている。上述の自己奉仕的バイアスは、欧米人において観察されやすく、日本をはじめとした東アジアにおいては、失敗も成功も努力に帰属されやすい[3]。同様に、東アジア文化圏の人々の間では、基本的帰属の誤りが欧米ほど観察されず、むしろ他者を取り巻く外的状況を重視する傾向が見出されている[4]。このような文化差は、東アジアにおいては他者との調和を重視する文化が優勢であり、欧米においては個人の独立や主体的な意思決定を重視する文化が優勢であるために生じると解釈されている[3][5]。つまり、調和を重視する東アジア文化圏では、一般的に、個人の行動はその人の意思だけでなく、他者との関係性によって影響を受けると考えられている。そのため自己や他者の行動の原因を推測するときに、人間関係などの外的状況に焦点が当たりやすいと考えられる。

❷ステレオタイプ

　私たちが他者の行動の原因について推測するときには、**ステレオタイプ**（stereotype）も影響を及ぼすことがある。ステレオタイプとは、民族や人種、性別、年齢など、何らかの社会的カテゴリー、またはそのカテゴリーに属する人々に対する特定のイメージである。ステレオタイプの例としては、「女性はやさしい」「外国人はマナーが悪い」といった一面的な見方があげられる。

　ステレオタイプの中にはポジティブなものもあれば、ネガティブなものもある。ネガティブなステレオタイプは、差別や偏見につながることが容易に想像できる。例えば「高齢者は健康状態に問題がある」といったステレオタイプは、「高齢者は若い人に仕事を譲って引退すべきだ」といった考えに影響する。一方、ポジティブなステレオタイプもまた、対人関係に悪影響を与える可能性がある。例えば「女性はやさしい」といったポジティブなステレオタイプは、「女性は体力がない」といったネガティブなステレオタイプとセットになっている。このようにステレオタイプが両面性をもつ場合には、ポジティブな側面の賞賛によって、ステレオタイプに基づく差別的な扱いが正当化されやすい[6]。したがって

ポジティブなステレオタイプもまた、差別や偏見に影響を及ぼすと考えられる。

　ステレオタイプにはさまざまなものがある。その中でも、ジェンダー（gender）についてのステレオタイプであるジェンダー・ステレオタイプは、強固なステレオタイプの一つにあげられる。ジェンダーとは、生殖機能の有無などにより生物的に決定された性差ではなく、言動などによって社会的に決定された性差である。したがってジェンダー・ステレオタイプは、おおまかにいうと「女らしさ」「男らしさ」についてのステレオタイプである。例えば「女性は体力がないから医者には向いていない」といったジェンダー・ステレオタイプは、差別や偏見を招く。また、ジェンダー・ステレオタイプに反する人に対して、「男のくせに外で仕事をしないなんて、だらしがない」といったように、反発や敵意が向けられることがある。[7] こうした反発の背景には、たとえ差別や不公平があったとしても、今ある現状を正当化し、維持しようとする動機があると考えられており、その動機がステレオタイプを維持する一つの力としてはたらいている。[8]

（2）人に対する態度と行動
❶態度とは

　対人関係の中では、特定の他者に親切にしたり、あるいは避けたりする行動が生じる。同じように、ある特定の物を繰り返し使ったり、避けたりする。このような行動の違いは、ある程度、態度（attitude）によって予測される。心理学における態度とは、物や人、思想などに対する評価と反応を意味する。例えば「あの人が好きだ」といった評価（この場合、好き嫌い）は態度にあたる。また、対象に対する評価だけでなく、対象に対する行動につながる反応（例えば「あの人には親切にしよう」）も含んでいる。このため態度には、認知成分（例えば、「あの人はいい人だ」）・感情成分（「あの人が好きだ」）・行動成分（「あの人にはやさしくしたい」）の３つの要素が想定されている。

　意識的で明確な態度は、ある程度は行動と一貫している。[9] 特に、直接経験から形成された態度は、伝聞などを通して間接的に形成された態度に比べると、行動との結び付きが強いとされる。[10] 例えば、障害者についてインターネットや本を通して得た知識から形成された態度に比べると、障害者と交流して形成された態度のほうが、障害者に対する行動に影響すると考えられる。

❷態度の生成と変容

　態度が行動とある程度一貫しているなら、人にある特定の行動をとらせたり、行動を変えたりするには、態度にはたらきかけるのが効果的な方法となる。このため、心理学では態度の生成・変容に関する研究が行われてきた。初期の態度研究では、主に態度の生成に焦点が当てられ、レスポンデント（古典的）条件づけやオペラント（道具的）条件づけなどの学習理論による研究が行われてきた。

　例えば、スターツ（Staats, A. W.）らによるレスポンデント条件づけの実験では、国名や人名（条件刺激）の直後に、「幸せ」などのポジティブな単語または「失敗」などのネガティブな単語（無条件刺激）を呈示した。その結果、ポジティブな単語を直後に呈示した国名や人名に対して、よりポジティブな態度が形成された[11]。つまり、ある対象とポジティブな刺激をともに呈示することで、対象へのポジティブな態度が形成されたと考えられる。このような単純な手続きで本当に態度が生成されるのか、疑問に思われるかもしれないが、美しい風景などのポジティブ刺激と商品を対にして呈示するコマーシャルは、レスポンデント条件づけの応用例とも考えられる[12]。

　新たに態度を形成するのではなく、すでに人がもっている態度を変えるには、どうすればいいだろうか。例えば、ある対象を好きではない、つまらないと思っている人にはたらきかけて、対象に好意をもってもらうには、どのような方法が有効だろうか。フェスティンガーの認知的不協和理論[13]によれば、このような場合には、その人にはたらきかけて、その対象に対する好意的な行動をとってもらうことが有効だと考えられる。

　認知的不協和（cognitive dissonance）とは、人のもつ自分の信念、態度、行動についての知識などの認知が矛盾しているときに生じる不快感をさす。認知的不協和理論によれば、人はこの不快感（不協和）に対して、行動よりも認知を変えることで対処しようとする。その際、すでに生じた行動を変えるよりも、態度を変えるほうが容易であるため、行動に合わせて態度が変容することがある。上の例でいえば、もともとは好きではなかった対象を人に薦めたり、好きだと公言すると、対象に対する好意（態度）が高まると考えられる。つまり、「好きではない」という態度と、「好きだと言った」という行動の間にある不協和は、態度を「好き」に変えることで解消される。ただし、認知的不協和は、行動の理由が自分の外にあるとはっきりしているとき（例えば、多額の報酬を得るなど）

には生じないとされている。裏を返せば、「なんとなく一緒になって悪口を言った」といった場合には、自分でも無自覚のうちに「嫌い」という方向に態度が変容しやすいと考えられるため、注意が必要である。

2 高齢者の対人関係

　支援対象者の心理的安定感に対人関係の性質が影響を及ぼすことから、対人関係における心理学的観点を理解しておくことが望ましい。ここでは、高齢者自身の対人関係として、ソーシャルサポート、コンボイモデル、社会情動的選択性理論を紹介する。一方、高齢者を取り巻く対人関係の特質についても理解が必要である。さらに介護者や専門職や家族のような身近な人にとって対人関係の性質は、気付きが得られにくい。機能不全家族、エイジズム、転移や逆転移などはとりわけ盲点になりやすいものである。

（1）高齢者自身の対人関係

❶ソーシャルサポート

　身近な人（配偶者、家族、友人・知人等）からの支援があると安心することがあるだろう。ソーシャルサポートには、道具的サポートと情緒的サポートがある。道具的サポートとは、人の生活を具体的に支える手段などを提供したり、問題そのものを直接的あるいは間接的に解決しようとするような支援のことをさす。情緒的サポートとは、話を聞くなど、人の負の感情を軽減したり、自尊心や肯定的な感情を高めたりといった感情面を支えるようなサポートをさす。こうしたサポートの多寡によって高齢者の心身の健康状態は変化することが知られている。

❷コンボイモデル

　人生を通じての対人関係の変化を示す仮説として、コンボイモデル（図2－21）がある。個人を船に例え、家族や友人や配偶者をその船を取り巻く護送船団（convoy）のように見立てることから、この図はコンボイモデルとよばれる。

　円の外側にいくにしたがって、時間が経過すると変化するものとなっている。つまり役割に基づいた不安定な関係性のコンボイが外側には位置付けられている。例えば、円の最も内側に位置する近親者や親友は、ときが経過してもほとんど変化しないコンボイである。遠い親戚や近隣の人、

〈図2−21〉コンボイモデル

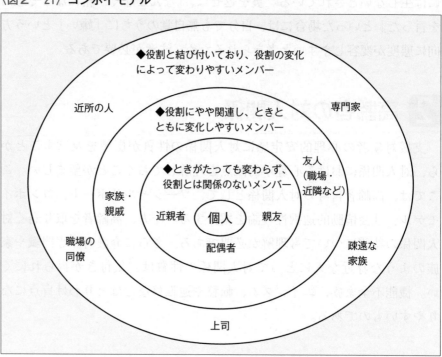

(出典) Kahn, R. L., Antonucci, T. C. (1980) 'Convoys over the life course: Attachment, roles, and social support', in Baltes, P. B. & Brim, O. (eds.), *Life-span development and behavior*, Vol. 3, New York, Academic Press, pp. 253-286, Fig. 2をもとに筆者訳、一部改変

同僚、上司などは役割に依存しているため、役割の終了とともに変化する
コンボイであると位置付けられる。

❸社会情動的選択性理論

　人が加齢に伴う行動を制御する能力について、将来の時間的見通し
が重要な役割を果たすという考え方として社会情動的選択性理論
（Socioemotional Selectivity Theory：SST）がある。この理論は社会的
対人関係に焦点を当てた理論で、カーステンセン（Carstensen, L. L.）
らが提唱したものである。社会的交流の目的は、情動の制御と知識の獲
得の2つに分類されるという。

　人の社会的交流の重要な目的が何かを決定付けるのは、将来の時間的
見通しの長さによって左右されるという理論である。先の人生が長いと
考える人は、知識の獲得に関連した目的で社会的交流をもつ傾向にある
が、残りの人生が短いと考える人は、情動の制御に関連した目的での交
流をもちやすいという。

　知識に関連した目的と情動に関連した目的とでは、異なる社会的交流
により達成される。情動の制御に関する目的での交流は、比較的親密な

交流をもつ人のみが到達することができる。他方、知識の獲得に関する目的は、情動的には親密でなくても必要な情報を収集できる人との交流によって到達することができる。

　SSTの視点に立つと、人は積極的で選択的な社会的交流を誰もが行っているという見方もできる。人生が残り少ないと感じれば、自分の感情（情動）にとって不要な人間関係を手放し、より大切な人とのみ過ごそうと多くの人は考えるというわけである。

（2）高齢者を取り巻く対人関係の特質

❶機能不全家族

　対人関係の中で、崩壊しているに等しい関係性の家族として機能不全家族がある。一般的に多くの家族は正常に機能しているものという前提の先入観があると、介護などの制度に基づいた支援を行うときに、支援上の困難が発生することがある。現実には、貧困や社会的孤立、虐待や病気などが原因で親や子どもとしての機能が果たせない機能不全家族は、社会から実態が見えづらい状態で無関心の果てに置き去りにされてしまうこともある。複雑な事情が背景にあり、事例ごとに支援を考えることが大切である。

　ネグレクトなどの問題はそういった挙げ句に生じることもある。介護を担うことができない子どもが機能しない人間として非難の的となってしまうことも危惧される。高齢者虐待などの問題は単なる介護者のパーソナリティや責任感に帰する問題なのではなく、家族関係そのものが正常に機能しているか、家族の歴史がどのようなものであったかなどにも注意を払うことが望まれる課題でもある。

　介護行動とは、子どもが親に対して「頼りになる親」という期待感や信頼感をあきらめ、手放していく心理的課題でもある。他方で、親が子どもにさまざまなことを託していく課題でもある。これらの認知的変化は正常な家族機能を有していても、即時に、しかも誰からの支援もなく家族のみでできるのであれば、その家族の人生は相当幸運であろう。ましてや機能不全家族が介護行動に舵を切るためには、機能が回復するまでに時間を要したり、全く回復できないこともあるだろう。

❷エイジズム

　エイジズム（ageism）という言葉は、バトラー（Butler, R. N.）によって紹介され定義された[15]。この言葉は、「高齢者を高齢であるという

理由で系統的に類型化し、差別する過程」とされた。パルモア（Palmore, E. B.）[16]はこの言葉をより具体的にし、「ある年齢集団に対する否定的もしくは肯定的偏見または差別である」とした。否定的な偏見を高齢者に当てはめると、「高齢者のほとんどが身体が弱く、記憶があいまいである」といった考え方の偏りを意味している。

　高齢者を無能力とみなし軽蔑感情につながってしまうことで、不当な扱い、危害を加える行為、ネグレクトなどにつながりやすくなる。これらの問題は、エイジズムが原因の一つといえる。例えば、認知機能が低下しているにもかかわらず必要な支援を行わないことは、表面的には本人の意思が尊重されているように見えたとしても、エイジズムが影響している可能性もある。他方で、すべてが正常にもかかわらず、過剰な支援がなされることもある。その点について、支援者は熟慮の機会をもつことが大切である。

　差別は、高齢者個人のみならず集団に対しても生じることがある。組織においては高齢者を不当に低くみなすといった認識につながることもあるため、意識化と留意が必要である。

　偏見や差別は人に対する無関心の中で生じることが多く、他方で配慮や尊重をしたつもりでも、知らないうちに他者を傷つけていることもある。差別の当事者やそれに気付くことができる人に知らせてもらったり、個別にていねいに耳を傾けたりすることが大切である。想像力をはたらかせ相手の置かれた状況を真剣に考えなければ、気付くことがむずかしい課題でもある。多忙な福祉現場であることを考慮しつつ、職場内で支援にかかわる人権についての見学会や学習会などを開くことや、話し合いの場ができるとよいだろう。

❸転移と逆転移

　転移と逆転移という考え方は、精神分析学の理論が起源である。**転移**とは、支援を受ける人がその人の人生に何らかの影響を与えた人物を支援者へ投影し、その人物への感情を伴いながら支援者に向けられるような言動のことをさす。

　転移には2種類あり、支援者に対して肯定的な情動を向ける陽性転移、支援者に対して否定的な情動を抱く陰性転移がある。前者は、好意的で協力的なものとなり支援者が支援しやすい雰囲気を形成するのに役立つが、過剰になれば、依存的な関係に陥ってしまうこともあり、それはそれで注意が必要である。後者は、拒絶的で攻撃的な行動につながり

やすく、支援者が支援しづらい関係性が構築されてしまう。これらは支援が適切に行われない原因につながるものでもあり、やはり留意しておく必要がある。

　支援者は、支援の枠組みの中で、どのような転移であっても表現されることをある程度準備しておくことが大切である。転移は、支援を受ける人の過去の親子関係や兄弟姉妹関係を反映していることがあるということをも理解し、転移がなぜ生じたかについての理解をもつことで、支援を受ける人との関係性を客観的に見直すことができるのである。

　逆転移とは、反対に支援者が支援を受ける人に対して抱くさまざまな感情のことをいう。支援者のもつ葛藤や心の問題から生じている逆転移と、支援を受ける人のもつ要素やそのコミュニケーションに連動している逆転移とがある。後者の一つは支援者の健康で正常な反応として生じてきている感情（正常な逆転移）であり、もう一つは支援を受ける人から支援者に投影・排出されてきたことで支援者が味わっている感情である[48]。逆転移を理解するということは、支援行動を冷静に振り返ることを促す。支援者であっても支援を受けることが必要な場合もあり、支援者自身が自らの行動を振り返ると同時に葛藤や心理的課題を整理し認識しておくことで、よりよい支援ができるように促進的に役立つものである。

*48
松木邦裕「すべてが転移／逆転移……ではないとしても」氏原　寛・成田善弘 編『新版 転移／逆転移－臨床の現場から』（人文書院、2008年、76頁）をもとに一部改変。

📖BOOK 学びの参考図書

●佐藤眞一・権藤恭之 編著『やわらかアカデミズム・〈わかる〉シリーズ　よくわかる高齢者心理学』ミネルヴァ書房、2016年。
　　難解な高齢者心理学の用語を身近な例をあげながらていねいに解説をしている。心理学を学んだことのない読者にもわかりやすい、高齢者心理学の入門書。

引用文献

1）Ross, L.（1977）'The intuitive psychologist and his shortcomings: Distortions in the attribution process', *Advances in Experimental Social Psychology,* Vol. 10, pp. 173-220.
2）Miller, D. T., Ross, M.（1975）'Self-serving biases in the attribution of causality: Fact or fiction ? ', *Psychological Bulletin,* Vol. 82, pp. 213-225.

3）北山　忍『自己と感情－文化心理学による問いかけ』共立出版、1998年

4）Morris, M. W., Peng, K. (1994) 'Culture and cause: American and Chinese attributions for social and physical events', *Journal of Personality and Social Psychology,* Vol. 67, pp. 949-971. など

5）Nisbett, R. E. (2003) *The geography of thought: How Asians and Westerners think differently – and why,* New York, The Free Press. (R. E. ニスベット、村本由紀子 訳『木を見る西洋人　森を見る東洋人　思考の違いはいかにして生まれるか』ダイヤモンド社、2004年)

6）Jost, J. T., Kay, A. C. (2005) 'Exposure to benevolent sexism and complementary gender stereotypes: consequences for specific and diffuse forms of system justification', *Journal of Personality and Social Psychology,* Vol. 88, pp. 498-509.

7）Rudman, L. A. (1998) 'Self-promotion as a risk factor for women: The costs and benefits of counterstereotypical impression management', *Journal of Personality and Social Psychology,* Vol. 74, pp. 629-645.

8）Rudman, L. A., Moss-Racusin, C. A., Glick, P., Phelan, J. E. (2012) 'Reactions to vanguards: Advances in backlash theory', *Advances in Experimental Social Psychology,* Vol. 45, pp. 167-227.

9）Ajzen, I., Fishbein, M. (1977) 'Attitude-behavior relations: A theoretical analysis and review of empirical research', *Psychological Bulletin,* Vol. 84, pp. 888-918.

10）Fazio, R. H., Zanna, M. P. (1981) 'Direct experience and attitude-behavior consistency', *Advances in Experimental Social Psychology,* Vol. 14, pp. 161-202.

11）Staats, A. W., Staats, C. K. (1958) 'Attitudes established by classical conditioning', *The Journal of Abnormal and Social Psychology,* Vol. 57, pp. 37-40.

12）中島定彦「テレビCMは逆行条件づけか？」『人文論究』第60巻第2号、2010年、関西学院大学人文学会、39～53頁

13）Festinger, L., Carlsmith, J. M. (1959) 'Cognitive consequences of forced compliance', *The Journal of Abnormal and Social Psychology,* Vol. 58, pp. 203-210.

14）Carstensen, L. L., Isaacowitz, D. M., Charles, S. T. (1999) 'Taking time seriously: A theory of socioemotional selectivity', *American Psychologist,* Vol. 54, pp.165-181.

15）Butler, R. N. (1969) 'Age-Ism: Another form of bigotry', *The Gerontologist,* Vol. 9, No. 4, pp. 243-246.

16）Palmore, E. B. (1999) *'Ageism: Negative and Positive' 2nd edition,* Springer Publishing Company. (E. B. パルモア、鈴木研一 訳『エイジズム－高齢者差別の実相と克服の展望』明石書店、2002年、21頁)

参考文献

● 北村英哉・唐沢　穣 編『偏見や差別はなぜ起こる？　心理メカニズムの解明と現象の分析』ちとせプレス、2018年

● 遠藤由美「人間関係」無藤　隆・森　敏昭・遠藤由美・玉瀬耕治『心理学』有斐閣、2004年、37頁

● 北村世都「適応的な資源配分の発達的メカニズムとしての選択・最適化・補償：これまでの知見と今後の展望」J. E. ビリン・K. W. シャイエ 編、藤田綾子・山本浩市 監訳『エイジング心理学ハンドブック』北大路書房、2008年、201頁

● 加藤伸司「『機能不全家族』の在宅介護問題」『臨床心理学』第18巻第5号（2018年9月）、金剛出版、547頁

● 松原由枝「精神分析的カウンセリング」松原達哉 編『カウンセリング実践ハンドブック』丸善株式会社、2011年、34頁

第10節 集団

1 集団とは

　人間は、万物の霊長ともいわれるが、もしも集団をつくることがなければ、非常に弱い存在だったであろう。人間よりも足の速い動物、体が大きく強い動物は多くいる。魚のように水中で暮らすことも、鳥のように飛ぶこともできない。しかし大きく脳が発達し、言葉や道具により情報を共有し、集団をつくることで生存能力を高めてきた。動物や昆虫でも、群れをつくることで生存能力を高めるものは多いが、人間の集団形成力は際立っており、それぞれの人間が実に多様な集団に属している。例えば、家族集団、学校集団、職場集団、地域コミュニティの集団、国家集団、趣味の集団などである。

　集団の中では所属メンバーが決まっており、守るべき規範や役割があり、リーダーやフォロアーなどの地位の構造がある。コミュニケーションによりチームワークを発揮し、集団での意思決定をしながらさまざまな目標を達成しようとする。ここでは集団の定義や基本過程について述べる。

（1）集団の定義

　人が集まっているだけの状態は集合といい、集団とはいえない。例えば、たまたまエレベーターに乗り合わせただけの互いに見ず知らずの人たちは、集合ではあるが集団ではない。しかしエレベーターが故障して閉じ込められてしまったとしたら、お互いに協力して脱出するという共通の目標ができ、そのために協力したり、リーダーシップを発揮する人が出たり、知恵を出し合ったりする集団となるであろう。

　集団らしさを規定する要因はさまざまである。メンバーが誰であるかが共有されていること、集団のメンバー同士の愛着や好意度が高いこと（集団凝集性が高いという）、我われ意識（we-feeling）や集団所属へのアイデンティティがあること、規範や役割や地位構造があること、共通の目標をもっていること、などの要因が多いほど、集団らしさも高まる。

（2）集団の基本的過程

❶自己概念の変化

　集団に所属すると、自己概念に「その集団の成員としての自分」が付け加わる。教師や警察官、看護師などの役割集団に所属すると、その役割に合わせた自己概念ができ、役割に合わせて言動や考え方が変化する。

　集団への社会的評価が高いと、集団への所属意識が高まりやすく、逆に社会的評価が低いと、所属意識が低下しやすい。また、集団の成員が社会的な栄誉を受けると、自分も栄光に浴したように感じる心理を栄光浴（Basking In Reflected Glory：BIRGing）という。逆に集団や集団成員が社会的に不名誉な評価を受けたときに、「自分は違う」と集団から自分を切り離そうとする心理を、コーフィング（Cutting Off Reflected Failure：CORFing）という。

　このように、人のアイデンティティの重要な部分を所属集団が占めることがわかっており、所属集団から得られるアイデンティティを社会的アイデンティティという。

❷社会的アイデンティティ

　自分の所属集団から得られる社会的アイデンティティがさまざまな行動に影響することをタジフェル（Tajfel, H.）とターナー（Turner, J. C.）が示した。彼らは、集団といえる条件は最小限しか満たしていない、したがって集団性が極めて希薄な最小条件集団（例えば、互いに面識がない大学生に2枚の絵を見せて、同じ絵を好んだ人たちで集団をつくるなど）ですら、外集団と競合するような場面では、成員が内集団ひいきを示すことを一連の実験により見出した。具体的には、内集団と外集団のメンバーがゲームをして、その賞金を配分するときに、どちらに有利な配分をするのかを見たところ、内集団成員に有利な配分（内集団ひいきの表れ）をする人が多かったのである。

　日本で同様の実験をすると、内集団と外集団にあまり利害関係をもたない場合は、むしろ外集団ひいきが生じることもある。特に直接外集団の成員とコミュニケーションをとるときは、自分の集団についてへりくだって、相対的に相手集団をもち上げることにより、相手集団の成員からも、自分が所属する内集団をもち上げてもらい、相互に互恵的な集団自尊心が高揚することが少なからずある。内集団ひいきが顕著に見られるヨーロッパでは、歴史的に民族間紛争などが多く、外集団に対する否定的な構えができている可能性もある。

❸規範の形成

　集団にはルールが必要である。どういう行動が正しく、どのような行動が間違っているかを示す基準が規範（norm）である。規範には集団が公式に定めて明文化されているものから、明文化されてはいないが暗黙に共有されているものまである。規範から逸脱すると集団から何らかの罰が与えられることで、規範の許容範囲内に引き戻そうとする力が生じる。古典的な実験で、シャクターは7〜8人で集団討議させたとき、その中に忍び込ませた実験協力者が、他の成員と同じ意見から次第に異なる意見に逸脱していくと、他の成員からの引き戻そうとするコミュニケーションが増加することを見出した。引き戻そうとするはたらきかけ（集団圧力）に応じないで逸脱を続けると、他の成員が引き戻すことをあきらめて、次第にコミュニケーションが減っていった。子ども集団の場合は、規範から逸脱した子どもに口頭ではたらきかけてもだめな場合に、いじめをすることで規範を知らしめようとする場合もある。

　規範がない状態から規範ができるプロセスはいろいろだが、シェリフ（Sherif, M.）は、暗室の中で光の点が動いて見える量（自動光点運動）のような知覚的経験でも、初対面の複数人が順番に見える量を報告するセッションを繰り返すうちに、最初は個人差が大きかったものが次第に似通った値に収束していくことを見出し、その集団の中での見え方に関する規範の形成がされたと考えた。

　規範は、多くの場合は集団内の多数派の考え方・感じ方や行動への同調により形成されやすい。

❹規範への同調

　人はなぜ同調（conformity）するのだろうか。少数派になりたくない、大勢が支持することは正しいはずである、大勢と同じようにしていたほうが葛藤が少なくて楽だ、などの心理がはたらくと考えられる。一人の人間が知らないところでいろいろなことが動いているので、自分は気付いていなくても、多くの人が同じように反応しているからには、大勢の行動が、正しい何らかの情報に基づいているのだろう、と考えることもあろう。集団内の多数派が同じ行動や考えを表出すると、それ自体が集団圧力（group pressure）となって同調圧力を高める。特に自分以外の全員（3人以上）が同じ行動や考え方をしているときは、同調圧力が最大限はたらくことをアッシュ（Asch, S.）は知覚実験で示した。アッシュは、集団実験で、1本の縦線を示し、それと同じ長さの線分を3本

の線から選ぶ課題を行った。本当の実験参加者以外は全員が実験者に協力したサクラであった。このとき、ほかの全員が一致して間違った長さの線分を選ぶと、半分前後の人は同調したのである。しかし、どれが同じ長さかを声を出さずに書く条件や、ほかに自分と同じ正しい答えを言う人が一人でもいる条件では、同調率が大きく下がった。新型コロナウイルスが流行した時期には、マスクを着用することへの集団圧力が高まった。

　多くの人が同じように行動していることが理由でできた規範を、記述的規範（descriptive norm）という。チャルディーニ（Cialdini, R. B.）は、アメリカの立体駐車場で、駐車中にワイパーに挟み込まれた大量の広告チラシを、ドライバーがその場に捨てて帰るために、床がチラシのごみだらけになる問題を解決するのに記述的規範を利用した。まずは「チラシ広告はごみ箱に捨てましょう」と貼り紙で呼びかけたが、全く効果がなかった。そこで、床に散乱していたチラシをすべて備え付けのごみ箱に入れたところ、その後のドライバーは、「ほかのドライバーも全員ごみ箱に捨てているのだ」と考え、自発的にごみ箱に捨てるようになった。貼り紙で明文化して正しい行動を知らせる規範（prescriptive norm）は、記述的規範よりは弱いことが多いのである。なお、ここでいう記述という語は、筆記具でものを書くことではなく、現実にどうなっているか、記述可能な現実という意味である。

　同調は、他者から言葉で命令されなくても生じ得るが、他者から命令されて、従いたくないのに自分の意思に反して従うことは服従（obedience）という。

❺集団意思決定

　集団では、重要なことは話し合って決める（集団意思決定）ことが多い。意思決定とは、どういう行動をするべきか、複数ある選択肢から、一つを選択することである。

　多くの場合は、集団の中の多数派の意見が結論に採用されやすく、多数派から少数派への多数派影響過程が生じる。少数派の意見が通るときは、少数派から多数派への少数派影響過程が生じたといえる。

　成員の意見が多様であるとき、多くの場合は全員の意見の平均値あたりに結論が落ち着くことが多い。しかし、事柄によっては、成員の意見の平均値よりも、より保守的で安全な選択肢が選ばれるコーシャス・シフトや、よりリスキーな選択肢が選ばれるリスキー・シフトという意見

の極端化（集団極化・集団成極化：group polarization）が生じることもある。

　重要なことは、なぜ集団で話し合うのだろうか。一つは話し合いに参加することで、結論に至る経緯が共有されるため、成員の納得感が高まるからであろう。それだけでなく、個人の意見よりも集団の意見のほうが、正しいことが多いという経験則もはたらいているだろう。

　三人寄れば文殊の知恵、という言葉も、集団の意思決定は個人よりも優れていることを示している。しかし集団心理学では、ある条件がそろうと、仮に非常に賢明な人々が集まっていていねいに議論をしても、かえって誤った意思決定をしてしまうこと（グループ・シンク、集団思考、集団的浅慮、集団的愚考：groupthink）があることが知られている。グループ・シンクの研究をしたジャニス（Janis, I.）は、アメリカのキューバ侵攻など、歴史的大失敗とされたいくつかの政策決定過程を分析した。その結果、どんなに優秀な専門家が集まった場合でも、成員間の凝集性（cohesion）が強過ぎる場合、強力なリーダーやその場の空気が特定の結論を強く支持すると、異論を唱えづらくなって、結論の潜在的問題点や他の選択肢のメリットを十分検討しにくい雰囲気となり、正しい議論が尽くされず、大きな誤りにつながり得ることが示された。

❻リーダーシップ

　集団が役割分化・地位分化するなかで、リーダーとフォロアーも決まってくる。役割として公式に規定されたリーダーを公式的リーダー、役割規定されていないが、メンバーがリーダーと目する人を非公式的リーダーという。リーダー的なはたらきを発揮することをリーダーシップといい、どの成員であっても、集団の目標達成に向けて集団にプラスの貢献をしているときには、リーダーシップを発揮しているといえる。

　リーダーシップの理論はさまざまであるが、おおよそ特性理論、行動理論、状況適合（状況即応、条件適合：contingency）理論、コンセプト理論の順に研究されてきた。「リーダーには固有の特性がある」という仮説（特性理論）に基づくリーダー特性の研究が1940年代から1960年代にかけて行われたが、意外なことにリーダーに固有の特性はほとんどなかった。その後、1990年代から2000年代に研究方法が進化し、例えばパーソナリティの基礎となる5大要素（ビッグファイブ）のうち、外向性が最も強くリーダーシップと関連し、誠実性、経験への開放性が続くという知見などが得られ、新たな展開をみせている。

*49
Stogdill, R. M. (1974) *Handbook of leadership: A survey of theory and reserch*, Free Press.

＊50
それぞれの機能が高い
場合を大文字のP、M、
低い場合を小文字のp、
mで表し、PM、Pm、
pM、pmの4類型で分
析した。集団成員の能
力やモチベーションが
高いとPだけでも機能
するが、一般的にはPM
がよい。

＊51
専制的なリーダーは細
かく指示を出し、子ど
もたちは従うが、創造
的ではなくリーダーが
いないときは自発的に
行動しなかった。自由
放任的なリーダーは子
ども任せにし、創造的
だが、活動性が低い集
団となった。民主的リー
ダーは、適度な指示と
子どもの自発性や集団
決定の尊重を行い、活
動性や生産性が最も高
くなった。

　特性理論では「どんな人がリーダーなのか」という問いには答えられるが、「どういう行動がリーダーシップを高めるのか」という問いには答えにくい。この後者の問いに答え得るのが行動理論である。この理論では、リーダーが課題を遂行する方向での課題遂行的行動と、メンバーの気持ちに寄り添い、成員間の人間関係を円滑にする社会情緒的行動の両方が重要になる。**三隅二不二**は、課題遂行機能をP（performance）機能、集団の維持機能をM（maintenance）機能と名付け、**PM理論**を提唱した。[*50]

　リピットとホワイト（Lippitt, R. & White, R. K.）の「リーダーシップの風土の研究」では、リーダーの行動を専制的、民主的、自由放任的の3種類に設定し、リーダー役の大学生がそれぞれのリーダーシップを取ると、それが集団の風土をつくり出し、子ども集団が変化することを見出した。[*51]

　行動理論にも限界がある。特に、どのような行動が「どのような状況下で」有効なのか、という問いに答えるには、状況適合理論が必要であった。代表的な状況適合理論に、ハウス（House, R.）のパス・ゴール理論（path goal theory）がある。これは、リーダーがメンバーなどの状態に応じて正しい道筋（パス）をたどれば、リーダーシップがうまく機能し、目標（ゴール）に到達するという考えである。経験やスキルが少ないメンバーには「指示型」、ある程度経験やスキルがあるメンバーには主体的に行動させて必要に応じ支援する「支援型」、メンバーも意思決定に参画させる「参加型」、ベテランメンバーには目標設定を行い後は任せる「達成志向型」というように、メンバーの状態に応じたリーダーシップである。

　フィードラー（Fiedler, F. E.）も、最も仕事をしにくかった協働者であるLPC（Least Preferred Coworker）への評価が好意的な人ほど関係配慮的と考え、状況（リーダーと成員の関係のよさ、課題の構造化の高低、リーダーの勢力の高低）との関連を検討した。

　コンセプト理論は、状況適合理論を念頭に置きつつも、さらにリーダーの特徴的なスタイルを類型化したものである。カリスマ型リーダーシップ、変革型リーダーシップ、EQ型リーダーシップ、ファシリテーション型リーダーシップ、サーバント型リーダーシップなどがある。

📖BOOK 学びの参考図書

● 亀田達也 監『眠れなくなるほど面白い 図解 社会心理学』日本文芸社、2019年。

　集団心理学の基礎的な原理などが図解でわかりやすく網羅されている。社会心理学には、集団心理学のほかに個人間の対人心理学も含まれるが、本書では集団に関する話が多く掲載されている。日常で当てはまる具体例などを考えながら読むといいだろう。

● 釘原直樹『グループ・ダイナミックス－集団と群集の心理学』有斐閣、2011年。

　人間は、社会的動物といわれるように、集団や群集の中で生活している。集団の心理にまつわるさまざまな研究をもとに書かれた、読み応えのある本である。

COLUMN
●動作による支援

　生き物としてのヒトは安全だと思える場にいるときには、安心してゆったりとオープンな姿勢をとっている。反対に、緊張を要する場面では、無意識に身を硬くして自分を守っている。相談の場で出会う方々は後者の場合であろう。何かとむずかしい生活場面を生き抜いているときには、からだのどこかに力を入れて対処しているものである。それが長期化し慢性化すると、いろいろと不具合なことが生じてくる。

　例えば、肩こりや頭痛などに悩まされたり、不眠や気分の不調で日常生活に支障が生じることになる。したがって、心理的支援の場においては、姿勢や動作や表情に表れている緊張を無視することなく、むしろ、大切に扱いたいと思う。このような視点をもち、差し迫った難題を乗り越えていく支援を試みたケースを紹介したい。

（1）Ａ夫（4歳、自閉スペクトラム症）

　月に1度、母子で参加する療育教室での相談である。プレイルームの中を走り回っているＡ夫から見えるところで母親の話を聞いた。Ａ夫には担当の保育士が付いて、療育教室がＡ夫にとって不安の少ない場となるようにていねいな保育を心がけていた。母親の相談は筆者（以下、Ｓ）が担当した。やつれ切った様子の母親の悩みは次の5点であった。

> ①Ａ夫は服を着たがらず家では裸で走り回り、外出時に服を着せるのが大変であること
> ②スーパーなどでちょっと注意をそらしたすきに、服を全部脱いでしまうこと

　そこで、療育を担当している病院の主治医に相談したところ、服を着た状態に皮膚やからだを慣らすために子どもが自分では脱げない服の着用を提案されたという。しかし、さらなる悩みと疑問が増えたという。

> ③自分では脱げない服を着せると部屋の隅にうずくまるＡ夫がかわいそうでならなかったこと
> ④それでも、服に慣れるまでは脱げない服でがまんさせるべきなのか？
> ⑤脱げない服を着せられてうずくまっているＡ夫の心は大丈夫なのか？

　Ａ夫がうずくまり動かない姿に家族皆がとまどった。小学生の長女が「かわいそう、Ａ夫じゃなくなるよ」と母親に訴えた言葉で目が覚めた思いがし

て、「ごめんね」とすぐに拘束衣を脱がせたという。

　この胸がつまるエピソードからは、Ａ夫も家族も疲弊の窮地にあることが察せられた。こうした危機状況にあって、少しでも家族の生活がしやすくなる方向で工夫できることはないかとＳも悩む。直接Ａ夫とかかわることで何らかの手がかりを見つけられないだろうか？　Ａ夫にとって役に立つかかわりとはどのようなものであろうか？

> Ａ夫は、一人で走り回り、よく高いところに登る。手をつながれたり抱かれることを嫌い、人の視線を避ける。言葉は使わない。おもちゃ箱をひっくり返すが、おもちゃで遊ぶことはない。常に活動的で昼寝はしない。保育士がおんぶを誘うと背に乗るようになったが、つかまらずに反るので保育士は前かがみになって後ろ手でＡ夫の腰を支えて歩いている。

　人を回避する動きに表れているＡ夫の緊張と高ぶりは、適応し難い不安に常に一人で対処している姿であろうか。保育士の背にもたれることはなく、逆に反ることから対人緊張の高さがうかがえる。

　このようなＡ夫の心情を察しながら、動作でのかかわりを試みた。

> Ｓ：Ａ夫くんおはよう、Ｓです。
> 　　（走っているＡ夫を抱き止めてＳのあぐらの中に抱えて、母親と向き合って座る）
> Ｓ：大丈夫よ。
> 　　（Ａ夫の胸にＳの左手を当てて安心を伝え、Ａ夫の右腕にＳの右腕を添えて）
> Ｓ：こっちの手を上げます。1、2、3、4、5、6、7、8、9、10、バンザーイ。バックオーライ、1、2、3、4、5、6、7、8、9、10、終点。じょうずです。
> 　　（数に合わせて一緒にゆっくり腕を上げていき、同様にゆっくり下げてくる）
> Ｓ：もう1回いきます。1、2、3……

　「あれっ？」という間もなく、ゆっくり動いている自分の腕の感じに注意を向けてもらえるように腕上げ動作を行った。援助の動きはスムーズで柔らかく、落ち着いた声のトーンで、必要最小限の言葉ではっきりと伝えた。大きな抵抗はなく腕の往復ができたので、2度めを同様に

行った。驚いたことに、2度めのときに、A夫は自分の右手を目で追った。このA夫の能動的な関心に応えたいと思い、「もう1回ね」と3度めを行った。さらに驚いたことに、今度は腕を見上げたついでという感じで振り返り、A夫はSの目を見た。短いような長いような瞬間だった。「バンザーイ」「バックオーライ」と続けて「終点」。

> S：A夫くん、じょうずですね。ごらんになってて何か気が付かれたことありましたか？
> 母：こんなにちゃんとできるんだって驚きました。（笑顔でA夫と向き合いながら）
> S：そう、A夫くんと気持ちよく息を合わせてできました。今、どんな表情をしてますか？
> 母：いい顔というか…穏やかな顔をしてます。
> S：そう、静まってますね。何だか私に背中を預けてますけど、どうですか？
> 母：あれ？　眠いのかしら？

　まだ午前中にもかかわらず、A夫はSのあぐらの中で眠ってしまった。母親とSは顔を見合わせて驚いた。A夫は思いのほか疲れ切っていたようだ。昼寝をしないA夫が他人に身を任せて眠ることができた。A夫にとっては緊張を解く安心な体験であったらしい。

　翌月、母親から感謝の言葉をもらって驚かされたが、この体験の後、A夫が外で服を脱ぐことはなくなったという。服と折り合いを付けたA夫に、誰よりも母親が安堵していた。

（2）B夫（小学6年生、変な癖を直したい）

　しっかりした感じのB夫は母親を伴って教育相談室を訪れた。「変な癖を直したい。直してから来ると友だちに約束したので、直るまでは学校に行けない」と言う。

> S：変な癖を直して学校へ行きたい。なるほど。どんな癖なのかしら？
> B夫：それは、ちょっと恥ずかしくて言えません。
> S：あらら、言えないけど急いで直したい。これはむずかしいなぞなぞですねえ。うーん。
> S：B夫くんはいい感じに日焼けしているけど、何か運動してるの？

　野球チームのキャプテンをしているB夫にはチームをまとめる責任があり、集合に遅れる人がいたり、真面目に練習しない人がいたりすると、キャプテ

ンにランニングが課せられるという。大事な試合を間近にして練習が厳しさ
を増している時期に、何周も走らされて足がガチガチになって痛みが抜けな
いらしい。

　母親から見ても、何事にもがんばる子で頼りになるという。そのB夫から
突然「癖を直す病院に連れて行ってほしい」と言われとまどっていると、「こ
こでもいい」と学校で配布された相談室の案内を差し出されて、半信半疑で
来室したという。

S：足が痛いのはつらいわね。

B夫：痛いけど、いつもだから平気です。

S：いつも!?　足首をゆるめると多少軽くなるけど、やってみる？
　　（長座になったB夫の足首のくぼみにSの人さし指を当ててしっか
　　りポイントする）ここに注意を向けます。

S：足首を曲げます。そう、ここが硬
　　くなったね。はいストンと楽にし
　　ます。そう、じょうず。ゆっくり
　　ともう一度曲げて、そうここね、
　　はいストーン。そう、ここ抜けま
　　した。最後に、もう一度、ここに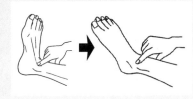
　　よく注意を向けて、ゆっくり曲げて、そう、ストンと力を抜きます。
　　では立ちます。足首の感じに注意を向けて、今、ゆるめた足と比べ
　　ると、どうですか？

B夫：違う！　こっち（ゆるめたほうの足）が軽い！
　　（と、不思議そうに足を動かしている）

S：ね、軽くていい感じでしょ。B夫くんはがんばるのは得意みたいだ
　　けど、ゆるめることも練習するといいかもね。野球のいい場面で肩
　　に力が入るとミスが出るでしょう。その力みをゆるめることができ
　　るといいプレーにつながると思うよ。ひょっとすると「変な癖」は、
　　がんばりが過ぎているよというサインかもしれないね。その過ぎた
　　部分をゆるめることができるようになると、その癖もよくなるので
　　はないかしら。

　足首をゆるめた軽さを体験して初めて、B夫は自分の緊張というものに気
付いた。続けて行った肩を上げる動作では、ぎゅっと首を縮めてブルブルす
るまで強く上げる動作にB夫のがんばり過ぎが現れていた。肩の感じを味わ
いながらゆっくりと動かすこと、ゆるめた後の肩の楽な感じをじっくり味わ
う肩の上げ・下ろし動作の体験をていねいに援助した。

　最後に仰臥位で行った躯幹部のゆるめでは、体験した後の「ふーっ」と床
に身を任せたB夫の姿が印象的であった。「家で一人でもできるものありま

すか」というリクエストに応えて、漸進性弛緩法とイメージ呼吸法を教えた。

　1週間後、母親が一人で来室し、「変な癖」がなくなったのでB夫は毎日登校していると報告してくれた。無意識に発するB夫の言葉（不適切な言葉を発する音声チック）に友だちが腹を立てたことで、B夫が「変な癖」に気付くことができた。「変な癖」はがんばり屋のB夫にとってのストレス反応であろうと推測し、動作によるリラクセーション法を体験的に伝えた。この体験がB夫に適したようだ。過剰な緊張を自分でゆるめるストレス対処法を身に付けたB夫は、音声チックによらずに生きることが可能になった。

第3章
人の成長・発達と心理

学習のねらい

　本章では、人の発達に関する心理学の領域である「発達心理学」について、学習する。

　第1節では、まず発達の定義や考え方について学ぶ。発達という語の示す範囲は、実は幅広く、まずはその基本的な理解が必要となる。発達に関する諸領域の内容を学ぶ前に、発達という語の示す意味、発達に影響を与える遺伝的要因と環境的要因のとらえ方について理解してほしい。

　第2節では、子どもの時期を中心とした発達の諸相について学ぶ。乳児、幼児、学童の期間を通じて子どもは成長に伴い、大きく変化を遂げて発達していく。発達心理学の領域で研究されている発達のさまざまな側面ごとに子どもがどのように発達していくのか学んでほしい。

　最後に、第3節では、生涯を発達としてとらえる「生涯発達」の視点と発達段階ごとの特徴を乳児の時期から高齢者の時期まで連続的に学んでいく。さまざまな人が支え合い共存していく「共生社会」をめざす上で、生涯発達の視点をもち、世代間の相互理解と関係づくりが求められていることから、これらは今後の社会福祉実践には欠かせない知識であり、ぜひ深く学んでほしい。

第1節　発達の定義

1 発達とは

（1）発達の意味

　一般的には、「発達」とは「①からだ・精神などが成長して、より完全な形態や機能をもつようになること　②そのものの機能がより高度に発揮されるようになること　③そのものの規模がしだいに大きくなること」とされている。心理学的な意味としては、①が該当する。からだやこころのあり方が移り変わりながら、その種としての典型的な姿になっていくことなのである。そこには、②や③に示されているように、構造が拡大することと機能が高度になることが想定されている。ただし②や③の意味は、生物だけでなく、ものごとに対しても適用される。

　アメリカ心理学会（American Psychological Association：APA）のweb辞書（APA Dictionary of Psychology）によれば、発達（development）とは、「人間あるいは他の有機体の生涯にわたって生じる構造、機能、行動パターンにおける変化の漸進的な系列」である[1]。この定義には、上記の②や③の意味は必ずしも含まれているわけではない。生涯にわたる変化の漸進的系列なのであって、「完全な形態や機能」をもつようになることを必ずしも意味するわけではない。

（2）生涯にわたる発達

　「子ども」がさまざまな能力を獲得していき「大人」になることが、一般的には「発達」の典型的な姿としてとらえられてきた。そして「大人」が「老人」になっていくとき、成人期にはできていたことが次第にできなくなっていくという衰退する姿が想定されてきた。

　しかし、近年の発達心理学は、人は生涯にわたって「発達」する存在であるとする。バルテス（Baltes, P. B.）は、人間の乳児期から老年期にわたる生涯発達が直線的というわけではなく、一人ひとりの変化のあり方は多様であるとする[2]。そして、「発達」の過程には獲得もあるが喪失もあるということ、その過程は社会・文化・歴史的文脈の中に埋め込まれているということを主張する。

　すなわち「子ども」のみならず、「大人」もまた「発達」し得る存在であるとみるのである。加齢に伴い、老年期には行動・動作の困難が増

＊1
『大辞泉　第二版』小学館、2012年。

＊2
本章第3節参照。

〈図3-1〉 生成的ライフサイクルモデル

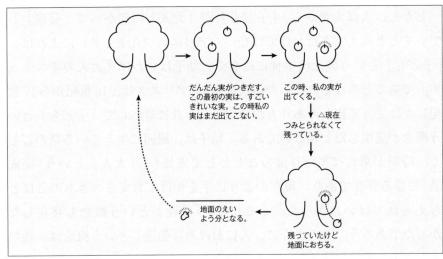

（出典）やまだようこ「「『発達』と『発達段階』を問う：生涯発達とナラティヴ論の視点から」『発達心理学研究』第22
巻4号、2011年、425頁

す。しかし、心理社会的発達理論を提唱したエリクソン（Erikson, E.
H.）は、人生最終期においても心理的には全体性あるいは超越性を得る
ことが可能となると想定している。そのような道筋は一人ひとりさまざ
まであり、環境の中でその人のありようが移り変わっていくのである。
　やまだようこは、個人の発達のみでなく世代間の関係性をも含んだ
「生成的ライフサイクルモデル」を提案している（図3-1）。生涯発達
がりんごの一生に例えられており、りんごの木の中に「両親の実」があ
り、そこに「私の実」が生まれる。「私の実」は熟していくが、やがて
地面に落ちて朽ちていく。しかし、それはりんごの木の栄養分となり、
再び実となっていくのである。このように、生涯発達とは「発達」とい
う階段を順に上っていくという上昇志向を意味するものなのではなく、
生態系という文脈の中で世代間連関が繰り返されていくものといえる。
直線的・進歩主義的な西洋的な発達概念だけではなく、循環的であり文
脈的な関係性が基本となる東洋的な発達概念も存在するのである。やま
だようこは、ナラティヴ的な観点から「発達」をとらえようとしており、
「単一のモデルだけが真ではなく多様なモデルがありえる」としている。

*3
時間の流れの下に出来
事を報告することを含
む一連の語りであり、
ライフストーリーであ
るともいえる。

（3）「子ども」期

　人の「発達」について考えるとき、乳児が幼児になり、さらに児童か
ら青年になっていく姿が、想定されてきた。からだの構造とこころの機
能における前進的な変化が目立つ「子ども期」が、発達の最も典型的な

時期ととらえられるのは自然なことといえるかもしれない。

　しかし、人は大昔から、「子ども」が「大人」に向かって「発達」していくととらえてきたわけではない。アリエス（Ariès, P.）によれば[5]、「子ども」という概念は中世にはなく、幼子はいわば「大人のミニチュア」であるとみなされていた（前成説）[*4]。アリエスは、16世紀から17世紀にかけて「家族」のあり方が変化し、それに対応して「子ども」という概念が誕生したとみるのである。幼子は、周囲に生えている草のごとく、時期が来れば当たり前のこととして成長し、「大人」という"完成品"になる存在であり、現在のように手をかけて育てるべきものとはとらえられてはいなかった。そこには、「発達」という概念も存在しなかったであろう。このように、人における「発達」という概念は、社会のあり方と密接に関連しているのである。

（4）社会という環境

　「人間」とは、「人の間」に生きる動物である。「他者に依存することで生きながらえる存在」であり、それが「社会的生物としての人間の基本的なありよう」なのである[6]。「他者」は、さまざまな形で存在する。親や同朋、近所の住人、学校の先生、かかりつけのお医者さん、地域社会、国家、文化……、人はこのような多層的な空間に生きており、複数のレベルにおける多様な関係のもとに生活しているのである（生態学的[*5]システム理論：ブロンフェンブレンナー〔Bronfenbrenner, U.〕）[7]。子どもの心身の成長に対応して、その生活空間は次第に多様かつ多層的なものになっていく。子どもは、そのような空間において生活するとき、そこに存在する人々との関係の中に巻き込まれていくのであり、そのことが心の発達を促していくと考えられるのである。人は、社会という多様で多層的な生活空間の中に埋め込まれている存在なのである。

（5）「障害」のある子どもにおける「発達」

　「障害」のある子どもについて考えてみよう。運動機能と知的機能の両者が、ともに重度の困難な状態である子どもがいる。そのような状態は、重症心身障害（重度重複障害）とよばれる。このような重度の困難さのある子どもには、「発達」的な姿があるとは想定されないことが多かった。

　しかし療育者は、そのような状態にある子どもに対しても、対人関係の成立を促すためのはたらきかけを続ける。その際に心拍数を測定しな[*6]

＊4
精子や卵子の段階で、あらかじめ成体の構造や機能が決められているという考え方。

＊5
子どもは両親、友人、学校、職場、文化など、さまざまなレベルからの影響を受けながら発達するとみる、個人と環境との間で生ずる相互作用に関する生態学的なとらえ方。

＊6
1分間に心臓が拍動する回数。

がら子どもへの声がけを続けていくと、時間をかけ少しずつではあるが、心拍反応が変化していく様子を見ることができる[8]。すなわち、かかわりをもち続ける特定の療育者のはたらきかけに対しては、外面上に明確な行動的変化は現れないとしても、その子どもの内部では対応する生理的な過程が生じ得るのである。

「発達」は、内部の仕組みと環境とのかかわりによって生じるものである。すなわち「発達」とは、個体の外側からは必ずしも見えない過程においても生じているのである。子どもの外面的な変化に注目するだけでなく、内部のあり方についても理解して対応していく必要があるといえる。

2 遺伝と環境

（1）遺伝的要因と環境的要因

　発達には、生物学的な遺伝的要因が影響を与えており、発達の現れ方の順番や時期には人類共通の性質がある。また、親から引き継いだ遺伝的な要因が影響している面もある。加えて、人の発達においては、遺伝的要因だけでなく、どのような経験をして学習するのかという環境的要因も影響している。人間は誕生時には、移動や栄養摂取を自力で行うことが全く困難であり、そもそも環境的要因である養育者に大きく依存している。この特徴をポルトマン（Portmann, A.）は「生理的早産」とよび、人は未熟な状態で生まれることによって、環境の中で発達していく存在であることを示した。

（2）遺伝と環境の影響に関する理論

　ゲゼル（Gesell, A. L.）は遺伝的に類似である双子の子どもを対象として、発達における遺伝的要因と環境的要因（経験による学習）の影響を比較する研究を行った。その結果、十分に成長した後でないと、効果的な学習はできないという結論が得られ、発達に決定的に影響をもっているのは遺伝的要因であるという「成熟優位説」を提唱した（1929年）。ある領域の学習が成立するために十分に成長した状態を**レディネス**という。

　一方で、環境の中で生じる経験と学習こそが発達を決定付けるという考え方も示されている。行動主義心理学を創設した**ワトソン**（Watson, J. B.）は、1910年代から1920年代に、人には遺伝的要因の違いはなく、

その知性は環境の中で、経験による学習によって習得されていくという環境優位の考え方を示した。

　現在では、発達の領域によってその影響の強さは異なるが、遺伝的要因と環境的要因の双方が相互作用をもっていると考えられるようになっている。例えば、身長は遺伝的要因が強く影響すると考えられるが、栄養状態や生活習慣などの環境的要因も影響を及ぼしている。また、音楽的な能力は、遺伝的要因の影響もあるが、十分な練習が可能であるというような環境的要因の影響が非常に大きいと考えられる。

　なお、遺伝的要因の影響については、近年、**行動遺伝学**として研究が進められている。領域によって遺伝的要因の影響力は異なるが、すべての形質に遺伝的要因が影響していると考えられている。[*7]

＊7
本書第1章第2節5参照。

（3）成長・発達における教育の効果

　子どもへの教育は、積極的に必要な経験をさせることで発達を促す重要な環境的要因と位置付けられる。しかし、遺伝的要因に影響を受けるレディネスと教育の相互作用をめぐっては、いくつかの考え方がある。前述のゲゼルの成熟優位説は、学習や教育の内容に応じたレディネスを十分に待ったほうが教育に関する環境的要因が有効となるという遺伝的要因優位の考え方を取っていると考えられる。

　ブルーナー（Bruner, J. S.）は、どの発達段階にあっても、適切な教育方法を取れば、十分なレディネスを待たずに早期からの教育が有効であるという考え方を示した。遺伝的要因よりも環境的要因による経験を大きく重視する立場であり、乳幼児期からの早期教育への取り組みの理論的背景となっている。ただし、早期教育には、他の領域の発達が阻害される可能性などの批判もある。

　ヴィゴツキー（Vygotsky, L. S.）は、レディネスを考慮しながらも、積極的な教育による環境的要因の効果を考慮する考え方を提唱した。ある発達段階では、子どもが一人で解決可能なレベルが存在しており、これには遺伝的要因が強くはたらいている。しかし、問題を子ども一人で解いてもわからない場合に、周囲の大人が考え方のヒントを与えると自分で解くことができるようになるように、大人がかかわり助力することで、子どもが一人で解決できるレベルよりも、より高度なレベルの問題解決も可能となる（これを潜在的発達可能水準という）。一方で、あまりにも高レベルの問題は、大人が助力しても解決に至らず、これは潜在的発達可能水準を超えていると考えることができる。一人で解決可能な

レベルと潜在的発達可能水準の差を「発達の最近接領域」という。遺伝的要因を無視することはできないが、教育によって最近接領域にはたらきかけることで、発達を促すことができるという考え方である。

（4）環境的要因の多様性

　同じ環境で同じ経験をしていれば、必ず同じように発達に影響を及ぼすわけではない。環境的要因は、家族、学校、地域、社会制度、個人的な出来事、歴史的事件など多岐にわたっており、複雑に影響を及ぼす。例えば、乳幼児期に家庭環境に恵まれなかったとしても、それが生涯のすべてを決めてしまうのではなく、多くの環境的要因による可能性があることを理解する必要がある。

引用文献

1 ）APA（2020）'Development', in APA（ed.）, *APA dictionary of psychology*, Washington, DC, American Psychological Association.
（https://dictionary.apa.org/development）

2 ）Baltes, P. B.（1987）'Theoretical propositions of life-span developmental psychology: On the dynamics between growth and decline', *Developmental Psychology*, Vol. 23, No. 5, pp. 611-626.

3 ）E. H. エリクソン、西平　直・中島由恵 訳『アイデンティティとライフサイクル』誠信書房、2011年、106〜108頁
E. H. エリクソン、仁科弥生 訳『幼児期と社会1』みすず書房、1977年、Erikson, E.（1983）*The life cycle completed: A review*, W. W. Norton & Co.

4 ）やまだようこ「『発達』と『発達段階』を問う：生涯発達とナラティヴ論の視点から」『発達心理学研究』第22巻4号、2011年、424〜426頁

5 ）P. アリエス、杉山光信・杉山恵美子 訳『〈子供〉の誕生：アンシャン・レジーム期の子供と家族生活』みすず書房、1980年、384〜388頁

6 ）石黒広昭「3章　発達の社会・文化的基礎」田島信元・岩立志津夫・長崎　勤 編『新・発達心理学ハンドブック』福村出版、2016年、31〜45頁

7 ）U. ブロンフェンブレンナー、磯貝芳郎・福富　護 訳『人間発達の生態学：発達心理学への挑戦』川島書店、1996年、23〜28頁、Bronfenbrenner, U.（1979）*The Ecology of Human Development: Experiments by Nature and Design*, Cambridge, MA, Harvard University Press.

8 ）片桐和雄・小池敏英・北島善夫『重症心身障害児の認知発達とその援助−生理心理学的アプローチの展開』北大路書房、1999年、148〜158頁

参考文献

● 田島信元・岩立志津夫・長崎　勤 編『新・発達心理学ハンドブック』福村出版、2016年

第2節　心理的発達

1 認知発達

（1）ピアジェの均衡化理論

＊8
ピアジェ (1896-1980)
はスイスの心理学者。
もともと生物学者で
あったが、子どもの発
達研究によって心理学
に大きな足跡を残し、
影響を与えた。

　ピアジェ[*8]（Piaget, J.）は、自分の子どもの詳細な観察をもとに遺伝的要因と環境的要因の相互作用による認知発達理論を提唱した。その理論は、発達心理学の研究に大きな影響を与えた。

　ピアジェは、発達に従って「シェマ」という外界への認知の枠組みが発達していくと考えた。子どもは、その発達段階でのシェマを使って外界へのはたらきかけや認識を行うことで、発達段階ごとに特有な見方や考え方が生じる（同化という）。しかし、発達に伴いシェマを変化させて調整することで、外界へのはたらきかけや認識が質的に変化していく（調整という）。この同化と調整の過程を均衡化という。生得的な認知能力の枠組みをもとにしながら、自らの環境へのはたらきかけによって、均衡化を繰り返すことで認知機能が発達していく。

（2）ピアジェによる発達段階

　ピアジェは、誕生から大人になるまでの認知発達を**感覚運動期**（誕生〜2歳ごろ）、**前操作期**（2〜6、7歳）、**具体的操作期**（7〜11、12歳）、**形式的操作期**（11、12歳以降）に分け、各段階における外界の認識やかかわりの発達について示した。

❶感覚運動期

＊9
生得的に備わっている
反射であり、乳児期の
早い時期に消失する。
例えば、指先や乳首が
顔に触れると口をとが
らせ顔が動く「乳探し
（ルーティング）反射」
や唇に指先や乳首が触
れると吸いつく「吸啜
（きゅうてつ）反射」は
生後4〜6か月には消
失する。

　生まれたばかりの子どもは、原始反射[*9]によって、外界からの刺激に反応をしている。原始反射は生得的な反応だが、徐々に自分の感覚に基づき対象へのはたらきかけ（運動）が成立していく。感覚運動期では、外界への自発的なはたらきかけが発達していくとともに、物が見えなくなってもそこにあるという「対象の永続性」の理解ができるようになっていく。最後の段階では、目の前にない対象を想起して模倣すること（延滞模倣）も可能になり、見たり聞いたり触れたりする感覚だけでなく、記憶や思考を使って、外界へのはたらきかけができるようになり、次の発達段階（前操作期）に移行していく。

❷前操作期

　幼児期は、前操作期と位置付けられている。論理的思考ができるようになる前の移行期であり、特徴的な思考や行動が見られる。表象の利用が可能になり、言語（二語文）を話したり、象徴（サイン、シンボル）を使ったりできるようになる。それに伴い「ふり」「見立て」「ごっこ」といった象徴遊びが見られるようになる。

①自己中心性

　この時期には記憶や思考を使って外界を認識して、理解やはたらきかけができるようになっている。しかし、実際に見えている様子に目が向きやすい傾向があり、自分自身の視点を中心に外界を理解し、他者の視点を理解することはむずかしい。この傾向を自己中心性という。自己中心はわがままということではなく、自分の感覚に強く影響を受け、ほかの視点からの認識や思考がむずかしいということを示している用語である。

　ピアジェが用いた三つ山問題という課題（**図3－2**）では、4〜5歳くらいの幼児にAの位置からこの山を見せる。B〜Dの位置には人形を置き、それぞれの位置からの見え方をきくと（特にC）、自分からの見え方を説明し、例えば、小さな山の頂上にあるものについて他の位置からは隠されていることを説明できない。[10]

②アニミズムや実念論

　この時期の子どもは、「コップの水は人が飲むので生きている」「ろうそくの炎は生きている（動いているので）」といった、物に生命があるかのように感じていることを言う。無生物の対象も自分と同じように意思や感情があるかのように認識する傾向をアニミズムという。

[10]
その後、7歳ごろには、ほかの位置からの見え方が自分と違うことはわかるが、どのように見えるかは説明できない。9歳ごろに他者の視点で見え方を推測できるようになる。

〈図3－2〉三つ山問題の例

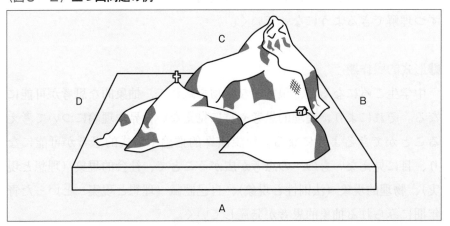

また、頭に浮かんだ思考、言語、夢などを実在する存在として説明する「実念論」という傾向も見られる。「夢は空からやってくる」といった自分の思考や夢を実在のものに起因するような発言をいう。架空の人物（サンタクロースやヒーローなど）が実在すると考える傾向もその例である。

これらの傾向は、自分自身の心理的世界の実在を他の対象にもあるものと考える自己中心性の反映だと考えられる。

③数や量の保存の欠如

図3−3のように、同じ数のおはじきを間隔を広げて置き直すと数が増えたという回答が得られることから、見た目に影響を受け「数の保存」[*11]の理解がむずかしいとされる。また、**図3−4**のようにコップ（B）に入った水を底面の狭い容器（C）に目の前で移し替えると、Aに比べてCのほうが背が高いので量が増えたという回答が得られ、「量の保存」の理解もむずかしい。

❸具体的操作期

小学生の時期が具体的操作期にあたる。この時期になると前操作期に見られた自己中心性が解消していき（脱中心化）、他者の視点を理解することが可能になっていく。また、量や数の保存が理解できるようになる。量の保存課題に正答したときにその理由を尋ねると、「もし、水をもとのコップに戻せばもとと同じ高さになる」（可逆性）、「足したり、引いたりしていないので同じ」（同一性）、「Cのコップのほうが水の位置が高いが、Bのコップのほうが幅は広い」（相補性）といった論理的理由を述べられるようになる。

しかし、思考や判断は、具体的な対象物について可能であり、抽象的な問題に対する思考は、この時期の後期になると次の段階に向けて少しずつ理解できるようになっていく。

❹形式的操作期

中学生ごろになると、現実的な事物を離れて、抽象的な思考が可能になる。それにより、論理的思考や目に見えない世界や理論について考えることができるようになる。仮説演繹的推論[*12]や形式的思考[*13]が可能になり、目に見えないものへの思考が広がることで、社会的現象（理想と現実）、物理的現象（法則性と現象）、自己認識（理想と現実）といった青年期にみられる抽象的思考が発達していく。

---

*11
数の保存・量の保存
数の保存は6〜7歳、量の保存は9〜10歳ごろに理解できるようになるとされている。

*12
「もし……ならば、……となるだろう」といった仮説の設定をして、それが正しいかどうか証拠を集めて検証するような思考や推論の方法。

*13
思考の形式（方法）と内容が分離できるようになり、具体物にとらわれず、抽象的に問題解決できるようになる。例えば、方程式で問題を解くことは、思考すべき問題の内容とそれを解く方法が分離しており形式的思考を必要とする。

〈図3−3〉数の保存課題の例

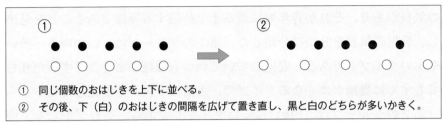

① 同じ個数のおはじきを上下に並べる。
② その後、下（白）のおはじきの間隔を広げて置き直し、黒と白のどちらが多いかきく。

（出典）J. ピアジェ、中垣　啓 訳『ピアジェに学ぶ認知発達の科学』北大路書房、2007年をもとに筆者作成

〈図3−4〉量の保存課題の例

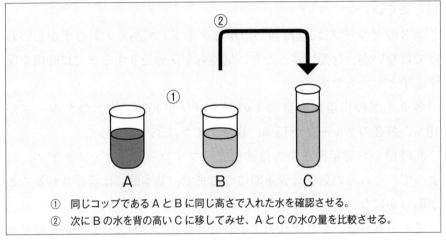

① 同じコップであるAとBに同じ高さで入れた水を確認させる。
② 次にBの水を背の高いCに移してみせ、AとCの水の量を比較させる。

（出典）J. ピアジェ、中垣　啓 訳『ピアジェに学ぶ認知発達の科学』北大路書房、2007年をもとに筆者作成

（3）ピアジェ理論のその後の展開

　ピアジェの研究と理論は、発達心理学に大きな影響を与えた。しかし、その後の研究で、使われた課題・問題の見直しや新たな研究方法による多数の子どもの測定データなどによって、再検討が行われている。特に各機能を獲得する年齢について、もっと早い時期にも可能であるという結果が示されており、議論が進められている。

2 気質

　私たちはさまざまな個性をもっている。個性の個人差はどこから生じるのであろうか。トーマス（Thomas, A.）とチェス（Chess, S.）は子どもの気質について研究を行い、乳児期から青年期にかけて比較的安定した個人の特性があることを明らかにした。気質とは、性格の土台になるような、個人の基本的な行動様式を示す用語として用いられている。

　トーマスとチェスはニューヨークの子どもたちを対象に、乳児期から

BOOK 学びの参考図書
●開 一夫・齋藤慈子編『ベーシック発達心理学』東京大学出版会、2018年。
　書名のとおり、発達心理学のほとんどの領域について、基礎から専門的内容まで網羅して、わかりやすく解説している。

●小野寺敦子『手にとるように発達心理学がわかる本』かんき出版、2009年。
　発達の理解に不可欠な内容について、Q＆A形式で書かれていて入門書として大変にわかりやすい。

●マイケル・トマセロ『心とことばの起源を探る』勁草書房、2006年。
　言語の発達について、社会的な学習を重視する立場をとるトマセロの著書。コンパクトにまとめられている。

第3章

＊14
S.チェス・A.トーマス、
林　雅次 監訳『子供の
気質と心理的発達』星
和書店、1981年、72頁。

16〜17歳になるまでの観察を大規模に行った。乳児には生まれながらの気質があり、それが青年期に至るまで持続する特性であることを見出し、乳児の気質を3つに分類した。[14] 第1のグループは、いわゆる「扱いやすいタイプ」である。安定していていつも機嫌がよく、ぐずったりしてもすぐに機嫌がよくなるタイプで、生活のリズムも安定している。

第2のグループは、「扱いにくいタイプ」である。気むずかしく、機嫌を損ねるとあやしてもなかなかすぐに機嫌がよくならない。新奇な場面を苦手として、新しい状況には激しい抵抗を示す。生活のリズムも安定しにくい。

第3のグループは、「時間がかかるタイプ」である。気むずかしいわけではないが、行動に移ったり、気持ちを決めたりするまでに時間を要する子どもたちである。

各タイプの出現比率は第1のグループが40％、第2のグループが10％、第3のグループが15％、複合タイプは35％であった。

乳時期から青年期までの追跡研究（フォローアップ・スタディ）によって、これらの気質は青年期になるまで、基本的には維持されることが明らかになった。

また、養育は、それぞれのタイプに合わせて行われることが重要であることが見出された。「扱いやすいタイプ」の乳児に対しても適切にかかわらないで、無視したり、不安定になるようなかかわり方をしたりすれば、「扱いにくいタイプ」に変化することが示された。

一方、「時間がかかるタイプ」の子どもに、「さっさとしなさい」「まだなの！」などとせかしてもよい行動には導かれない。時間に余裕を与えること、また、出かける前の準備が行いやすいようにするなど環境設定を整えることなどが大切である。子どもを待つ姿勢が大切であると考えられる。

「扱いにくいタイプ」であっても、不機嫌さを叱ったり、怒鳴ったりしたところで、機嫌がよくなるわけではない。気分を変えやすいような工夫も必要になる。やはり、養育者の側の待つ気持ちが大切になる。たとえ機嫌が悪く、ぐずっていても、ちょっとお散歩に出て気分を変えるなど、穏やかに対応していくことが必要になる。

このように、気質に合った養育が行われたときに適応が得られ、気質に合わない養育が行われると適応が損なわれていくことが示された。

3 言語発達

（1）音声の発達

　乳児は産声をあげて出生し、しばらくは泣き声（叫喚音）だけを発する。生後2か月ごろになると、「あー」「くー」といった自然に漏れるような音を発し始める（クーイング）。しばらくすると、母音の反復（「あうあ」「あーうー」等）、「ばー」「だー」といった子音の発声を経て、6か月ごろには「だーだー」「ばばば」といった反復した明確な音声である規準喃語を発するようになる。喃語は次第に「ばぶばぶ」のように明瞭な発声となっていく。

（2）語彙の発達

　徐々に発声できる音が増えていき、1歳前後になると、最初の単語を発する（初語）。日本語の初語は「まんま」「まま」「ぱぱ」「わんわん」などであり多様であるが、この時期の子どもが発声する単語は大人が用いるのと同じ意味ではないことも多い。知らない男性に「ぱぱ」と発語するなど、指示対象が広い過剰拡張や「わんわん」を自分の家の犬にしか用いないなど、指示対象が狭い過剰縮小の両方がある。また、発する形式は単語であるが、「わんわん」と言うのは「わんわんがいる」ということであるように文と同じような使われ方をしていることから、一語文とよばれており、この一語を発する時期を一語文期という。

　やがて、1歳半ぐらいになると、2つの単語をつなげた発話が始まる（二語文、この時期を二語文期という）。日本語の二語文では、「わんわん　きた」「これ　ぼーる」のように、助詞などが省略された形式になっている。

　使用できる単語数は、初語の出現後1歳半ぐらいまでは約50語にとどまる。しかし、二語文期に達すると、単語数が急激に増加する「語彙爆発」が生じ、2歳ごろまでに使える単語数は300語程度に達する。

　やがて、日本語では2歳前後ごろから徐々に助詞を使えるようになるように（例えば、「ぱぱがきてね」）、母語の文法が獲得されていく。

（3）言語獲得の理論

　乳幼児期における母語の習得は、「言語獲得」とよばれている。人間が使用しているような文法的に複雑な言語は人間に固有であり、人間以外の動物では使うことができない。そして、人間の子どもは世界のどの

言語でも獲得することが可能である。

　言語獲得のためには言語にふれる経験が不可欠ではあるが、乳児から幼児になる短い期間の言語の経験によって、しかも生育環境の個人差があるにもかかわらず同じように母語の文法を理解し、使用できるようになる。このような事実は、単純に大人が使っている言語を聞いて言語の学習が生じるという説明では理解がむずかしい。そこで、言語学者のチョムスキー（Chomsky, A. N.）は、どのような言語にも共通している「普遍文法」があり、人間にはその解析ができる「言語獲得装置」が生得的に脳内に備わっていることによって言語獲得が可能であるという理論を提示した。この理論では、生得的な言語獲得装置が言語獲得において重要な役割を果たし、乳児期から幼児期に接触した言語の経験が貧困であっても文法の獲得が図られると説明している。生得的なメカニズムを重視した理論である。

　一方で、言語特有の生得的な獲得装置を仮定しない言語獲得理論も提案されている。ただし、一般的な学習や認知によって獲得されるという説明は、言語獲得が人間の種固有であることや言語経験の個人差についての説明が不十分であり、どのような仕組みで効率的に言語獲得されるのか説明できることが求められる。例えば、発達心理学者のトマセロ（Tomasello, M.）は、人間だけが他者の行動の背後にある意図を推測できるということに着目し、周囲の人と社会的な関係を形成する経験の中で言語が獲得されるという理論を提案している。言語固有の生得的な獲得の仕組みを仮定せず、経験的要因に重点を置いた理論といえる。トマセロは、生後9か月ごろから発現する共同注意を基盤として、子どもは発話する大人の意図の理解をしながら、実際に発話される言葉から言語を習得しているとしている。例えば、文法的な役割として重要な動詞の用法についても、多くの動詞を通じて共通性のある規則を獲得するのではなく、個々の動詞ごとに独立して用法を学習していくことを観察して報告している（動詞島仮説）。

4 アタッチメントと社会性・道徳性の発達

（1）アタッチメントとは何か？

　アタッチメント（attachment）あるいは愛着という言葉は、いまや、ただ学術的な言葉としてあるだけではなく、子育てや保育・教育の文脈を中心に、日常的に用いられるに至っている。そして、それは多くの場

合、暗黙裏に、親とその幼い子どもとの間の緊密な情愛的絆、ときには、その愛情関係全般の特質をさし示すものとして受け取られているようである。しかし、アタッチメント理論の創始者たる**ボウルビィ**（Bowlby, J. M.）が最初に示したその原義は、文字どおり、生物個体が他の個体にくっつこうとすることにほかならなかった。彼は、個体がある危機的状況に接し、あるいはまた、そうした危機を予知し、恐れや不安の情動が強く喚起されたときに、特定の他個体への近接を通して、主観的な安全の感覚を回復・維持しようとする傾性をアタッチメントとよんだのである。

　元来、生物は生き残り繁殖するために、種々の危機に対して警戒する構えを、不安や恐れの情動という形で進化させたといわれている。ヒトもその例外ではなく、恐れや不安に対する意識・無意識における対処が、個々人のパーソナリティやアイデンティティにおいて中核的な意味を有している。ただし、極めて脆弱な状態で生まれてくるヒトの子どもは、誕生時からこうした情動の制御を自ら行い得る主体ではない。子どもは本源的に、養育者をはじめとする他者によって、手厚く保護され、その情動状態を巧みに調整・制御されなくてはならない存在としてある。そして、そうされることによって、徐々に自律的にそれに対処し得るようになるのである。

　ヒトの子どもは、養育者などとの緊密な関係性によってもたらされる安心感に支えられて、外界への探索活動や学習活動を安定して行い、また円滑な対人関係を構築することが可能になるのだと考えられる。すなわち、子どもにとって、主要なアタッチメント対象は、危機が生じた際に逃げ込み保護を求める「安全な避難所」（safe haven）であると同時に、ひとたびその情動状態が落ち着きを取り戻した際には、今度は、そこを拠点に外の世界へと積極的に出ていくための「安心の基地」（secure base）として機能することになるのである。

　ボウルビィは自身の考えを、人の揺りかごから墓場までのパーソナリティの生涯発達を理解するための総合理論であるととらえていた。彼の初期の臨床家としての仕事が「母性的養育のはく奪」という概念の提示から始まったこともあり、アタッチメント理論は、当初、もっぱら、幼少の子どもとその母親との関係性にかかわる理論という受け取られ方もした。しかし、彼の最も中核的な関心は、特定他者との間に築かれるアタッチメントの生涯にわたる重要性と、また、その関係性を喪失したときの人の心身全般にわたる脆弱性とに注がれていたのだといえる。そし

て、現にいまや、アタッチメント研究は乳児期から老年期までの一生涯にわたって、分厚く展開されるに至っている。また、主に欧米圏において展開されている長期縦断研究は、乳児期から成人期に至るまでの全発達期において、その対象は誰であれ、そのときどきに築いている個人のアタッチメントの質がその人の心理社会的適応や心身の健康の鍵を握ること、また複数の発達期にまたがって、アタッチメントの質にはかなりの時間的連続性とともにある程度の変化可能性も認められることを明らかにしてきているのである。

（2）アタッチメントの個人差とそれを分けるもの

　当然のことではあるが、乳幼児は、自ら養育者を選び変えることができない。そのため、彼らは、どのような養育者であれ、その対象との間で最低限でも、安心感が維持できるよう、その養育者のかかわりの質に応じて、自分の近接の仕方を調整する必要に迫られ、そこにアタッチメントの個人差が生じてくることになる。

　エインズワース（Ainsworth, M. D. S.）によれば、アタッチメントの個人差は、特に養育者との分離及び再会の場面に集約して現れるという。彼女は、統制された条件下で生後12〜18か月の子どもにこうした分離と再会を経験させ、その反応を見る体系的な実験手法、すなわちストレンジ・シチュエーション法を開発し、子どものアタッチメントの特質がA回避型、B安定型、Cアンビバレント型の3つのうちのいずれかに振り分けられることを明らかにしている。Aタイプは養育者との分離に際し、さほど混乱を示さず、常時、相対的に養育者との間に距離を置きがちな子どもである。Bタイプは分離時に混乱を示すが、養育者との再会に際しては容易に静穏化し、ポジティブな情動をもって養育者を迎え入れることができる子どもである。Cタイプは分離に際し、激しく苦痛を示し、なおかつ再会以後も、そのネガティブな情動状態を長く引きずり、ときに養育者に強い怒りや抵抗の構えを見せるような子どもである。

　エインズワースによれば、A回避型の子どもの養育者は相対的に子どもに対して拒絶的にふるまうことが多いという。子どもの視点からすると、いくらアタッチメントのシグナルを送ってもそれを適切に受け止めてもらえることが少ない。それどころか、アタッチメントのシグナルを表出したり近接を求めて近づいたりすればするほど、養育者が離れていく傾向があるため、逆説的ではあるが、子どもはあえてアタッチメント行動を最小限に抑え込むことによって（つまり回避型の行動をとること

で）養育者との距離をある一定範囲内にとどめておこうとするのだと解釈できる。

　一方、Cアンビバレント型の子どもの養育者は、子どもに対して一貫しない接し方をしがちであるという。子ども側からすれば、いつどのような形でアタッチメント欲求を受け入れてもらえるか予測がつきにくく、結果的に子どもは養育者の所在やその動きに過剰なまでに用心深くなることがある。そして、子どもはできる限り最大限にアタッチメント・シグナルを送出し続けることで、養育者の関心を自らに引きつけておこうとするようになる。このタイプの子どもが、分離に際し激しく苦痛を表出し、かつ再会場面で養育者に怒りをもって接するのは、またいついなくなるかもわからない養育者に安心し切れず、怒りの抗議を示すことで一人置いていかれる状況を未然に防ごうとする行動と解し得る。

　それに対して、B安定型の子どもの養育者は、相対的に子どもの潜在的な欲求やシグナルに対して敏感性や応答性が高く、しかもそれが一貫しており予測しやすいのだという。子ども側からすれば、こうした養育者のはたらきかけには強い信頼感を寄せることができるということになろう。すなわち、自分が困惑していると養育者は必ずそばに来て自分を助けてくれるという見通しや確信を有し、どうすれば養育者が自分の求めに応じてくれるかを明確に理解している分、子どものアタッチメント行動は全般的に安定し、たとえ一時的に分離があっても再会時には容易に立ち直り安堵感に浸ることができるのだと考えられる。

　現今のアタッチメント研究は、これら３類型に、さらに第４の類型を付加するに至っている。それは、アタッチメントにかかわる行動が著しく一貫性を欠いているところに特徴がある。このタイプに分類される子どもは、例えば、顔をそむけた状態で親に近づこうとしたり、再会の際に親を迎えるためにしがみ付いたかと思うとすぐに床に倒れ込んだり、親の存在そのものに対して突然すくみ固まってしまったりするといった不可解な行動、換言するならば、近接と回避の間のどっちつかずの状態を顕著に示すのだという。こうした子どもは、個々の行動が全体的に秩序立っていない（disorganized）あるいは何をしようとするのかその行動の方向性が定まっていない（disoriented）という意味で、D無秩序・無方向型とよばれている。これまでのところ、日頃から虐待やネグレクトにさらされている子どもや、あるいは近親者の死など、心的外傷から十分に抜け切っていない養育者や抑うつ傾向の高い養育者の子どもに、相対的に多く見られることが明らかになっている。

＊15
精神障害の診断と統計の
手引き第5版。DSMの
正式名称はDiagnostic
and Statistical Manual
of Mental Disorders.
本双書第14巻第1部第
4章第4節6参照。

ちなみに、例えば極端に劣悪な施設環境などで成育する子どもがときに示し得る、極めて特異なアタッチメントの様相を、アタッチメント障害という観点から理解しようとする枠組みも存在している。DSM-5[15]によれば、それは、脅威事態に置かれていても慰撫を求めたり、大人からの慰撫行為に応じようとしたりすることのない反応性アタッチメント障害（RAD：Reactive Attachment Disorder）と、何らかの欲求充足を求めて無差別的に誰彼かまわず近接するが、欲求充足後の対象からの分離にはほとんど躊躇が認められない脱抑制型対人交流障害（DSED：Disinhibited Social Engagement Disorder）の2つのタイプに分けられるという。

なお、こうした幼少期のアタッチメントの個人差が、その後の人生においてどれだけ連続し得るかということであるが、これまで欧米圏を中心に行われてきた複数の長期縦断研究によれば、そこには、ある程度の変化可能性があると概括できるかもしれない。例えば、乳幼児期にストレンジ・シチュエーション法によって測定された3類型と、青年期にアダルト・アタッチメント・インタビューによって測定された3類型との間において、理論的に想定されるとおりの一致を見せたのは全体の半数弱であったという報告もある。もっとも、乳幼児期にB安定型だった個人は、A回避型やCアンビバレント型だった個人よりも、その後、相対的に高い時間的連続性を示す傾向があることが見出されている。

これに関連して、一つ付言しておくならば、青年期以降のアタッチメントの個人差は質問紙法によっても測定されることが多くなるが、少なくとも質問紙法を用いた研究からは、青年期以降、年齢の上昇とともに、アタッチメントの個人差は徐々に時間的連続性を増していく傾向があると結論できるかもしれない。

アタッチメント・スタイルの時間的連続性の評価に関しては、それがどのような方法によるものかによって少なからず知見の不一致が見られ、単純に要約することはできない。ただ総じて、乳幼児期から児童期、そして青年期にかけてはそれなりに高い変化可能性が認められるが、青年期以降、とりわけ成人になると、個々人のアタッチメント・スタイルは次第に固定性を強めていくといえそうである。

（3）アタッチメントが支える社会性の発達

養育者などとの安定したアタッチメントは、陰に陽に子どもの心身発達全般を支えるものと考え得るが、その機能は殊に社会性発達の側面に

おいて顕著であるといわれている。社会性の発達は多岐にわたるが、ここでは以下3つの視座から考えることにしたい。

　1つめは、アタッチメントが自他に対する基本的な信頼感に通じるということである。極度の恐れや不安の状態にあるときに、無条件的に、かつ一貫して、養育者などの特定の誰かから確実に守ってもらうという経験の蓄積を通して、子どもはそうしてくれる他者及びそうしてもらえる自分自身に対して、高度な信頼の感覚を獲得することが可能になるのである。子どもはアタッチメントを通して、自分あるいは他者はどのような存在であるか、もう少し具体的にいえば、他者は近くにいて自分のことを受け入れ守ってくれる存在なのか、翻って、自分は困ったときに求めれば助けてもらえる存在なのか、愛してもらえる存在なのかといったことに関する主観的な確信を形成するに至るのだと考えられる。学術的には、こうした自他に対する主観的な確信を内的作業モデルという言葉でよぶのだが、アタッチメント理論に従えば、子どもは、この内的作業モデルを徐々に、人間関係全般の一種の鋳型として、養育者以外とのさまざまな関係にも適用するようになるのだという。

　2つめは、アタッチメントが先にもふれたように自律性の発達に深く関与するということである。アタッチメントは元来くっつくという意味であるが、その意味からするとアタッチメントは依存性というものと近しい意味のように思われるかもしれない。しかし、アタッチメントは、依存性ではなく、むしろ自律性を育むものであると考えられている。実のところ、それはすでに述べた自他信頼の感覚に密接に関係しているのであるが、子どもは何かあったらあそこに行けば絶対に保護してもらえる、慰撫してもらえるはずという高度な見通しをもてるようになる分、すなわち本当の危急時以外のときは不安から解放されている分、外界に積極的に出て自律的に探索活動を起こすことが可能になるのである。

　3つめは、アタッチメントが共感性や心の理解能力の発達に寄与するということである。近年、とみに注目されるようになってきていることに、子どもが恐れや不安などの情動をもって近接してきたときに、養育者はその崩れた情動をただ立て直すだけではなく、多くの場合、自分自身が一種の社会的な鏡となり、子どもの心の状態に共感し、それを映し出す役割を果たしているということがある。例えば、子どもが何かに痛がっているようなときに、養育者にはそれが自身の痛みのように感じられ、つい痛みの表情を自らの表情に浮かべてしまうということがごく普通にあるはずである。また、そこで、多くの場合、養育者は「痛かった

ね」と言った上で、その後「痛いの痛いの飛んでいけ」というような発話をしながら子どもの崩れた情動の回復を図ろうとするであろう。こうした養育者における、子どもの心の状態を共感的に映し出し、またその状態に合致した発話を向けるようなはたらきかけの下で、子どもは徐々に自身の心に何が生じているかを理解し、さらにそうした理解を他者の心の状態にも適用し得るようになり、その中で豊かな共感性や思いやりの力を身に付けていくと考えられるのである。

（4）道徳性の発達

むろん、道徳性も社会性の一側面と考えられるものであるが、古典的な理論の中では、それはどちらかというと認知能力、殊に論理的思考能力の発達との関連で議論されてきたといえる。その代表的な論者であるコールバーグ（Kohlberg, L.）は、ピアジェの発生的認識論に依拠しながら、子どもの道徳的判断能力が、非論理的なものから論理的なものへ、3水準、6段階を経て、徐々に高次化していくと仮定した。

それによれば、発達早期における子どもの善悪の判断は、前慣習的（慣習に従わない）水準にあるとされる。そして、この水準はさらに2段階、すなわち①罰と服従への志向（褒められることは善、罰せられることは悪）、②道具主義的相対主義への志向（自分あるいは自他両方の利益にかなうことは善）に分けられる。その後、子どもの認知発達が進むと慣習的（外的に規定されたものとしてある慣習に従った）水準に移行するとされる。そして、この水準も2段階、すなわち③「よい子」（対人的同調）への志向（集団や他者の期待にかなっていることは善）、④法と社会的秩序への志向（法や社会的規則にそっていることは善）に分けられる。その後、さらに認知発達が進行すると、後慣習的（外的慣習を超え、自身の中に形成されたものとしてある合理的な内的基準に従った）水準に至るとされる。そして、この水準もまた2段階、すなわち⑤社会契約遵法への志向（多くの人が合意し、自他双方が納得できる基準にそって行動できていれば善）、⑥普遍的な倫理への志向（人間としての普遍的な良心に従っているならば善）に分けられる。

コールバーグ及びそれを引き継いだ多くの研究者は、さまざまなジレンマ課題を用いて、どのような社会・文化の中で生活していようと、子どもが、乳幼児期から青年期に至るまでに①から⑥の段階を順に経て、道徳的判断の力を高めていくことを検証しようとしたことが知られている。しかし、実証的なデータが蓄積されるにつれて、この仮定された発

達過程に従わないケースが、かなり多く存在することが明らかになり、現在では、この仮定そのものに批判的な声が強まってきているようである。また、コールバーグは道徳性の中核に正義を据えたわけであるが、そもそもそこには配慮や責任が据えられるべきだという見方も出てきている。

　さらには、道徳性を認知能力との関連で見るのではなく、直感や感情の視点から見る考え方が徐々に広まりつつある。例えば、ハイト（Haidt, J.）などのように、私たち生物種としてのヒトが（社会・文化によってどの次元を特に重んじるかには差異があるものの）、公正／欺瞞、ケア／危害、忠誠／背信、権威／転覆、神聖（純潔）／堕落、自由／束縛といった6つの次元にそって、道徳的直感をはたらかせる生得的な基盤を有していることを主張する向きもある。そして、一部の実験研究では、現に、乳児期の非常に早い段階からすでに子どもが、困窮する他者を自ら助けようとし、また誰かを助けようとする者を好み、逆に意地悪しようとする者を嫌い、さらに公平・公正を当たり前のものと感じ、逆にそれに従わないことを忌むような傾向などを示すことを明らかにしてきている。

　少なくとも、直感あるいは感情レベルでは、私たちヒトは多くの場合、デフォルトとして善なる心や仁なる心を有しているといえそうである。もっとも、これは先のアタッチメントのテーマに戻ることにもなるが、子どもがいかに初期値として、そうしたポジティブな心の傾向を有していても、虐待やネグレクトといった不適切な養育にさらされ、歪んだアタッチメントしか経験できない場合には、その発達は阻害され、むしろ代わりに悪しき心や邪な心が立ち上がり、優勢化してしまうようなこともあるようである。

参考文献

- J. ピアジェ、中垣　啓 訳『ピアジェに学ぶ認知発達の科学』北大路書房、2007年
- Pinker, S.（1995）*The Language Instinct,* Perennial.（S. ピンカー、椋田直子 訳『言語を生みだす本能』上下巻、NHK出版、1995年）
- Tomasello, M.（1999）*The cultural origins of human cognition,* Harvard University Press.（M. トマセロ、大堀壽夫・中澤恒子・西村義樹・本多　啓 訳『心とことばの起源を探る－文化と認知』勁草書房、2006年）
- Thomas, A., Chess, S.（1977）*Temperament and development,* Brunner/Mazel.
- S. チェス・A. トマス、林　雅次 監訳『子供の気質と心理的発達』星和書店、1981年
- 遠藤利彦『赤ちゃんの発達とアタッチメント－乳児保育で大切にしたいこと』ひとなる書房、2017年
- 遠藤利彦 編著『入門 アタッチメント理論－臨床・実践への架け橋』日本評論社、2021年
- 遠藤利彦 監修『アタッチメントがわかる本「愛着」が心の力を育む』講談社、2022年
- 数井みゆき・遠藤利彦 編著『アタッチメントと臨床領域』ミネルヴァ書房、2007年
- J. ハイト、高橋　洋 訳『社会はなぜ左と右にわかれるのか－対立を超えるための道徳心理学』紀伊國屋書店、2014年
- P. ブルーム、竹田　円 訳『ジャスト・ベイビー：赤ちゃんが教えてくれる善悪の起源』NTT出版、2015年
- L. コールバーグ・A. ヒューアー・C. レバイン、片瀬一男・高橋征仁 訳『道徳性の発達段階－コールバーグ理論をめぐる論争への回答』新曜社、1992年

第3節　生涯発達と発達課題

1 生涯発達の視点

（1）生涯発達とは

　かつて「発達」とは、身長や体重などの量的増大や新しい能力の獲得などを意味するものととらえられてきた。したがって、発達するのは子どものみであり、子どもが大人になった時点で、その発達は終わるということになる。つまり、発達とは、「人が生まれてから大人になるまで」の約20年程度の期間の現象とされてきた。そのため、発達心理学の対象も青年期までとなっていた。

　これに対して、バルテスは、生涯発達心理学（Life-span developmental psychology）を、「人の受胎から死までのライフコース全体を通した行動における不変性と変化についての研究を含むもの」とした。[1]このバルテスの定義は「人は生涯を通して発達するものである」ということを前提とするものであり、生涯発達という視点の先駆けとなった。

　バルテスの生涯発達をとらえる重要な視点の一つとして「獲得または喪失としての発達（development as gain/loss）」がある。[1]バルテスによれば、発達の過程は、身体の成長など、より高度な能力の獲得に向かうだけの単一のものではない。むしろ、生涯を通して獲得（成長）と喪失（減退）が常に結び付いたものである。この二つの比率は環境への適応能力となるが、加齢に伴い、獲得よりも喪失のほうが大きくなっていく。この獲得と喪失とのダイナミクスによって生涯発達は進んでいくのである。

　このような生涯発達の視点をもつこと、つまり、その人の獲得するものだけではなく、その人が喪失していくものにも着目し、かつ、その両者を合わせた総体としてその人をとらえるという態度は、人の一生涯を通した支援を考える上でも重要なものの一つであろう。

（2）生涯発達の区分

　生涯発達において、各期間をどのように区分するかは諸説あるが、一般的には、出生前期（胎児期）、乳児期、幼児期、児童期、青年期、成人期、壮年期、老年期と区分することができる。青年期については、第二次性徴の発現など生物学的側面の影響が色濃くなるいわゆる思春期の

年代も含まれるが、あえて区別して論じることもある。

　これまで、発達に関する研究の大部分は、乳児期や幼児期から青年期までを対象としたものであったが、近年では、老化を対象とした老年学（gerontology）の研究が増えつつある。[2] 高齢化が進む現在、生涯発達を考える上でも、老年期を検討することの重要性が高まっているといえるだろう。また、近年では、アーネット（Arnett, J. J.）が、青年期と成人期の間に「成人形成期（emerging adulthood）」という新たな期間の設定を提唱している。[3] その妥当性についてはまだ検討が必要な状況であるが、現代のこの年代を理解する上ではおおいに参考となる。

（3）発達に関する論争

　発達心理学ではいくつかの点で論争が繰り返されてきた（**表3－1**）。一般的には、これらの論争のいずれにおいても「どちらかが正しい」あるいは「完全にどちらかである」ということではないことは認識されている。しかし、これらの論点を理解しておくことは生涯発達の視点を深めるためにも大切である。

〈表3－1〉 発達に関する論争

争点	概要
遺伝か環境か	発達は、生まれもった遺伝などによって決まるのか、それとも、生まれた後の環境や育てられ方などによって決まるのか。この論争は「nature-nurture debate」ともよばれている。
連続か不連続か	発達は、少しずつなだらかに進むのか（連続性）、それとも、突発的に起こるものなのか（不連続性）。フロイトやピアジェの段階説は不連続性の観点によるものである。
類似か唯一か	人々は、表面的な違いにもかかわらず本質的には類似しているとみなすのか、それとも、それぞれ唯一無二の存在であるとみなすのか。すべての人に適用できる原理を求めるのは前者を前提とするためである。
安定か不安定か	行動、特性、パーソナリティをどの程度まで安定または不安定とみなすのか。フロイトの精神分析理論のように幼少期の経験で大部分が決まってしまうとするのか、それとも、エリクソンのように生涯を通して人は発達し続けるとするのか。
能動的か受動的か	人はどれだけ能動的なのか、あるいは受動的なのか。個人の発達が、主にその個人の力の及ぶ範囲を超えたところからの強い力によって形成されるものであるとする場合、個人は本質的に受動的で反応するだけの存在となる。
思考か感情か	発達の側面として思考に着目するのか、あるいは感情に着目するのか。ピアジェは思考に着目し、フロイトやエリクソンは情動や情緒に焦点を当てて発達を論じた。

（出典）Slee, P. T., Campbell, M., Spears, B. A.（2012）*Child, Adolescent and Family Development 3rd ed.*, New York, Cambridge University Press, pp. 34-38をもとに筆者作成

2 生涯発達と発達課題
〜乳児期から成人期まで

（1）発達段階と発達課題

ハヴィガースト（Havighurst, R. J.）は生涯を6つの発達段階に分け、それぞれの段階には学ぶべき「発達課題（developmental task）」があるとしている。例えば、成人期（early adulthood）の発達課題には「配偶者の選択」などがあげられている[4]。その発達課題とは、人が適応しようとする社会から求められるものであり、それをしっかりと学んだ者は満足と報酬が得られ、不幸や社会からの非難を受けることはないという。各発達課題にはそれぞれ学びに適した時期と順番があり、多くの人はそれに応じて学んでいる。しかし、特定の発達課題について、その適切な時期に学ぶことができないと、その後に学ぶことは困難になるとされている。

青年期のアイデンティティを論じたことで有名な**エリクソン**も段階説の提唱者の一人である。エリクソンは生涯を8つの発達段階に区分し、その中でそれぞれ焦点化されるテーマがあるとしている[5]。例えば、青年期には「アイデンティティ確立 対 アイデンティティ拡散」がテーマになる。一般的に「発達課題」といえば、それは「達成されるべきもの」という位置付けになる。しかし、エリクソンは、発達課題（テーマ）をポジティブなものとネガティブなものの対提示の形で表現し、各発達段階において、ポジティブなものがネガティブなものを上回る比率になることが大切であるとしている。

そして、その比率が「どちらに傾くのか」という状況を「危機（crisis）」と表現したのである。ポジティブなものがネガティブなものを上回る比率でこの危機を乗り切ることができれば、その結果として「基本的強さ（basic strength）」が得られるとしている。例えば青年期において得られる基本的強さは「忠誠（fidelity）」である。

冒頭で述べたように、青年期のアイデンティティで有名なエリクソンであるが、成人期における「世代性（generativity）」の概念や、高齢化社会に応じて第9の段階[*16]を提唱するなど[6]、青年期にとどまらず生涯発達全般において多くの示唆を残している。

*16
第9の段階について活字として具体的に公表したのは、エリクソンの妻ジョウンである。

（2）乳児期から青年期までの発達課題

エリクソンは、漸成原理（epigenetic principle）に基づいて人の生涯

発達について論じている。漸成とはepigenesisの訳語であるが、epiは「上に」や「後に」を意味し、genesisは「発生」を意味する。そのためepigenesisは「後成」と訳されることもある。このepigenesisという概念はもともとは発生学の分野で用いられているものであるが、エリクソンはそれを生涯発達を見る視点に活用しており、具体的には以下のように説明されている。[7]

　・成長するすべてのものはその基本計画（ground plan）をもっている
　・各部分はこの基本計画から生じる
　・各部分にはそれぞれが特別に優勢となる時期がある
　・各部分はやがてそれらすべてが機能する全体を形成するようになる

　この考えに基づけば、各発達課題はそれぞれを切り取って単一のものとして理解することは不適切ということになる。各発達課題は、あくまでその時期に優位となり焦点化されるということであり（だからこそエリクソンの場合は発達課題というよりはテーマとよぶほうが適切である）、それに関連するものは、その前から存在し、その後でも存在し続けるということである。また、それらは単独で機能するために存在するのではなく、最終的に全体として機能するために発達していくのである。各段階の発達課題に取り組む人の支援を考えるとき、エリクソンのこのような視点をもっておくことは大切なことである。

　以下に、この漸成原理に基づいたエリクソンの乳児期から青年期までの発達課題（テーマ）について述べる。

❶乳児期

　乳児期の発達課題は、「基本的信頼 対 不信」という危機を乗り越えることである。エリクソンによれば、人生初の「信頼（trust）」の経験とは、この時期に経験するであろう授乳時や睡眠時あるいは身体の調子の快適さから得られるものとされている。いうまでもなくそのためには養育者の適切なかかわりが必要となる。この時期の子どもは、その経験を通して「人を信頼する」ということを学んでいくのである。また、この信頼の対象は他者に限ったものではない。それは自分自身、あるいは、自分の身体に対する信頼でもある。この信頼は、自分は大切にされるに値する存在であるという感覚でもある。その意味でも、やはりこの時期の養育者のかかわりは極めて大切なものなのである。

　また、「基本的（basic)」とは、ふだんは意識されることはないが、何らかの困難を迎えたとき、あるいは、成人になってそれが欠けている

ときに、はっきりとその輪郭が見えてくることを意味している。例えていうならばこれは家の「基礎」と同じである。通常、家の基礎の部分が注目されることはない。注目されるのはその上にある壁、窓、屋根などである。しかし、それらすべてを支えているのはこの基礎の部分である。この基礎がしっかりとしていれば、その上の部分も安定する。逆に、この基礎に見合わない過剰なものが次々と載せられていけば、その家は不安定なものとなってしまう。また、災害などで家が崩壊したときに最後に残っているのはこの基礎の部分である。それだけ、基礎は重要なものなのである。同様に、人の生涯発達においては「基本的信頼」の獲得が極めて重要であり、この信頼の感覚をまさに「基礎」として、その後の発達課題に取り組んでいくことになる。

　この時期の危機を適切な形で乗り越えることができれば、「希望（hope）」という基本的強さが生じる。この希望とは「人生の始まりを覆っている暗い衝動や強い怒りにもかかわらず、求める願いは得られるのだという変わらない信念」のことである[8]。まさにこれから人生が始まり、さまざまな困難を経験しながらも生き抜いていくことが求められる乳児期の子どもにとって、この強さは必要不可欠なものであろう。

❷早期幼児期

　早期幼児期の発達課題は、「自律性 対 恥・疑惑」という危機を乗り越えることである。この時期は、筋肉の発達によりさまざまな行動が可能となってくる。子どもは自分の身体を自分の意志でさまざまに動かすようになっていく。すなわち、子どもは自分の意志で自分の身体をコントロールし始めるのである。その成功体験が蓄積されれば、自尊心が生まれ、やがてそれが自律性につながっていく。一方、その自己コントロール感が失われたり、養育者など外部からのコントロールが強過ぎれば、恥や疑惑の感覚が生じてしまう。

　エリクソンによれば、恥の感覚とは、人前にさらされて自分が見られている感覚のことである。早期乳児期がトイレットトレーニングをはじめとするさまざまなしつけが開始される時期であることをふまえると、この恥の概念はとても重要である。なぜなら、この恥の感覚がしつけに利用されることが多いからである。「そんなこともできなければ恥をかくぞ（だから、ちゃんとやりなさい）」というかかわりはまさにその典型である。しかし、恥の感覚の強調によるしつけでは、しつけ本来の目的は達成されない。過度の恥の感覚は「見られていなければ（悪いことを）

やってしまおう」という気持ちを子どもに生じさせるだけである。また、自分を自分でコントロールする感覚がうまくつかめず、その失敗ばかりが注目されてしまうような状況では、やがて子どもには自分に対する無力感とともに自分に対する疑惑の念が浮かんできてしまうだろう。

この時期の危機を適切な形で乗り越えることができれば、「意志（will）」という基本的強さが生じる。この意志とは「恥や疑いの経験を避けられないとしても、自己抑制をしながら、自由な選択を維持していく決意」のことである[9]。

❸幼児期

幼児期の発達課題は、「主体性 対 罪悪感」という危機を乗り越えることである。この時期は、子どもは、自分で自由にコントロールできるようになった身体を駆使して、外界のさまざまな対象に対してさまざまなはたらきかけをするようになっていく。つまり、自由にコントロールできるようになった身体を用いて、主体的な存在として周囲にかかわりをもち始めるようになるのである。自分が養育者とは異なる一人の人間であるという確信が、自分の将来に思いをはせることも可能にしていく。大人も含めて周囲の者と自分を比較したりするようにもなる。

「主体性（initiative）」は「自主性」と訳されることも多い。しかし、エリクソンの意図するところは、例えば、他人が嫌がることや本当は自分でもやりたくないことを「自ら進んで行う」というようなことではない。本質的には、環境に対して積極的にはたらきかけたい、かかわりたい、操作したいという子ども自身の内面に生じる欲求を意味するものである。自由に操れるようになった自分の身体を用いて、次は周囲の環境に対する操作可能性への欲求をもつようになるのである。

この主体性の感覚に伴うさまざまな欲求や空想が過剰になってしまうと、子どもには罪悪感が生じてしまう。また、そのような欲求や空想が周囲の大人によって適切に扱われなければ、子どもは自己抑制してしまう。主体性の意味を「自ら進んで行う」という意味であると理解すれば、それは養育者にとっては育てやすい（都合のよい）子ども像なのかもしれない。しかし、この段階で子どもがチャレンジしていることは、それとは本質的に異なるのである。

この時期の危機を適切な形で乗り越えることができれば、「目的（purpose）」という基本的強さが生じる。目的とは、さまざまな厳しい状況においても、制止されることなく、価値ある目標を心に描き追求す

る勇気である。[10)] 自分の将来を思い描き、それに向かってがんばっていこうとする思いの種が、ここで子どものこころにまかれるのである。

❹学童期

　学童期の発達課題は、「勤勉性 対 劣等感」という危機を乗り越えることである。この時期になると、子どもは何らかの組織的な教育を受けるようになる。これは、国や地域、文化を問わず共通する流れである。その中で、子どもの視点は家族の内部から外部に広がっていく。単なる遊びよりも、スキルの獲得や課題の達成に専念するようになっていく。そして、それによって承認を得ることを学んでいく。周囲や環境へ主体的にはたらきかけるようになった子どもは、いまや、単なる遊びそのものよりもさまざまな道具を駆使して何かをつくり出すことに喜びを感じるようになりつつある。しっかりと注意を払い忍耐強く努力を続けることによって、作業を達成させる喜びを学んでいく。この姿勢が勤勉性である。この時期の子どもにとって、何かをつくり出すためのスキルや道具を使いこなす能力があるということの意義は大きく、もし、そのようなスキルや能力が自分には乏しいと感じてしまった場合、その子どもには劣等感が生じてしまう。

　学童期は、文字どおり子どもが学校で学ぶ時期でもあるため、この「勤勉性」という言葉は「真面目にこつこつと努力（勉強）を続けること」とイメージされることが多いかもしれない。確かに勤勉性にはそのような「地道に取り組む」という意味も含まれるだろう。しかし、エリクソンのいうこの「勤勉性」には、もっとシビアな側面が含まれている。この時期の子どもが、スキルの獲得や課題の達成に専念し、また、そのためにさまざまな道具の活用にチャレンジする背景には、子どもなりの将来への展望が強く影響している。つまり、「将来、自分はどのような労働者となり得るだろうか」という子どもなりのシビアな自己評価がこの時点ですでに始まっているのである。そもそもこの「勤勉性」はindustryの訳語であり、直訳すれば「産業」という意味でもある。学童期の発達課題は、決して学校の中での適応や成績の良し悪しにとどまるものではなく、子どもにとってはその将来にまでつながっていることなのである。したがって、この段階で生じた劣等感は、そのまま子ども自身の将来の自己像にまで影響してしまうかもしれない。

　この時期の危機を適切な形で乗り越えることができれば、「適格性（competence）」という基本的強さが生じる。子どもは、将来、一人の

労働者となり得る存在として、自分が「適格か否か」という自己評価を行う時期にあるのであり、周囲の大人はそのことを忘れてはならないだろう。

❺青年期

　青年期の発達課題は「アイデンティティ確立 対 アイデンティティ拡散」という危機を乗り越えることである。エリクソンは児童期の後にこの青年期という段階を設定しているが、実際にはその中には思春期が含まれる年代でもある。思春期は第二次性徴の発現による急激な身体的変化が特徴的であり生物学的側面が大きく影響する時期である。一方、その後に続くいわゆる青年期は、これから述べるアイデンティティ確立をはじめとする心理社会的側面によって特徴付けられる年代といえる。

　エリクソンのいうアイデンティティ（自我同一性）とは、「斉一性
_{せいいつ}
（sameness）」と「一貫性^{*17}（consistency）」という2つの側面から構成されるものである。斉一性の感覚とは「現実場面においてはさまざまな自分がありつつも、内的には同一の自分があり、それはほかでもなく自分自身である」というものである。心理社会的な関係（対人関係）に参加するなかで「ただ他者の特徴の中に自分が埋没してしまわない何ものかを自分の中にもち、またそれを経験的に確信している」という感覚である。[11] また、一貫性の感覚とは「自己はこれまでいかにして自分となってきたのか」というものであり、幼児期から重要な人々とどのようなかかわりのうちに成長してきたのかを、自分なりに納得のいく形でわかっているという感覚である。[12] そして、アイデンティティ確立とは、この斉一性と一貫性について自分の認識と他者からの承認が一致したときの状態をいう。一般的にアイデンティティといえば「自分は何者であるか」という意味とほぼ同義とされ、斉一性の側面のみが言及されるが、エリクソンのいうアイデンティティにおいては、一貫性という時間的、歴史的な軸も重要なのである。また、アイデンティティ確立は、その青年の自己認識だけでは成立せず、そこには必ず「承認する他者」が必要なのである。青年期のアイデンティティ確立といえば、青年の極めて個人的な内的作業のように思われることが多いが、決してそうではなく、そこにはその青年の取り組みに呼応する他者（大人）が必要なのである。**モラトリアム**^{*18}にさまざまな役割実験を行い、その中でさまざまな人と出会い、承認を得ながらアイデンティティは確立していくのである。

　このアイデンティティ確立という課題への取り組みは、いわゆる青年

期のみで行われるものではなく、その前の思春期にも行われている。た
だし、思春期には自我が未成熟なため一人ひとりのアイデンティティと
いうよりはグループとしてのアイデンティティ固めに取り組む。この時
期特有の仲間意識の高まりや、その裏返しでもある異質性の排除（極端
な場合はいじめにつながることもある）は、グループとしてのアイデン
ティティ固めによって生じている部分もあると考えられる。その後、い
わゆる青年期に入り、自我もある程度発達してくれば、グループで群れ
ることなく各自のアイデンティティ確立という課題に取り組めるように
なる。仲間関係も、互いに異質な部分を受け入れ、あるいは、むしろそ
の異質性に魅力を感じてつながるようなピア関係に移行していく。

　アイデンティティをうまく確立できないと、青年はアイデンティティ
拡散の状態に陥ってしまう。対人関係または自分の歴史の中で自分自身
を定位することができない状態である。

　この時期の危機を適切な形で乗り越えることができれば、「忠誠」という
基本的強さが生じる。忠誠とは、さまざまな矛盾があったとしても、自
分で自由選択したものに対して尽くす心をもち続ける能力のことであ
る。[13]「誰かに導いてもらいたいという欲求を、親的人物から賢明な助言
者や指導者に向け替えたもの[14]」でもある。青年のその思いに応える器を
もった大人の存在が極めて重要といえるだろう。

（3）成人期（成人前期）の発達課題

　この段階は青年期の次に続く段階であり、エリクソンの漸成原理に基
づく発達観によれば、その課題は「親密性 対 孤立」という危機を乗り
越えることである。もちろん青年期においても、恋愛を通して他者との
親密な関係に取り組むことがある。しかし、エリクソンによれば、それ
はあくまで自身のアイデンティティを確立させるためのプロセスの一部
でしかない。この段階の課題となる親密性はもっと本質的なものであ
る。この段階では、自分を失ってしまったり、自他の境界が不明瞭に
なってしまうというような不安や恐れを感じることなく、相手との関係
をより近いものにしていくことが可能となっていく。これはもちろん一
人の人間としてそのアイデンティティが確立されたからこそなし得るこ
とである。これが不調に終われば孤立してしまうことになる。

　青年期に続くこの段階は、近年では「成人形成期（emerging
adulthood）」ともよばれることがある。その提唱者であるアーネット
は、近年のさまざまな社会的状況から青年期でも成人期でもない新たな

〈表3-2〉成人形成期の5つの特徴

特徴	概要
アイデンティティ探索 (Identity explorations)	「自分は誰か？」という問いに対する答えを求め、人生のさまざまな選択肢を試そうとする。恋愛と仕事については特にそうである。
不安定 (Instability)	恋愛、仕事、居住地が変化しやすい。
自己焦点化 (Self-focus)	他人に対する義務や、親や教師からの拘束が少なくなり、自分に焦点を当てられるようになる。
間の感覚 (Feeling in-between)	青年でもないし、大人でもない、その間にいる感覚をもっている。
可能性／楽観主義 (Possibilities/optimism)	希望が膨らみ、人生を変える機会にかつてないほどに恵まれるときである。

（出典）Arnett, J. J. (2014) *Emerging Adulthood: The Winding Road from The Late Teens through The Twenties 2nd ed*, New York, Oxford University Press, p. 9をもとに筆者作成

段階の設定が必要だとしている。[15] アーネットによれば、この成人形成期の特徴は5つ（**表3-2**）にまとめられる。先に述べたように、この段階の設定についてはまだ異論があるが、現代社会におけるこの年代の発達課題を考える上ではおおいに参考になるものである。

3 生涯発達と発達課題 ～壮年期から老年期

（1）壮年期・老年期の発達課題

❶壮年期（成人後期）

　壮年期は第7段階に位置付けられ、「世代継承性」が課題となる。世代継承性とは次の世代を育成していく課題である。すでに熟練の域に到達したさまざまな技能を若い世代に教え伝えていくという課題である。この課題は、自ら受け継いだものを次世代に受け継いでもらうという達成感と心の深い部分での安心感をもたらすものである。壮年期の危機とは「停滞」であると示されている。壮年期の不安感や抑うつ感などの心理的な問題はここから生じると仮定されている。

❷老年期

　老年期は第8段階であり、「統合性」が課題となる。統合性は、自分の人生を受容し死に対しても安心した態度で臨むことをいう。老年期の心の危機である「絶望」とは、自分の人生に対する後悔の念や否定的な思いが心の大部分を占めることによって抑うつ的になることをさす。これはいわゆる老衰前の老年期をさし示す段階である。第9段階では「老

年的超越」という、老衰に向き合い心の平穏に達した境地がある。人間の知識や経験を超えた心の状態である。誠実に年を重ねて自分のあり方についてゆっくりと考える機会に恵まれこの境地に至る。前進したいという気持ちと諦念の迷いとの緊張感に満ちた葛藤の中でなされていくものである。

　心理社会的発達課題は、成人期以降の人格の成熟にかかわる重要な側面を含む。この観点を理解することによって支援の焦点を見出すことができるかもしれない。

（2）老年期の適応に関する理論
❶活動理論・離脱理論・持続理論

　最適な加齢とは何かという問いがあるとする。ハヴィガーストらは、心理的加齢に関する大規模研究によって、最適な加齢のあり方として活動理論や離脱理論という言葉を示した。

　活動理論とは、文字どおり活動を維持することが大切であるという考え方である。社会の側が高齢者から離れていくことによって、社会的相互作用の減少が高齢者の意に反して進行していくことがあるとする。活動理論における質のよい加齢とは、社会的な関係性の縮小を抑えようとすることである。可能な限り中年期と同様の活動を継続し、引退後も引退前と同様の活動を維持することが重要だとする考え方である。

　離脱理論は活動理論とは反対の考え方である。社会的相互作用の減少は社会の側から生じるのみではなく、高齢者本人からも生じる自然なものであるという説明が離脱に対してなされている。離脱した（disengaged）高齢者は、自分を取り巻く社会の縮小に対して無理をせず、うまく手放すという姿勢がある。心理的によりよく生きようとする意識をもち、高い幸福感を得ようという姿勢でもある。引退後には社会とのかかわりに距離を置くことでかえって個人の幸福感を高めるということである。

　持続理論では、別の観点から適応について仮定している。老年期には、社会環境や身体の衰えに振り回されている人ばかりではなく、各自の必要性や要求にそって自発的に環境を選択することができるという考え方である。すなわち老年期への適応度はパーソナリティと行動が重要な要因となる。

第3章

❷選択最適化補償理論（The Meta-Model of Selection, Optimization & Compensation：SOC理論）

　SOC理論とは、バルテスによって提唱された適応的発達の理論である。この理論では、適応的な発達とは、認知的機能や感情制御などの多様な人間の機能において、人生を過ごす上で重要な機能の損失をできるだけ少なくし、成長や維持を促進するような機能の獲得を最大限にすることを同時に行うことと説明されている。

　加齢によって心身の資源が衰えてくるなか、できるだけ効率的な生活管理を行う必要性が出てくるとする。例えば、認知的機能の衰えによる不自由さをできるだけ最小限にするために、生活環境のさまざまな側面を暮らしやすいように工夫する。一方で、認知的機能をできるだけ活性化させるために、読書をしたり、語学を学習したりするなどの行動調整は、この理論においての適応的な発達だと考えられている。

　さらに、バルテスは、この理論の中で個人の適応的な発達の資源として、選択、最適化、補償をあげている。視力の衰えのある人が自分に合った読書を楽しみたいという欲求があるとする。その場合には、①文字の大きく負担の少ない本を選ぶ（選択）、②少しずつ読む（最適化）、③拡大鏡やタブレットなど文字の拡大機能や音読による補助を用いる（補償）などが考えられる。

　SOC理論は、生活に制限のある老年期の適応的な暮らし向きを考えるために、視野を広げより個人に合わせた生活を調整するための基本的な枠組みとしていかすことができるだろう。

引用文献

1）Baltes, P. B.（1987）'Theoretical Propositions of Life-span Developmental Psychology: On the Dynamics between Growth and Decline', *Developmental Psychology*, Vol. 23, No. 5, p. 616.

2）White, F. A., Hayes & B. K., Livesey, D. J.（2013）*Developmental Psychology: From Infancy to Adulthood*（3rd ed.）, Australia, Pearson, pp. 4-5.

3）Arnett, J. J.（2000）'Emerging Adulthood: A Theory of Development from the Late Teens through the Twenties', *American Psychologist*, Vol. 55, No. 5, p. 469.

4）Havighurst, R. J.（1953）*Human Development and Education*, New York, Longmans, Green, p. 259.

5）Erikson, E. H.（1963）*Childhood and Society 2nd ed.*, New York, W. W. Norton.（仁科弥生 訳『幼児期と社会1』みすず書房、1977年、317〜354頁）

6）Erikson, E. H., Erikson, J. M.（1997）*The Life Cycle Completed: A Review*（expanded ed.）, New York, W. W. Norton.（村瀬孝雄・近藤邦夫 訳『ライフサイクル、その完結〔増補版〕』みすず書房、2001年、149〜165頁）

7）Erikson, E. H.（1980）*Identity and the Life Cycle*, New York, W. W. Norton.（西平直・中島由恵 訳『アイデンティティとライフサイクル』誠信書房、2011年、47頁）

8）Erikson, E. H.（1964）*Insight and Responsibility: Lectures on the Ethical Implications of Psychoanalytical Insight*, New York, W. W. Norton.（鑪幹八郎 訳『洞察と責任－精神分析の臨床と倫理』（改訳版）誠信書房、2016年、115頁）

9）Erikson, E. H.（1964）前掲書、117頁

10）Erikson, E. H.（1964）前掲書、120頁

11）鑪幹八郎『鑪幹八郎著作集Ⅰ　アイデンティティとライフサイクル論』ナカニシヤ出版、2002年、63頁

12）鑪幹八郎、前掲書、63〜64頁

13）Erikson, E. H.（1964）、前掲書、123頁

14）Erikson, E. H. & Erikson, J. M. 前掲書、98頁

15）Arnett, J. J.（2014）*Emerging Adulthood: The Winding Road from The Late Teens through The Twenties 2nd ed.*, New York, Oxford University Press, p. 9.

参考文献

● E. H. エリクソン・J. M. エリクソン、村瀬孝雄・近藤邦夫 訳『ライフサイクル、その完結〔増補版〕』みすず書房、2001年

● R. C. アシュレイ、臼井恒夫 訳「活動理論」G. L. マドックス 編、エイジング大事典刊行委員会 監訳『エイジング大事典』早稲田大学出版部、1997年、65〜66頁

● M. リーディガー・S. リ、U. リンデンベルガー、長嶋紀一 訳「適応的な資源分配の発達的メカニズムとしての選択・最適化・補償：これまでの知見と今後の展望」J. E. ビリン・K. W. シャイエ 編、藤田綾子・山本浩市 監訳『エイジング心理学ハンドブック』北大路書房、2008年、205〜208頁

● Baltes, P. B.（1997）'On the incomplete architecture of human ontogeny: Selection, optimization, and compensation as foundation of developmental theory', *American Psychologist*, Vol. 52, pp. 366-380

COLUMN
●人間発達の変容：現代の状況
〈幼児画に見る発達〉

　保育カウンセラーとして幼稚園や保育所に身を置いていると、保育室や廊下に展示してある絵に惹きつけられることがある。どの絵もじょうずへたを超えた魅力に満ちている。幼児画の発達には順序があり、子どもの心身が発達していく様子とつながっていることがよくわかる。

　子どもの発達を理解する一助として、幼児画の世界にふれてみたいと思う。

（1）なぐり描き

　1～2歳のころに始まるなぐり描きの時期は、絵を描くというより、からだの発達に伴う手の動きとしての描画行為である。

　クレヨンやペンを握って紙に打ちつけると、その手応えとともにトントンと音がして、紙の上に点が現れたり穴があいたりすることに興味を示す。やがて、腕を横に揺らすことができるようになると、紙に弧線が現れる。自分でお絵かき帳をめくって次々と弧線を描いて腕の動きを楽しむ。さらに、腕をグルグルと回せるようになると、その回す感覚や渦巻き状の描線の広がりを楽しむ姿へと発達していく。熱心な描きぶりである。

　思う存分に描き切る身体感覚こそが幼児画の土台である。

（2）円の獲得

　3歳のころになると、丸くグルリと描いた手で始点へつなげようとする姿が見られ始める。少し離れた終点から始点につなげた苦心の跡がクネクネになろうとも、何としても円を閉じたくなる時期がくる。始点へとつなげて円を閉じることで、1枚の紙の上を円で区切ってみせる。

　この現象は、まさに、自我の発達の区切りと対応しているようである。円は一つの「安定」を表現した形といえる。母親と一緒にいて安定が得られた

幼児が、母親から少し離れていても安定していられる自分自身のようである。

　円を手に入れた幼児は、いくつもいくつも飽きずに円を描いていく。やがて、自分とかかわりのあるあらゆるものを円で表現する。ママもパパもお友だちもネコも自動車も円でことたりるとは、何と重宝なことか。思い付いたものすべてが、姿かたちや大小にかかわらず円に託して描かれる。大人には不明でも、子どもの世界では一つひとつが意味をもった円である。

（3）顔

　ある日にふと、獲得した円の中に小さな丸が2つ描かれる。

　人の顔に見える初めての絵に、親ならば驚喜する。当の子どもはこれを機に、大小の円だけでママと自分を何枚も何枚も描いていく。

　頼めば、パパやほかの家族も描いてくれる。やがて、その顔に1本の線で口を描く。描いている手には迷いがない。そのうちに、髪も描かれる。ともかく、熱心に顔を描き続ける。

　大人にはまねができない味わいのある表情も現れてくる。

（4）「ママに抱っこしてるの」

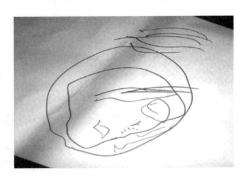

　大きな円の中に円を重ねて顔を描いた。「だあれ？」と聞くと「ママに抱っこしてるの」と教えてくれた。「なるほど！」と感心する。

　「ママに抱っこされている幸せ」がそのままに表出されており、「抱っこが大好き」という思いが伝わってくる。

　獲得したばかりの円だけで、これほどの内容を表現することに驚かされる。幼児画の豊かさに驚き入るばかりである。

（5）足を描く

　そしてついに、足が描かれるときがきた。何と顔からまっすぐ2本の線が描き下ろされる。これが頭足人である。無造作に描かれた左右の足は長さや角度が異なるのに、不思議なくらいバランスがよい。足を描き終えて、子ど

もはいかにも満足そうである。続いて、顔の横から手が描かれる。このバランスもみごとである。

　世界中の子どもが必ず幼児期にこのような絵を描くことがわかっているが、発達の重要なプロセスにあることは間違いがないであろう。幼児が人間をどのようにとらえているのかの謎にふれる思いがする。

　上の絵は幼稚園の廊下で出合った1枚で、4歳児クラスの秋ごろの作品である。この愛らしい表情に惹きつけられる。幼児の幸せそうな心もちを推測しながらも、この絵に託されたお話を聞きたくなるような表情である。この年齢になると、頭足人のみを描いた絵は少なくなり、このクラスでは最後の貴重な1枚であった。そのほかの絵には、地面を表す線が引かれ、その線の上に家や木や人などが描かれている。画用紙に天地が現れてくる。人には胴体が現れて、胴体から手足が描かれる。

　幼児画の発達段階は個々まちまちではあるが、それぞれに筋道を踏んで発達していく様子がよくわかる。したがって、なぐり描きは紙の無駄と叱ったり、「手はお顔から出ていませんよ、違うでしょ！」などと子どもの絵を正そうとするのは、間違いである。

　幼児の発達を理解しないからこそできる行為といえよう。子どもが熱心に打ち込んでいる描画活動を妨げてまで教え込んでも、絵の上達にはつながらず裏目に出てしまう。

（6）幼児画は子どもからの手紙

　幼児画は子どもの生活体験からの手紙のようなものと考えられる。言葉によらずとも、幼児の体験世界を言葉以上に豊かに語ってくれる。じょうずへたではなく、絵に表現された子どもの思いをそのままに味わう姿勢をもちたいものである。

4歳児クラスの秋の展示から　↑
「運動会のダンスでお母さんと
踊ったのが楽しかったの」

　もしも、描きながらお話している子どものそばにいて、その言葉を耳にする機会があれば幸いである。幼児の心にふれる出合いがあるに違いない。それゆえに、幼児が自分から始めた描画遊びを大事にしたい。堪能し（語り

尽くし）、満足して自分で終わりにする体験が、幼児の心を育むからである。

　そうはいっても、このようにゆったりと子どもとかかわるためには、大人の側にゆとりがないとむずかしい。しかし、ますます効率を追求する方向に向かっている社会にあっては、手間ひまをかけて子育てを引き受けていくことがいっそうむずかしくなってきた。

　社会的な施策や具体的な支援の充実が望まれるが、幼児とかかわる者にもそれなりの覚悟がいる。愛らしい幼児画は、そこを引き受けた者だけが味わえる貴重なご褒美かもしれない。

第4章
日常生活と心の健康

学習のねらい

　本章では、心の危機と健康について扱う。

　心を危機に追いやるのは、さまざまな生活環境とそこに生じるストレスである。個々に生じる悩みや、想定外の不幸なあるいは不運な出来事が、そこに加担する。私たちは、社会の中のさまざまな環境に折り合いをつけて生きている。本章では、こうした環境への適応について学び、次いで日常的によく口にする「ストレス」の考え方、及びストレスになる日常の出来事と、心身の反応について学ぶ。

　次に心の健康について学習する。ここでは、これまでの治療や予防と対極にある健康を維持し強めるという考え方、つまり「ていねいに生きる」という視点で学習を深める。

　その後、特に注目すべき9つの心の危機について学ぶ。これらは、単に注目されているだけでなく、増加傾向にあるものや、当事者の思いに近づくことなしには援助が成立しないものばかりである。どれも長期にわたる心の傷や命の危険、あるいは生活する上での生きづらさにかかわる深刻なものでもある。しかし、一方で早期に気付き、適切にかかわることで、危機介入や予防だけでなく、ていねいに生きる術を取り戻すことが可能になるものもある。

　どれも、実際には経験を積み重ねるなかで身に付くものばかりではあるが、対人援助者として自身がこうした状況に直面したときを想像して、まずは知識を蓄えておく必要がある。それぞれで紹介される学びの参考図書も手に取って理解を深めていただきたい。

第1節 適応

　私たちは、個人を取り巻く自然環境や文化的社会的環境にいろいろな形で対応して、日々の生活を成り立たせている。その対応の仕方には、「適応」と「ホメオスタシス」がある。本節では、この2つを説明していく。

1 適応とホメオスタシス

（1）適応とは

　適応のとらえ方は2つに大別される。英語を当てはめると、adaptationとadjustmentになる。前者は、生物学における進化論の立場から、種が環境に適応していくことである。一方後者は、心理学におけるもので、個人が自分を取り巻く自然的、社会物理的な環境に適応していくものである。[1)] [2)]

（2）ホメオスタシスとは

　ホメオスタシス（ホメオステーシス）は「恒常性」「**恒常性維持**」と日本語で訳されるものであり、アメリカの生物学者キャノン（Cannon, W. B.）が提唱した。キャノンは、ホメオスタシスとは生体の内部機能が相互に関連した生理学的作用により、生態を安定した状態に保つはたらきをすることであると表した。そしてこの状態は、停滞した状態ではなく、変化はするが総体的に定常的な状態を示すと述べている。ホメオスタシスにより、鳥類や人間を含む哺乳類といった高等な脊椎動物は、1年間体温を一定に保ち活動できるのである。[3)]

2 適応と不適応

（1）適応と過剰適応

　心理学における適応は「外的適応（状態）」と「内的適応（状態）」に分けられる。前者は、個人が生活する文化・社会的環境に適応することである。後者は、幸福感や満足感を体験し心理的に安定していることである。そしてこの2つがバランスの取れた状態にあることを本来的な適応という。[4)]

　不適応は、端的にいえば、適応の状態にないことといえる。では、適応の状態にないということはどういうことか。適応の状態に「過剰適応（状態）」というものがある。風間は過剰適応を、「自己抑制を伴う他者指向的な振る舞いという過剰な外的適応行動」と定義している[4]。自己抑制とは自分自身の内にある欲求を無理に抑えることであり、他者指向的とは自分の周囲からの期待や要求に応えることを主に考えることである。この２つに偏った外的適応行動によって、外的適応と内的適応とのバランスが崩れた状態といえる。

（２）不適応のとらえ方

　「過剰適応」が進むと不適応状態に至るといえる。しかし、外的適応と内的適応のバランスが崩れても、不適応状態にまで至っていない状態が「過剰適応」状態といえる。

　不適応とは、外的適応と内的適応のバランスが崩れた結果であるとすると、過剰適応がいき過ぎて、内的適応状態が完全に崩れた場合、つまり幸福感や満足感を得られず心理的安定が損なわれる不適応があげられる。もう一つは、外的適応状態が崩れる、つまり生活する文化や社会的環境に適応できない状態になる不適応があげられる。

　内的適応が崩れた場合、心理面の不適応として表れる。具体的には「抑うつ」であるとか、仕事の場合は「燃え尽き症候群」があげられる。これらの詳細については本章第４節で詳細を確認してほしい。外的な適応が崩れた場合、不適応行動として表れる。不適応はその状態が悪化していくと疾患として治療対象となっていく。

　その手前のバランスが崩れていくなかで、無意識的に行われる心理的手段がある。それを「適応機制」という。佐治は「適応は不安や不快な生理・心理的緊張の少ない状態であるので、個体は適応状態を常に意識的無意識的に求める傾向をもつ[5]。」と、この傾向や機能を適応機制と説明している。

　適応状態を脅かすものは、欲求不満（フラストレーション）や葛藤（コンフリクト）や不安であり、これに直面したときに、適応機制が生じる。その内容は、攻撃的適応機制、逃避的適応機制、防衛的適応機制の３つに分けられる。攻撃的適応機制は、外部を攻撃することでバランスを取ろうとする。例として乱暴、うそ、盗みといった反社会的行動を伴うものである。逃避的適応機制は、幼児返りのような行動でバランスを取るもので、例として閉じこもり、依存や甘え、すねる、かんしゃく

を起こすなどがある。[5) 6)]

　防衛的適応機制は、精神分析の創始者フロイト（Freud, S.）によるものである。もともとは、精神分析の治療の過程で、神経症などの患者に認められる、無意識のうちに自我を守る、つまり防衛するために示す抵抗の形といえる。

　フロイトの娘のアンナ・フロイト（Freud, A.）は、防衛機制を以下の10種にまとめている。それが、退行、抑圧、反動形成、隔離、打ち消し、投映、取り入れ、リビドーの自分自身への向きかえ、転倒、昇華（置き換え）である。代表的なものをいくつか取り上げると「抑圧」は、本人が認めたくない願望を反対の願望に置き換えることで、本来の願望を抑え込むものであるが、神経症のもとになるものでもある。また「昇華（置き換え）」は、例えば性的で衝動的な目的のエネルギーをより高尚な社会的に価値のある目的に置き換えることである。これらの防衛機制は、発達過程と関係する面がある。[7)]

　なお、繰り返しであるが、防衛機制は、フロイトによる精神分析の治療理論を背景にした考え方であるゆえ、その点をふまえた理解が求められる。

BOOK 学びの参考図書

● A.フロイト、外林大作 訳『自我と防衛』誠信書房、1985年。
　専門書であるが、精神分析学の防衛機制について例を示しながら述べられており、防衛機制の理解が進みやすい一冊である。

引用文献

1）根ケ山光一「適応」中島義明ほか 編『心理学辞典』有斐閣、1999年、607〜608頁
2）佐治守夫「適応」加藤正明ほか 編『新版　精神医学事典』弘文堂、1993年、561頁
3）Cannon, W. B. (1932) *The Wisdom of the Body*, New York, W. W. Norton & Company Ltd., London.（W. B.キャノン、館　鄰・館　澄江 訳『からだの知恵　この不思議なはたらき』講談社、1981年、21〜29頁）
4）風間惇希・平石賢二「青年期前期における過剰適応の類型化に関する検討－関係特定性過剰適応尺度（OAS-RS）の開発を通して」『青年心理学研究』第30巻第1号、日本青年心理学会、2018年、1〜23頁
5）佐治守夫「適応機制」加藤正明 編『新版　精神医学事典』弘文堂、1993年、562頁
6）笠井　仁「適応機制」中島義明ほか 編『心理学辞典』有斐閣、1999年、608〜609頁
7）Freud, A. (1936) *Das Ich und Abwehrmechanismen,* Internationaler Psychoanalytischer Verlag.（A.フロイト、外林大作 訳『自我と防衛』誠信書房、1985年、53〜67頁）

第2節　ストレス

　ストレスという言葉を聞いたことがない人は少ないであろう。ストレスという用語は、ほぼ日常用語になっているといえる。一方で、ストレスについて説明を求められたとき、皆さんはどれほど説明できるであろうか。例えば、ストレスという単語から「仕事がストレス」「子どもの学費がストレス」「朝起きると、気が重い」などを連想するかもしれない。「仕事」や「学費」は、ストレスの一部でストレスの原因となるものである。一方「気が重い」はストレスの結果である。ストレスという単語には、ひと言では説明できない考え方が含まれている。この節では、ストレス理論を中心にストレスのとらえ方について概観する。

1 ストレスとは

（1）ストレスとは

　ストレスとは、どのようなものであるか。ストレスの考え方は、その理論によって異なる点があるが、**図4－1**に大枠としてのとらえ方を示した。ストレッサー[*1]が、ヒトに作用し、その結果としてストレス反応が生じる。ただし、この過程に関連要因が関与することで、ストレッサーやストレス反応の意味合いが異なってくるといえる。以下に、ストレス研究の代表的な研究者であるセリエ（Selye, H.）とラザルス（Lazarus, R. S.）のストレスの考え方を取り上げ概観する。

*1
ストレッサーとは、ストレスを引き起こす原因となるもの。

〈図4－1〉ストレスの過程と関連要因

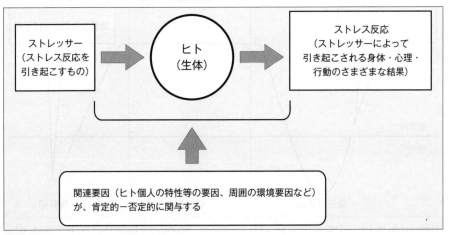

（筆者作成）

（2）セリエによるストレスの考え方

　ストレスは、カナダの生理学者セリエによる[1]。セリエは、工業分野で用いられていた、物質が1つの抵抗に対して作用する力を表すものを、生体に対する用語として用いた。

　セリエは、身体あるいは精神があるストレスにさらされると、そのストレスの内容が異なっていても、その結果生じる反応は、非特異的つまり一定の反応を示すことを明らかにした。そしてそれは身体の生理的な適応反応、ストレスに対する身体の防衛的な反応であるとした。これを「全身適応症候群」「ストレス症候群」と提唱した。つまりストレスとは、何らかのストレッサーによって引き起こされた症候群、つまり同様の症状を引き起こす状態である。

　セリエは、個体があるストレッサーにさらされると、3つの段階を示すと述べている。その3つの段階を**図4－2**に示した。

　個体がストレッサーを受けると、警告反応期には、ストレッサーに対し全身抵抗は正常以下に減少する。次の抵抗期で、ストレッサーへの適応が獲得されると抵抗力は正常値を上回り上昇する。しかし、次の疲弊期で抵抗は再び正常以下に低下する過程を示す。疲弊期に至ると、身体の生理的バランスが崩れ、病気など症状に移行するといえる。その内容例は、本節3の「ストレスによる心身の反応」で述べる。

　また、ストレスには、悪いこと（不快刺激）に反応する「有害ストレス」（distress）と良いこと（快刺激）に反応する「有益ストレス」（eustress）がある。両方のストレスとも同様の反応を示すが、有益ス

〈図4－2〉セリエのストレスの過程

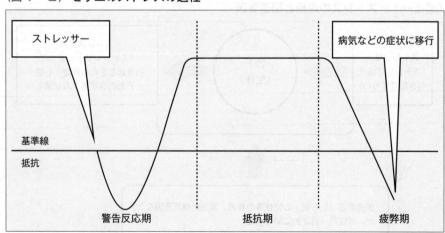

（出典）Selye, H. (1976) *THE STRESS OF LIFE, revised ed.*, McGraw-Hill Book Co. Ltd., New York, p.115, Fig. 11を一部改変

トレスのほうが有害ストレスより生じる傷害は小さい。セリエはこの２つのストレスを区別する必要があると述べている。

（3）ラザルスによるストレスの考え方

　セリエのストレスの考え方は、身体機能の反応を主に取り上げており、生理的ストレス理論と表現することもできる。アメリカの心理学者のラザルスとフォルクマン（Folkman, S.）は、心理社会的ストレスの考え方を提示している。[2][3]

　図４−３にラザルスらのストレスの考え方を示した。

　ラザルスらは「心理的ストレスとは人間と環境との関係」であり、「人的資源に負担を負わせたり個人の資源を超えたり、また個人の安寧を危険にさらしたりするもの[2]」と述べている。つまり、人に負荷をかけるとか、心の安定感を損なう環境といえる。ただし、その環境がストレッサーとなるかどうかは「個人が評価する人間と環境の関係から生じる」ので、「評価」する個人次第ということになる。

　ラザルスらのストレスの考え方の特徴は、この「評価（appraisal）」と評価に伴う「対処（coping）」である。評価は**図４−３**に示すとおり「一次評価」「二次評価」「再評価」の３つに分けられる。

　一次評価は、個人に作用する環境がどの程度のストレスとなるものなのかを評価する。それは①無関係であるか、②無害・肯定的であるか、

〈図４−３〉 ラザルスらによるストレスの考え方

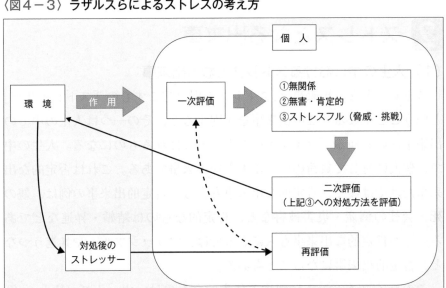

（出典） Lazarus, R. S., Folkman, S. (1984) *STRESS, APPRAISAL, AND COPING*, Springer Publishing Company, Inc., New York, pp.25-50をもとに筆者作成

つまり良好な状態を維持するものであるか、③ストレスフルなものであるかである。この3つめ（ストレスフル）は、害／喪失といった自己評価や社会的評価に何らかの損害を受けるもの、脅威というこれから生じ得るもの、挑戦という対処努力を必要とするものに分けられる。

一次評価でその環境がストレスフルなものに評価されると、それに対して、どのような対処を行うかという二次評価が行われ、その評価をもとに、環境に対して対処していく。対処によって環境は、対処前の環境とは異なってくる。対処後に変化した環境を再び評価する。それが再評価であり、その評価の結果、個人に作用する環境が無関係や無害・肯定的なものとなれば、個人のその環境への対応は、一段落することになる。なおこれらの評価は、計画的で意識的になされる一方、直感的で、自動的で、無意識的になされる場合もある。

では、ラザルスらによる「対処（coping）」とはどのようなものであるのか。

ラザルスらは「対処はプロセスであり、絶えず変化していくもので、特定の圧力や強制に対して起こるものであり、その結果、様々な葛藤を伴う[2)]」と述べている。この対処は、「心理的ストレス状態に対してのみ行われ、個人の努力を促すものであり、無意識に行われるものではない[2)]」。この点は、前節の「適応」で述べた精神分析学に基づく防衛のように無意識的な対処ではなく、意識的な対処であり、これをストレスコーピングという。ストレスコーピングの詳細は本節4で述べる。

2 ストレスとなる出来事

（1）人生の中におけるストレスとなる出来事

ストレスとなる出来事は、ストレスを引き起こすもの「ストレッサー」ということになる。この出来事を大別すると、その一つは人生の中での出来事、いわゆる「ライフイベント」とよばれるものになる。人生の中で、個人に対して負荷のかかる大きな出来事である。これは否定的な出来事だけではなく、肯定的な出来事も含む。否定的出来事の例は、親の死・会社の倒産・災害被害など、肯定的なものは結婚・昇進などである。なお肯定的な出来事も人によっては、マリッジブルーや昇進うつなど、否定的出来事になることもある。

このライフイベントに関する代表的なものは、ホームズ（Holms, T. H.）とレイ（Rahe, R. H.）によるものである。彼らは疾患の発症に関連

する人生の出来事を明らかにしようと、結婚を基準にその出来事は結婚に比べて再調整が必要かどうか調べ、43項目の人生の出来事を、再適応の必要な順に整理した結果、「配偶者の死」を1位とし、上位に「離婚」「夫婦別居」から下位には「クリスマス」「些細な違反行為」までの評価尺度（Social Readjustment Rating Scale：SRRS）を作成した[3]。

　なお、SRRSについては、ライフイベントの項目内容が不完全であり、項目によってはめったに体験しない出来事もあることが指摘されている[4]。SRRSの日本人への適用を検討した研究においても、項目内容の再検討が必要であることが指摘されている[5]。

（2）日常生活の中のストレスとなる出来事

　もう一つのストレスとなる出来事は、ラザルスによる「日常的混乱」[4]（daily hassles）である。これは、ライフイベントのように大きな出来事ではなく、日常生活の中で体験する些細な出来事で、人をイライラさせる、怒らせるなどの感情を引き起こすものである。これらの「慢性的、あるいは頻発する出来事は、ストレスにもなり、手に負えなくなってしまうことがある[4]」と指摘される。なお、日常の些細な出来事のどの出来事がストレスになるかどうかは、それぞれの人によっても異なる、つまり個人差が関係している。例えば、保育園で遊ぶ子どもの声をストレスと感じる人もいれば、ほほ笑ましいものと感じる人もいる。そこには、個人個人の受け取り方、その人がもっている価値観や、その出来事を体験した状況など、さまざまな要因が関係してくるといえる。

3 ストレスによる心身の反応

　ストレッサーによりストレス反応を起こすと、それは人の心理面、身体面、行動面にさまざまな形で表れてくる。それらの主なものを**表4-1**に示した。表中に示されるように3つのストレス反応は、それぞれに不調と疾患があげられる。不調は、慢性的な状態のものであるが、まだ疾患までには至ってない状態である。この慢性的な不調が続くと、疾患に移行する。

　例えば、心理的ストレス反応は、不快な感情や情緒の体験である。一時的に不快な感情や情緒を生じる体験は日々続いているが、その体験が慢性になる、つまり繰り返され、何日も続いていくことによって不調な状態となっていく。その状態がさらに進むと疾患になる。これは身体的ストレス反応、行動的ストレス反応でも同様である。セリエのストレス

〈表4-1〉ストレス反応の内容例

心理的ストレス反応	・不調→不快な感情の慢性的体験（怒り、不安、抑うつなど） ・疾患→うつ病、不安障害、適応障害など
身体的ストレス反応	・不調→身体面の慢性的な不調（不眠、動機、めまいなど）免疫系、自律神経系、内分泌系への悪影響により身体疾患（胃潰瘍など）につながる可能性がある ・疾患→過敏性腸症候群、過換気症候群、自律神経失調症、胃・十二指腸潰瘍、高血圧、冠動脈疾患など
行動的ストレス反応	・不調→不登校、ミスの増加、暴力、アルコールの乱用などの不適切なコーピングもしくは、不適切なコーピングの結果 ・疾患→アルコール依存症、適応障害など

（出典）小野寺敦志 編著『介護現場のストレスマネジメント―組織のラインケアによるスタッフへの支援』第一法規、2018年、25頁、表2

理論でとらえると、不調から疾患に移るとは、抵抗期から疲弊期に移っていくことといえる。ラザルスの心理社会的ストレス理論でとらえると、二次評価による対処を行うがその対処がうまくいかなくなった結果といえる。なお、本章第4節「注目される事柄」で取り上げられている「燃え尽き症候群」「抑うつ状態」「依存症」「自殺」「PTSD」などもストレス反応の一つといえる。

4 ストレスコーピング

ストレスコーピングはラザルスによる。[2)3)] ストレスコーピングは、先述したとおり、心理的ストレスを処理するための努力というプロセスである。

ストレスコーピングの機能は、情動中心の対処と、問題中心の対処に大別される。情動中心の対処は、情動的な苦痛を低減させるものである。問題中心の対処は、解決すべき問題がある環境へのはたらきかけに加え、自分自身と問題との関係やかかわりを変えていく。例えば、その問題への関与を減らす、問題についての自分のとらえ方を変えるなどといったことである。

ラザルスは、「対処様式質問表」に対処の方法の要因を示している。それらは「対決的対処」（問題と闘う、相手を責める）、「距離を置くこと」（拒否する、忘れる）、「自己コントロール」（気持ちや行動を抑える）、「ソーシャルサポートを求めること」（援助、助言を求める）、「責任の受容」（反省する、自分を戒める）、「逃避-回避」（問題が変わることを願う、状況を避ける）、「計画的問題解決」（成功のための努力をする、計画的な行動を取る）、「ポジティブな再評価」（自分を肯定的にとらえる）である。

この情緒中心の対処と問題中心の対処は、相互に関係しており、独立したものではない。それぞれが、他方の対処の機能を促進させる場合も

あれば、他方の機能を抑制させてしまう場合もある。つまり、ストレスとなる環境に対処する場合、個人はいずれか一つの対処をとるわけではなく、いくつかの対処を用いる。そのため、逃避－回避などの情緒中心の対処より、問題を解決する問題中心の対処が優れているというわけではなく、2つの対処が相互に関係し合い機能しているといえる。

5 ストレスの管理

　ストレスの管理は、ストレスマネジメントと表現され、仕事場におけるメンタルヘルス対策の一環として重視されてきているものである。個人が社会生活を送るには、仕事を通して収入を得ることで、生活基盤をつくることが求められる。そのためには、健康状態を維持し、仕事を続けられることが大切である。ストレスマネジメントの視点から見ると、社会生活としての仕事場でのストレスへの対応と、日常生活としてのプライベートでのストレス対応が必要になる。

（1）仕事場でのストレスマネジメント

　仕事場でのストレスマネジメント[6]は、メンタルヘルス対策の一環として行われている。メンタルヘルス対策は、4つのケアを掲げて、仕事場のストレスマネジメントの方法を示している。

　1つめは「セルフケア」で、従業員一人ひとりが自分自身でストレスマネジメントを行い、健康を維持することである。そのためには、ストレスの考え方の知識をもち、自分のストレスとなりやすいものを知り、それにどのように対処していけばいいかを学び、理解し、具体的な対応を身に付け、実践することである。2つめは「ラインによるケア」で、仕事場の中間管理職が、部下のメンタルヘルス支援を行うものである。従業員がセルフケアを実施できるように、ストレスの考え方についての情報提供、相談支援を行う。3つめは「事業場内産業保健スタッフによるケア」である。これは保健師、看護師、精神保健福祉士、公認心理師等のメンタルヘルスに関する専門職が仕事場の従業員に情報提供を含む心理教育、個別の相談支援、定期的な健康診断を含む支援を行っていくものである。4つめは「事業場外資源によるケア」であり、メンタルヘルスにかかわる医療機関、心理相談室などの専門職の支援を受けることである。これら4つのケアを展開するためには、仕事場の事業主がしっかりとした支援計画を立て、その計画を実行して仕事場のメンタルヘルス対策

の土台をつくることが必須である。

（2）プライベートでのストレスマネジメント

　ストレスとなる環境は、仕事場に限らず、プライベートな環境、家庭内や近隣の環境、親戚・友人・知人などとの関係も含まれる。ストレスマネジメントはプライベート環境でも実施していく必要がある。例えば、仕事場の環境からストレス反応を生じた場合、プライベート環境に来た途端解消されるというわけではない。それは逆の場合も同様である。

　プライベートでのストレスマネジメントも基本は同じで、ストレスの考え方を知り対処を考え実施していくことである。ただし、プライベートでのストレスマネジメントは、仕事場と異なる対処を考えて行うことができる。例えば、散歩、買い物、旅行、運動などの気晴らしやリラクセーションになる行動は、プライベートでないとできないものなので大切である。これは、ストレスコーピングでは、情緒中心の対処といえる。一方、夫婦問題や子どもの問題などは、問題中心の対処も必要になる。両方の対処をうまく使いながら、ストレスマネジメントを行っていくことが望まれる。

BOOK 学びの参考図書

●C. L.クーパー・P.デューイ、大塚泰正・岩崎健二・高橋　修・京谷美奈子・鈴木綾子 訳『ストレスの心理学－その歴史と展望』北大路書房、2006年。
　セリエとラザルスを中心に職業ストレス研究まで、ストレス研究を歴史の観点からとらえ概観できる一冊である。

引用文献

1）Selye, H.（1976）*THE STRESS OF LIFE*, revised edition, McGraw-Hill Book Co. Ltd., New York.（ハンス・セリエ、杉靖三郎ほか 訳『現代社会とストレス［原書改訂版］』法政大学出版局、1988年、15〜16頁、40〜63頁、65〜102頁、103〜129頁）

2）Lazarus, R. S., Folkman, S.（1984）*STRESS, APPRAISAL, AND COPING*, Springer Publishing Company, Inc., New York.（R. S. ラザルス・S. フォルクマン、本明　寛・春木　豊・織田正美 監訳『ストレスの心理学−認知的評価と対処の研究』実務教育出版、1991年、3〜24頁、25〜51頁、119〜142頁、143〜181頁）

3）Homes, T., Rahe, R. H.（1967）'The Social Readjustment Rating Scale', *Journal of Psychosomatic Research*, Vol. 11, pp. 213-218.

4）Lazarus, R. S.（1999）*STRESS AND EMOTION A New Synthesis*, Springer Publishing Company, Inc., New York.（R. S. ラザルス、本明　寛 監訳、小川　浩・野口京子・八尋華那雄 訳『ストレスと情動の心理学』実務教育出版、2004年、31〜154頁）

5）八尋華那雄・井上眞人・野沢由美佳「ホームズらの社会的再適応評価尺度（SRRS）の日本人における検討」日本健康心理学会『健康心理学研究』第6巻第1号（1993年）、8〜32頁

6）小野寺敦志 編著『介護現場のストレスマネジメント　組織のラインケアによるスタッフへの支援』第一法規、2018年、22〜26頁

第

4

章

第3節　健康生成論

1　健康生成論：健康でいられるのはなぜか

（1）健康生成論の視点

　医療社会学者の**アントノフスキー**（Antonovsky, A.）による**健康生成論**（salutogenesis）は、疾患のリスク因子を探る伝統的な疾病生成論（pathogenesis）とは全く逆の、いわばパラダイムシフトともよぶべき視点、すなわち人々を健康にするのは何かという発想に立つ概念である。アントノフスキーは、イスラエルの女性の更年期症状に関する研究において、対象者のうちナチス・ドイツの強制収容所体験をもつ者でもその29％はよい健康状態にあることに着目して、健康生成論を提唱した。

　伝統的な疾病生成論では健康か疾病かという二分法をとるのに対し、健康生成論では健康と健康破綻（health ease/dis-ease）[1]を両極とする連続体を考える。また疾病生成論では疾患の発症や増悪のリスク因子を考えて予防や治療を行うのに対し、健康生成論では健康によい因子（salutary factors）を検討し、健康増進をめざす。疾病生成論と健康生成論は相互補完的なものであり、近年はこの2つを統合した健康発展モデル（Health Development Model）[2]も提唱されている。

（2）首尾一貫感覚

　アントノフスキーは、人間を環境との相互作用の中でとらえ、混乱や変化は生活の正常な状態であって、ストレスフルな状況は至るところにあると考える。そのため、それに対応する資源や能力が重要となるが、このストレスフルな状況への対応の能力を反映しているのが**首尾一貫感覚**（Sense of Coherence：**SOC**）である。SOCとは、自分の生きている世界は首尾一貫しているという感覚である。その発達や形成は状況との相互作用の中で展開し、またSOCの強さとしては硬さではなく柔軟さや開放性が重視される。したがってSOCは、ある程度固定的なものと想定されるパーソナリティ特性のような概念というよりも、外界に対する志向性あるいは認知的枠組みのようなものと考えられる。

　このような志向性は人生経験を通して形成されるが、逆に、同じ環境にあってもSOCの強い人は弱い人に比べて意味を見出したり秩序を生み出したりするように行動するなど、個人の志向性が状況をつくり出し

ていく側面もある。一般的にはSOCが高いと健康であると考えられ、罹患率や死亡率、免疫機能、主観的健康感やウェルビーイング（well-being）などとの関連について多くの報告がなされている。

　SOCは3つの要素から成る。そのうち、把握可能感（comprehensibility）とは、「自分の内外で生じる環境刺激は、秩序付けられた、予測と説明が可能なものであるという確信[3]」の程度であり、認知的側面を示すものである。処理可能感（manageability）とは、「その刺激がもたらす要求に対応するための資源はいつでも得られるという確信[3]」の程度であり、行動的側面に関するものともいえる。この中には、例えば社会的サービスや家族・友人なども含まれる。自分自身の能力などに限らず、他者や周囲の環境を信頼してその支援を活用することも重要な資源であるという考え方は、日本をはじめアジアの文化では理解されやすいものであろう。また有意味感（meaningfulness）とは、「そうした要求は挑戦であり、心身を投入しかかわるに値するという確信[3]」の程度、すなわち人生には意味があると感じる程度であり、動機づけの側面ともいえる。

　SOCの形成には、特に「一貫性、結果の形成への参加、過小負荷と過大負荷のバランスによって特徴づけられる[3]」ような人生経験の繰り返しが影響する。自分の生活環境には秩序と構造があったという一貫性の経験は、SOCの把握可能感の基礎を成す。また、負荷と資源とのバランスにおいて、負荷が大き過ぎるあるいは軽過ぎるということなく均衡していたという経験が、SOCの処理可能感の形成に関連する。さらに結果の形成には自分が重要な役割を果たし、他者の力や偶然のためではなかったという経験が、SOCの有意味感に影響すると考えられる。

　SOCの測定尺度としては、アントノフスキーによる「人生の志向性に関する質問票（Orientation to life questionnaire）」があり、このうち13項目による短縮版は、日本版標準化も行われている[4]。

（3）汎抵抗資源

　健康生成論で重要なもう一つの概念は、抵抗資源（resistance resources）であり、広範な状況でストレッサーの対処に効果的な汎抵抗資源（Generalized Resistance Resources：GRRs）と、特定の状況に適用される特異的抵抗資源（Specialized Resistance Resources：SRR）がある。SOCはGRRsを動員して困難に対処するが、対処の成功経験は、さらにSOCのレベルを発達させる。アントノフスキーは、個人を広い文脈の中でとらえ、戦争や恐慌などの大きな歴史的・社会的諸条件が、

〈図4-4〉健康生成モデル

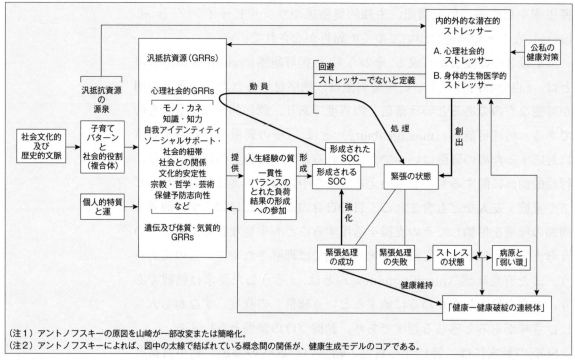

（注1）アントノフスキーの原図を山崎が一部改変または簡略化。
（注2）アントノフスキーによれば、図中の太線で結ばれている概念間の関係が、健康生成モデルのコアである。

（出典）A. アントノフスキー、山崎喜比古・吉井清子 監訳『健康の謎を解く：ストレス対処と健康保持のメカニズム』有信堂高文社、2001年、訳者まえがきv頁

利用可能なGRRsやSOCの形成に及ぼす影響を重視している[5]（**図4-4**）。

　GRRsには、心理社会的GRRsと遺伝的・生得的GRRsの2つがある。心理社会的なGRRsには、金銭などの物質的なもの、知識やアイデンティティなどの認知・感情的なもの、ソーシャルサポートなどの関係的なものが含まれる。遺伝的・生得的なGRRsに関連して、スウェーデンの双生児研究では、SOCの35%は遺伝の効果、57%は非共有環境の効果[*2]によることが報告されている[6]。アントノフスキーによれば、慢性的ストレッサーは弱いSOCにつながる人生経験でもあるため、ストレッサーを汎抵抗欠損（Generalized Resistance Deficits：GRDs）とみなすこともできる。また健康と健康破綻を連続体とみなすように、抵抗資源ではGRRsとGRDsの連続体が想定されている。

＊2
ヒトの行動遺伝学では、主に双生児法を用いて研究が行われる。日常観察される特徴である表現型の個人差は、遺伝と環境の影響によるものであるが、環境は共有環境と非共有環境に分けられる。同一家庭内に育つきょうだいであっても、友人関係など異なる環境（非共有環境）の影響が大きいことが確認されている。

2 人間のもつ健康な力

（1）レジリエンス

　人間の健康に向かう力に着目したのは、アントノフスキーだけではな

〈表4-2〉レジリエンスに関するさまざまな定義

Rutter（1987）	不適応な結果をもたらしやすいある種の環境的な危険に対する人間の反応を修正、改善、変容させる防御的要因
Masten, Best, & Garmezy（1990）	負荷のかかる、あるいは脅威となる出来事にもかかわらず、良好な適応をもたらす過程、能力、成果
Luthar, Cicchetti, & Becker（2000）	重大な逆境という文脈の中で、ポジティブな適応を包括するダイナミックなプロセス
Masten（2001）	適応や発達に対する重大な脅威にもかかわらずよい結果をもたらす現象の区分
Connor & Davidson（2003）	逆境に直面した際に力強い成長をもたらすことを可能にする個人的な資質
Bonanno（2004）	親密な関係にある人の死、総体的に安定した健康な水準の心理的身体的機能の維持を侵害し生命を脅かすような状況など、他に類のない潜在的に高度な混乱を生じさせる事象にさらされた人間の環境を正常に保つとともに、生成的な体験やポジティブな感情を生み出す能力
Agaibi & Wilson（2005）	行動動向の複雑なレパートリー
Lee & Cranford（2008）	重大な変化、逆境、リスクに上手に対処する個人の能力
Leipold & Greve（2009）	重大な逆境条件から速やかに回復する（あるいは成長すら示す）個人の安定性

（出典）堀毛一也・安藤清志・大島　尚「社会的逆境後の精神的回復・成長につながる資源－ポジティブ心理学的観点を中心に」『東洋大学21世紀ヒューマン・インタラクション・リサーチ・センター研究年報』第11号、東洋大学21世紀ヒューマン・インタラクション・リサーチ・センター、2014年、3頁をもとに一部改変

い。例えばボナーノ（Bonanno, G. A.）は、悲しみや苦悩を体験しながらも上手に対処して回復する力、すなわち**レジリエンス**（resilience）が一般に広く存在することを指摘した[7]。

　レジリエンスは多くの領域で扱われ定義もさまざまであるが、大きく見れば、個人の特性や能力と考える立場と複合的な過程または結果ととらえる立場に分けられる[8]（**表4-2**）。

　レジリエンスを特性とみる立場では、例えば、小塩らは、新奇性追求・感情調整・肯定的な未来志向の3下位尺度から成る精神的回復力尺度（Adolescent Resilience Scale：ARS）を[9]、平野は資質的要因と獲得的要因の2次元による測定尺度を開発している[10]。過程としてのレジリエンスについては、適応に必要な環境要因が社会文化的背景によって異なり、また同じ個人特性が文脈によって防御因子にもリスク因子にもなり得るなど、回復過程の多様性や複雑性が指摘されている[11]。

　アメリカ心理学会は、レジリエンスを、逆境やトラウマなどの困難に直面した際にそこから立ち直りうまく適応する過程と定義しているが、レジリエントであることは困難や苦悩を体験しないことではなく、またレジリエンスは誰もが学習し発達させることが可能であるとしている[12]。

（2）心的外傷後成長

　テデスキとカルフーン（Tedeschi, R. & Calhoun, L.）は、心的外傷や重大なストレッサーなど個人の世界観を脅かすような過酷な状況にもがき苦しんだ結果として体験される、ポジティブな心理的変化を心的外傷後成長（Post-Traumatic Growth：PTG）と定義した[13]。そしてその成長は、人間としての強さや他者との関係などの5領域に現れることを見出した。

　PTGは主観的体験であるため、偽りの成長すなわち認知的バイアスによる錯覚も考えられる。PTGの二面性モデル（Janus-face model）は、本来的な成長を反映する建設的な側面と、苦悩に対処するための機能としての認知的バイアスという、2つの側面を示唆している。テデスキとカルフーンは、過酷な体験について防衛的否認をせずに、苦悩と成長の両方を自覚しながらも成長を重視することが真のPTGであり、苦悩を抱きながらも人生をより意味深く生きることができるようになるという[14]。

　なお、PTGの測定には、テデスキとカルフーンの外傷後成長尺度（Post-Traumatic Growth Inventory：PTGI）[15]があり、日本語版（PTGI-J）[16]もあるが、最近では多文化で使用可能なPTGI-Xが開発されている[17]。

（3）ポジティブな力を育む

　1998年にセリグマン（Seligman, M. E. P.）が、21世紀の心理学は従来の研究に加えて、人間の強さや徳を研究し人間の最もよいものを育むことが必要であると呼びかけてから、**ポジティブ心理学**の動きが盛んになっている。ポジティブ心理学は、通俗的な「ポジティブ思考」を推奨したり、人間のネガティブな側面を否定したりするものではない。第二次世界大戦以降の心理学は、障害の治療や病理的な問題について多くの成果を上げてきた。しかしながらセリグマンは、精神的な問題を予防できるような人間の強さや「よい人生とは何か」といった、これまでの心理学ではあまり扱われてこなかったポジティブな事柄に関する研究と実践を行うことで、すべての人々の人生をより充実した実りあるものとすることに貢献できるとして、心理学の新たな方向性を示したのである。ポジティブ心理学の研究の柱は、満足感や幸福感といった個人の主観的経験、愛情や勇気など個人のもつ強みにかかわる特性、そしてよりよいコミュニティづくりにかかわるポジティブな組織や制度の3つとされる。またポジティブ心理学は特に健康心理学との結び付きが強く、ポジティブな感情や対人関係などが心身の健康に及ぼす影響について多くの

〈図４−５〉精神的健康と精神疾患の二次元

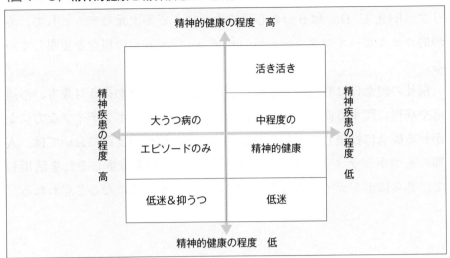

（出典）堀毛裕子「ポジティブ心理学における研究と実践」日本応用心理学会 企画『応用心理学ハンドブック』福村出版、2022年、357頁をもとに一部改変

研究が行われ、ポジティブ心理学に基づく介入技法もさまざまに開発されつつある。

　もちろん、これまで人間のポジティブな側面が全く研究されなかったわけではない。例えばマズロー（Maslow, A. H.）やロジャーズ（Rogers, C. R.）など人間性心理学の立場の人々は、心理的健康や自己実現などの概念を取り上げた。首尾一貫感覚やレジリエンス、心的外傷後成長なども、以前から研究されてきた概念である。病気ではなく健康に向かう人間の力に着目したこれらの諸概念は、大きな枠組みとしての健康生成論のもとに包括されると考えることもできよう。

　同様に、精神的健康や健康なパーソナリティについては、ヤホダ（Jahoda, M.）やシュルツ（Schultz, D.）の研究が知られているが、最近ではキーズ（Keyes, C. L. M.）が、精神的健康（mental health）と精神疾患（mental illness）を対立する極と考えるのではなく、独立した次元としてとらえることを提案している[18]。精神的健康の軸において、健康であることは活き活きした状態（flourishing）であり、精神的健康の欠如は低迷した状態（languishing）であるという[19]（**図４−５**）。

　また近年は、ウェルビーイングの概念に関する研究が活発である。主観的ウェルビーイング（subjective well-being）は社会政策の改良などに有用なQOL（生活の質）の指標として提案された概念であり、その要因は生活満足と幸福感の２つである。これとは別に、アリストテレス（Aristotélēs）のいうエウダイモニア（eudaimonia）、すなわちよりよく

生きることをめざすポジティブな心理的機能に関心が向けられ、例えばリフ（Ryff, C. D.）は6つの心理的次元による多次元モデルとして、心理的ウェルビーイング（psychological well-being）の概念を提唱している[20]。

　福祉の理念には時代による変遷があるが、心理学が扱う対象も、不適応や病理に関する概念から、適応や健康をもたらすポジティブな力にかかわる概念に拡張してきたといえる。今後、福祉の実践においては、人間のもつポジティブな力に目を向け、個人の力を尊重しそれを活用して、さらにポジティブな力を育んでいくことが重要になると思われる。

引用文献

1）A. アントノフスキー、山崎喜比古・吉井清子 監訳『健康の謎を解く：ストレス対処と健康保持のメカニズム』有信堂高文社、2001年、6頁
2）Mittelmark, M. B., Bull, T., Bouwman, L.（2017）'Emerging Ideas Relevant to the Salutogenetic Model of Health', in Mittelmark, M. B., Sagy, S., Eriksson, M., Bauer, G. F., Pelikan, J. M., Lindström, B., Espnes, G. A.（eds.）, *The Handbook of Salutogenesis*, Springer, p. 47.
3）A. アントノフスキー、前掲書、23～24頁
4）山崎喜比古 監修『健康生成力SOCと人生・社会－全国代表サンプル調査と分析』有信堂高文社、2017年
5）A. アントノフスキー、前掲書、訳者まえがきv頁

6）Idan, O., Eriksson, M., Al-Yagon, M.（2017）'The Salutogenic Model: The Role of Generalized Resistance Resources', in Mittelmark, M. B., Sagy, S., Eriksson, M., Bauer, G. F., Pelikan, J. M., Lindström, B., Espnes, G. A.（eds.）, *The Handbook of Salutogenesis*, Springer, pp. 51-70.

7）G. A. ボナーノ、高橋祥友 監訳『リジリエンス：喪失と悲嘆についての新たな視点』金剛出版、2013年

8）堀毛一也・安藤清志・大島　尚「社会的逆境後の精神的回復・成長につながる資源－ポジティブ心理学的観点を中心に」『東洋大学21世紀ヒューマン・インタラクション・リサーチ・センター研究年報』第11号、東洋大学21世紀ヒューマン・インタラクション・リサーチ・センター、2014年、3〜8頁

9）小塩真司・中谷素之・金子一史・長峰伸治「ネガティブな出来事からの立ち直りを導く心理的特性－精神的回復力尺度の作成」『カウンセリング研究』第35巻1号（2002年）、日本カウンセリング学会、57〜65頁

10）平野真理「レジリエンスの資質的要因・獲得的要因の分類の試み－二次元レジリエンス要因尺度（BRS）の作成」『パーソナリティ研究』第19巻2号（2010年）、日本パーソナリティ心理学会、94〜106頁

11）太田美里・岡本祐子「レジリエンスに関する研究の動向と展望－環境要因と意味づけへの着目」『広島大学心理学研究』第17号（2017年）、広島大学大学院教育学研究科心理学講座、15〜24頁

12）American Psychological Association（2020, February 1）'Building your resilience'. https://www.apa.org/topics/resilience（2020/3/18アクセス）

13）Tedeschi, R., Calhoun, L.（2004）'Posttraumatic growth: conceptual foundations and empirical evidence', *Psychological Inquiry*, Vol.15, No.1, pp. 1-18.

14）Tedeschi, R., Calhoun, L., Cann, A.（2007）'Evaluating resource gain: Understanding and misunderstanding posttraumatic growth', *Applied Psychology: An International Review*,Vol.56, No.3, pp.396-406.

15）Tedeschi, R., Calhoun, L.（1996）'The Posttraumatic Growth Inventory: Measuring the Positive Legacy of Trauma', *Journal of traumatic Stress*, Vol.9, No.3, pp.455-471.

16）Taku, K., Calhoun, L., Tedeschi, R., Gil-Rivas, V., Kilmer, R. P., Cann, A.（2007）'Examining posttraumatic growth among Japanese university students', *Anxiety, Stress, & Coping*, Vol.20, pp. 353-367.

17）Tedeschi, R., Cann, A., Taku, K., Senol-Durak, E., Calhoun, L.（2017）'The Posttraumatic Growth Inventory: A Revision Integrating Existential and Spiritual Change', *Journal of Traumatic Stress*, Vol.30, pp. 11-18.

18）Keyes, C. L. M.（2002）'The mental health continuum: From languishing to flourishing in life', *Journal of Health and Social Behavior*, Vol.43, No.2, pp. 207-222.

19）堀毛裕子「ポジティブ心理学における研究と実践」日本応用心理学会 企画『応用心理学ハンドブック』福村出版、2022年、356〜357頁

20）Ryff, C. D.（2016）'Beautiful ideas and the scientific enterprise: Sources of intellectual vitality in research on eudaimonic well-being', in Vitterso, J.（ed.）, *Handbook of eudaimonic well-being*, Springer. pp. 95-108.

参考文献

● Mittelmark, M. B., Sagy, S., Eriksson, M., Bauer, G. F., Pelikan, J. M., Lindström, B., Espnes, G. A.（eds.）（2017）*The Handbook of Salutogenesis*, Springer.

● 山崎喜比古・戸ヶ里泰典・坂野純子 編『ストレス対処力SOC－健康を生成し健康に生きる力とその応用』有信堂高文社、2019年

第4節　注目される事柄

❶ 児童虐待、DV（配偶者からの暴力）

　児童虐待の問題は常にニュースで取り上げられ、全国の児童相談所における相談件数の増加も著しい（**図4-6**）。また、配偶者からの暴力（ドメスティック・バイオレンス〔DV〕）も年々相談件数が上昇している*3。

　ここでは、児童虐待とDVを取り上げ、家庭内における暴力・被害の問題をどう理解し、どうアプローチするかについて述べる。

（1）児童虐待の実態と定義

　平成12（2000）年に施行された「児童虐待の防止等に関する法律」第2条には、「『児童虐待』とは、保護者（親権を行う者、未成年後見人その他の者で、児童を現に監護するものをいう）がその監護する児童

＊3
『感染防止のための外出制限による児童虐待・DVのリスク拡大』
2020年初頭からの新型コロナウイルスの感染拡大を受けて各国で外出制限が行われた。行動制限によるストレスが増大すること、家庭内に社会的関係が凝縮されることにより葛藤・緊張が高まること、失業や収入減により生活が不安定

〈図4-6〉児童相談所における虐待に関する相談対応件数の推移

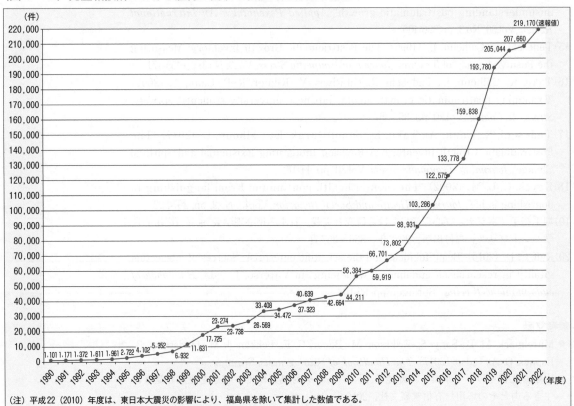

（注）平成22（2010）年度は、東日本大震災の影響により、福島県を除いて集計した数値である。

（出典）こども家庭庁「令和4年度児童相談所における児童虐待相談対応件数（速報値）」

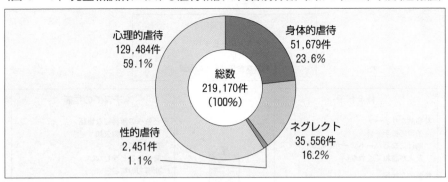

〈図4-7〉児童相談所における虐待相談の内容別件数 令和4（2022）年度（速報値）

（出典）こども家庭庁「令和4年度児童相談所における児童虐待相談対応件数（速報値）」をもとに一部改変

（18歳に満たない者をいう）について行う次に掲げる行為をいう」として、①身体的虐待、②性的虐待、③ネグレクト（養育の怠慢・放棄）、④心理的虐待の4つに虐待を分類している。

　虐待といえば、一般に「身体的虐待」が真っ先にイメージされるだろうが、**図4-7**に示すように、心理的虐待が最も多く、また、ネグレクトの件数も多い。これには、保護者の積極的な行為や意思がはたらいていない、あるいは貧困や傷病など、保護者自身も困難を抱えている結果、虐待となっている場合もある。これは、「むごく取り扱う」という意味から受ける印象とは異なる。

　「虐待」という用語は、英語のabuseの原義、「（本道から）逸脱して（ab）用いる（use）」、すなわち「誤用」から考えるほうが、より問題を正しく理解できる。「本来扱われるべきやり方ではない方法に子どもがさらされている状態」という理解である。虐待問題への対応とは、この「誤用」を防ぐことであると同時に、誤用を受けた子どもがどう育つのか、また、なぜ誤用が起きるのかという問題を考えることである。

（2）虐待が生まれる要因

　虐待が生じる要因については、これまで親・子ども側や家族・地域を視野に入れた視点で多く検討されてきている。大切なことは、決して1つの理由からでは虐待は生まれないということである。**図4-8**は、子どもの特徴、子育ての技能、社会状況、愛着の弱さという4つの要因が複合的に関連して生じることを示した一例である。

になることなどにより、児童虐待・DVのリスクが高まっている（2020年4月時点）。2020年4月には、国連女性機関（UN Women）が「女性に対する暴力という隠れたパンデミック（世界的大流行）が増加している」と警鐘を鳴らしている。

〈図4－8〉虐待が生まれる要因

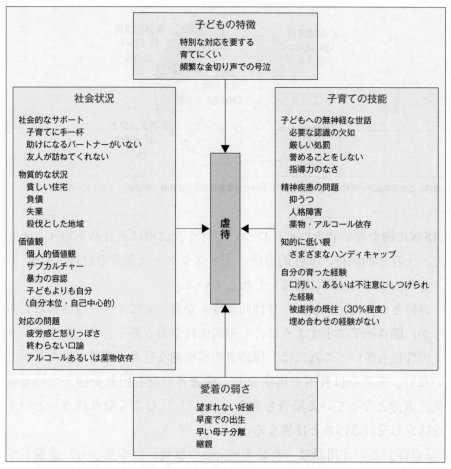

（出典）Goodman, R., Scott, S. (1997) 'Maltreatment of Children' in Child Psy-chiatry', Oxford, Blackwell Science, p.162 をもとに筆者訳、一部改変

（3）虐待における身体・心理学的問題

❶虐待を受けた子どもの問題

　はたから児童虐待の経過を見ると、なぜ、こんなことが続くのか理解し難いという思いに駆られる。それにはいくつもの心理学的な仕組みが関係している。

　例えば、幼児なら、親が自分に厳しく当たることを、親の認識や方法の選択が間違っていると考えずに、「自分が悪い子だから」「当然の報いを受けている」と考える場合が多い。これは、幼児特有の心性である「自己中心性」により、「自分に起こることは、自分に原因があるという考え方をしがちである」ことに由来する。虐待者はこの心性を結果的に利用し、虐待が発覚しづらくなるというケースがある。

　虐待が大きな問題であるのは、被害に遭う場所から救出されるだけでは解決されず、被虐待の影響が本人にだけでなく、周囲へも、世代を超

＊4
フランスの心理学者ピアジェ（1886-1980）が幼児の心性として、「自己中心性」をあげている。これは、自分の見方・視点から離れられず、他者が自分と異なる視点をもっていることが理解できないことであり、逆にいうと、幼児は事象を自身からの視点に引き付けて理解しがちである。

えても広がるからである。その影響は直接被害を受けたときだけではなく、本人の成長過程にわたって問題になることへの理解が必要である。

　被虐待児には、「感情・行動の不連続性」「攻撃性」「自己イメージの混乱と低下」などの問題が見られる場合があり、被害に遭ったかわいそうな子どもという思いだけで見ていると、理解できない問題が発生する。これについては、玉井邦夫がまとめた「子どもが虐待的環境に適応する」という考え方が参考になる。

　子どもはいつ虐待が起こってもおかしくない状況に常にあり、その上で虐待を受ける。その状況は本人にとっては日常の慣れ親しんだ生活であり、大人は子どもを「しつけ」する（虐待する）という前提で、生活を送っている。つまり、虐待を受けている子どもは常に「虐待的な環境」にいて、そこに、最大限適応し、その環境に応じた行動のパターンができ上がる。それは虐待されることで家族の中で役割を果たすこと、虐待されることが人との関係のとり方のパターンになるということであり、子ども自身が虐待を引き出すような役割行動を学習しているということでもある。それは根強いものであり、場所・養育者が変わるだけでは、被虐待児が身に付けた行動パターンは容易には変わらない。

　虐待が起こる場所と虐待者から離れたら、「子どもらしい素直な姿」を見せると考える援助者は、そうではない子どもの様子に接して、裏切られ、傷つくことになり、ときには自分の努力が実を結ばないことへの怒りから、敵意や憎しみをもってしまう。これは被害に遭ったがゆえにもつ心性が加害を誘発する仕組みであり、虐待が持続し、エスカレートする理由の一つでもある。また、施設内虐待や里親による虐待が起きる要因と考えられる。

　虐待は、心身の傷によるダメージというだけでなく、さまざまなレベルで子どもに課題を負わせている（**表4－3**）。

〈表4－3〉**虐待された子どもに認められる諸症状**

神経学・医学面	外傷（擦過傷、表皮剝離、脱臼、骨折、火傷、内臓損傷等） 頭部外傷（脳損傷・頭蓋内骨折、硬膜下血腫など） 精神遅滞、言語発達の遅れ、身体的損傷（脊髄損傷、麻痺、網膜剝離）、死
認知面	知能指数の低値、不注意、学習障害、学習不振、校内態度のまずさ、退学
社会・行動面	怒り、怠学、逃走、性的逸脱行為、十代の妊娠、飲酒、薬物乱用、非行、犯罪、暴力、失業
心理・情緒面	不安、抑うつ、低い自己評価、対処行動の拙さ、敵意、自殺企図、PTSD、人格障害、身体表現性障害、解離障害

（出典）Widom, C.S. (2000) 'Understanding the Consequences of Childhood Victimization', in Robert M. R. (ed.), *Treatment of Child Abuse*, Baltimore and London, Johns Hopkins University Press, pp. 339-361 をもとに筆者訳、一部改変

＊5
ここでいう「不適切な
方法の学習」とは、社
会的には不適切な方法
（例えば「暴力や威嚇に
より、相手を言いなり
にしようとする」）が
いったん学習されてし
まうと繰り返し使われ
るようになり、その修
正に時間がかかってし
まうようなこと。

さらに、不適切な方法の学習による認知と文化的継承の歪み^{＊5}という視点も役に立つ。「人は暴力による支配で関係をつくる」「理不尽ではあっても、支配者には抵抗できない」といった認識は恐怖により正常に判断できていないだけではなく、対人関係の基礎が極端な形で学習されてしまった問題でもある。

これは世代間連鎖（祖父母と父母の世代間の虐待的な関係が父母と子どもの間の虐待的な関係に受け継がれること）が起こるときの理由の一つでもある。また、ネグレクトがある場合には、生活習慣や社会的なルールが適切に学習されていないことがあり、これも不適切な方法の学習の一つである。

❷虐待をする保護者の問題

虐待に至る経緯はさまざまであるが、虐待する保護者は、「子どもが泣いたり、いたずらするのは、子どもが自分（親）を愛していないからだ」「子どもは言わなくても、親の言うことがわかるはずだ」「自分が子どもだったときのように、子どもは親に気遣いすべきだ」といった認知の歪みをもつことがある。この認知の歪みは自己評価にも影響し、不安が強く、失敗につながるという悪循環にもなりやすく、虐待が継続する理由でもある。

特に、自身に被虐待体験がある場合には、前述の不適切な方法の学習の影響もあり、認知の歪みを修正するのは、簡単なことではなくなる。また、子育ては自分の育ちを再確認し、再現する過程でもある。自分の育ちを否定するとしたら、強い葛藤が生まれる。虐待する親にはときどき「この子を見ていると自分を見ているようで嫌だ」と言う人がいる。また、自分の育ちを肯定しようとするなら、親と同じ行為に走るしかなくなってしまう。

虐待する保護者への援助に際しては、保護者が自分の過去と向き合わざるを得ない状況へのサポートも必要だということを忘れてはいけない。

（4）気付きと対応

平成16（2004）年の児童福祉法及び児童虐待防止法（児童虐待の防止等に関する法律）の改正により、児童相談所と市町村の連携が強化され、各市町村の虐待等の問題に対する役割が明確化された。支援の機関としては、児童相談所がその専門機関として位置付けられる。児童相談所は、児童福祉施設入所や保護者への指導などについて、法的根拠のある措置

権をもつほか、児童心理司や医師が配置され、心理学的、医学的な治療
の機関でもある。また、児童家庭支援センターもソーシャルワークや心
理学的支援の機能をもった専門機関として位置付けられる。実際に虐待
を受けた子どもたちが生活する場合の多い児童養護施設[*6]、児童心理治療
施設、児童自立支援施設なども福祉的支援の場所であると同時に、治療
的機能をもつ機関である。このほか、小児科、精神科の病院も心身の治
療の場所として位置付けられる。

　一般的に虐待に気付くポイントは、①子どもの状況がどこか変、②親
の様子が何かしら変、③状況を一元的に理解することがむずかしくて
変、といった「3つの変」に気をつけることである。

　治療は重症度と緊急性を判断して、親と子どもへの対応を検討し、多
職種での役割分担から長期的支援と再発予防的対応が求められる。

　生命的危機や問題の深刻化が予測されるときは、迅速な対応が求めら
れる。医療的な入院をしての保護か、福祉・保健的な保護（児童相談所
への一時保護など）か、あるいは通院・通所での支援かを検討すること
になる。

　親への対応としては、親自身がかつて虐待を受けた経験をもつ、子ど
もとかかわる以前の未解決な課題を抱えている、生活上の不安が大き
い、配偶者からの暴力にさらされているなど、さまざまな課題をもって
いる場合があることに配慮する必要がある。

　単純に子どもを被害者、親を加害者と二分化せずに、親の心情をくみ
取り、養育姿勢を全面否定せず、虐待という迷路から脱出したいのは子
どもだけではないということを信じて、関係者がともによい方向を見据
える努力をする必要がある。

　子どもへの対応では、常に日常の「安心感」が提供されるような配慮
が必要であろう。結論を急がず、性急な改善を求めず、「日々の環境に
包まれる心地よさ」の回復を期待するようにしたい。そのためには、狭
義の治療だけではなく、日々の生活の中での気配りや声かけなどが必要
である。「治療場面」だけが、非日常的に心地よい状況をつくり出して
しまうのは、むしろ、治療的に失敗といえる。日常生活全体がある意
味、治療的要素に満ちていることが重要である。

（5）配偶者からの暴力

　平成13（2001）年に公布された「配偶者からの暴力の防止及び被害[*7]
者の保護に関する法律」において、「配偶者からの暴力」とは、配偶者

＊6
平成28（2016）年の児
童福祉法改正により、「情
緒障害児短期治療施設」
は「児童心理治療施設」
に改められた。平成29
（2017）年4月1日施行。

＊7
平成25（2013）年6
月、同法の一部改正に
より法律名が「……保
護等に関する法律」と
なった。

〈図4-9〉 DV相談件数の年次推移

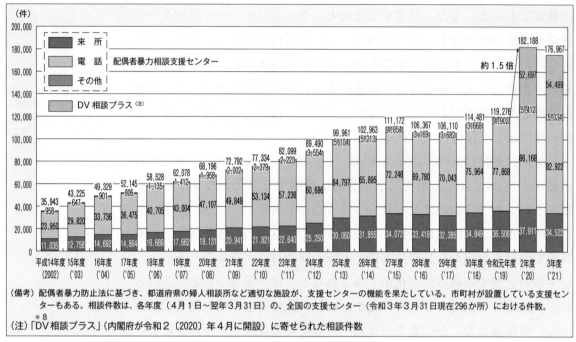

（備考）配偶者暴力防止法に基づき、都道府県の婦人相談所など適切な施設が、支援センターの機能を果たしている。市町村が設置している支援センターもある。相談件数は、各年度（4月1日～翌年3月31日）の、全国の支援センター（令和3年3月31日現在296か所）における件数。
（注）「DV相談プラス」（内閣府が令和2（2020）年4月に開設）に寄せられた相談件数

（出典）内閣府 男女共同参画局「配偶者暴力相談支援センターにおける相談件数等の結果について」をもとに一部改変

＊8
「DV相談プラス」は、新型コロナウイルス感染症に伴う生活不安・ストレスなどによるDVの増加・深刻化に対応するため、最寄りの配偶者暴力支援センターにつながるDV相談ナビに加え、内閣府が令和2（2020）年4月に開設。電話相談のほか、メール、チャットが利用できる。

からの身体に対する暴力またはこれに準ずる心身に有害な影響を及ぼす言動とされている。一般に普及しているDV（ドメスティック・バイオレンス）という用語はほぼ同じものをさしていると考えられる。**図4-9**に示すように、来所相談も電話相談も法律施行後、倍増しており、DVの認知件数は増え続けている。児童虐待と比べても、傷害や殺人の認知件数は多く、深刻な問題である。

　配偶者は、事実婚を含むパートナーをさすものとされており、暴力とは、身体的なものだけではなく、精神的なもの（例えば「言葉での攻撃」「日常の行動をチェックし、他者との交流を制限する」「生活費を渡さない」）や、性的なもの（例えば「嫌がっているのに性的行為を強要する」「避妊に協力しない」）も含まれる。

　また、平成25（2013）年の改正により、生活の本拠をともにする交際相手からの暴力及びその被害者について、この法律を準用することとなった。

　配偶者暴力相談支援センターへの相談では、令和3（2021）年度の統計（実人員）で、女性からが7万2,490人（96.7%）、男性からが2,489人（3.3%）となっている。

　潜在する数も含めて、被害者は、圧倒的に女性が多いことは間違いない。これは、DVが男女間の支配・被支配の関係の問題であるからと考

えられる。子どもと大人の間に起こる児童虐待ならまだしも、なぜ、大人同士の問題であるDVの状態から逃げられないのかという疑問への回答もここにある。

　DV被害者は、尋常ではない加害者への恐怖心から、身動きできなくなる。加害者に従属した状態が定着するなかで無力感が強まり、関係から脱出するためのエネルギーをもてないといったことがある。これには、被害者が過去に、虐待やネグレクトなどの被害体験をもっていたことが影響する場合もある。加害者側には、劣等感や依存心の強さが基底にあり、暴力により支配しようとする傾向がある。

　現実的に関係を絶つときには、経済的なこと、子どもの存在なども大きな問題となるが、そのほかには、共依存によりDVのある関係が続いている場合がある。これは、他者の世話をすることで他者をコントロールし、それによって自らの安定を図っている状態と考えられる。アルコール依存症の夫をもつ妻に典型的に見られるように、妻は一見、夫に振り回され支配されているように見えるが、実は夫にあてにされ世話をすることで夫を支配しており、そのことが夫の変化を阻む要因になっている場合である。

　支援者により、避難や関係断絶の努力がなされても、復縁し、同じ問題が繰り返される場合があるのは、こういった構造の問題だからである。DVの関係を絶つためには、一方だけの治療や支援では不十分であり、双方及びその関係について、根気強い対応が必要となる。

　対応については、警察のほか、全国の配偶者暴力相談支援センター、婦人相談所が専門機関としてあり、避難先としては、民間シェルターの存在も大きい。夫の暴力から逃れた後の復帰を援助するため、母子生活支援施設などが設置されている。

（6）多職種の連携と支え合い

　児童虐待もDVも、家庭内で発生し、外に見えずに持続する問題であり、その持続する仕組みにこそ、問題の深さと改善のむずかしさが内包されている。支援者が介入しづらく、また、かかわることで傷つくことが多いのも、これらの家庭内の暴力に共通することである。加害側・被害側双方が、支援者を振り回し、支援のための連携を分断するかのようにふるまう。

　社会からの孤立により、発生し、持続する問題を解決するためには、支援者がつながり、支え合うことが、いっそう重要である。多職種がどのように手をつなげるかが支援のスタートであり、ゴールまで維持すべ

き基本姿勢である。

2 燃え尽き症候群

（1）燃え尽き症候群（バーンアウトシンドローム）とは

ストレスがさまざまな心身の反応を生み出すことは、本章第2節で詳細に述べられている。

その中で、対人サービス業従事者に特有のストレス反応を、燃え尽き症候群あるいはバーンアウトシンドロームとよぶ。[9]

これは、そもそも**フロイデンバーガー**（Freudenberger, H. J.）が「対人サービス業従事者の心身の消耗やフラストレーションを総称」するものとして定義したものである。[1]

（2）燃え尽き症候群の原因

対人サービス業従事者は、高齢の方々への介護、発達障害のある子どもたちへの生活支援、就労支援や職場で仕事を教えたり、雇用者へ助言したりするジョブコーチなど、あらゆるところで、その活躍が嘱望されている。

本来、こうした職種を選択した理由の一つに、自らを「他者のための存在」、他者との共生傾向を希求するという個人的資質があるかと思われる。結果が良好であれば、その思いは満たされ、同時に援助を受けるほうも満足される。しかし、対人サービスとは、個々に要望が異なり、サービスの結果も見えにくく、達成感が最も得られにくい仕事の一つでもある。

労多くして功少なし、という仕事の中で、心身ともに疲弊していくことも十分考えられる。

最近では、雇用条件に対する経済的不安や、職場や顧客との対人関係面でのストレス、周囲の評価への過剰な不安感や孤立感といった要素も含まれるようになってきた。

（3）燃え尽き症候群の症状

こうしたなかで生じる心身の疲弊が、まさにフロイデンバーガーが定義した燃え尽き症候群である。その症状はその後マスラック（Maslach, C.）らによって精緻化され、以下の精神的疲弊、非人格化、個人的達成感の低下の3つから構成される。[1]

❶精神的疲弊

　疲労困憊でまさに燃え尽きた状態を意味する。身体の疲れなら少し休めば多少は軽減するが、心の疲れは、寝ても起きても継続し、かつ失敗を恐れるため、常に過剰な緊張状態を自らに強いる。

❷非人格化

　対人サービス業従事者も、疲れ切ると、相手を人間というよりも「モノ」扱いしてしまうようになる。こうした状態を非人格化とよぶ。思いやり、配慮を欠く言動を示し、次第に信頼感が薄まり、同僚や組織に対しても投げやり、あきらめ感を抱きやすくなり、孤立感が強まる。

❸個人的達成感の低下

　結果、サービスが質的に劣る。そこに気付き始めると自己否定や、仕事への疑問が生じ、職務に対する充実感は低下し、ときに自分はこの仕事に向いていないのではないだろうかと自信を失う。

　精神症状レベルとしては、精神的疲弊の時期には意欲の低下、抑うつ状態、睡眠障害、食欲不振が認められ、非人格化の時期には無感動、感情の起伏のなさ、ときに激しいイライラや不安を示すようになり、最後の個人的達成感の低下では、より激しいうつ状態、ときに希死念慮なども認められるようになる。

（4）燃え尽き症候群への対応

❶予防的対応

　燃え尽き症候群になるのを防ぐには、自らにある燃え尽き症候群に陥りやすい資質を自己理解しておくことが求められる。精神的疲弊の段階では、無理をしない、周囲の評価を聞き、できるだけ早期に対応する。さらに、絶望感や失望、自責感や怒りなど、ふだん以上に追い詰められ、孤立感を抱いてきた場合は、職場との距離を意識的に取り、私的な時間の有効活用などを検討実施する。

❷解決的対応

　それでも改善しない場合は、仕事、生活全体のスタイルの見直しが必要なため、産業医、心療内科医、精神科医、心理士などの専門的対応を検討する。

BOOK 学びの参考図書

●水澤都加佐『仕事で燃えつきないために－対人援助職のメンタルヘルスケア』大月書店、2007年。

　対人援助職にこそメンタルヘルスケアが必要とする著者による本。事例もあり、燃えつきに至る過程と、その回復までをていねいに記述している。自分自身を見つめ直すことができるよう、燃えつきの兆候や状態のチェックリストもある。

3 抑うつ状態

（1）抑うつについて

抑うつとは、一般には気分が沈み、憂うつな気分でいる状態、あるいは気持ちが晴れ晴れとしない状態をさす。これまでは「やる気がない」ように見えるため、怠けていると誤解され、本人はさらに自分を責めてしまうこともあった。

*10
本節8（4）参照。

医学的に診断される場合、「気分障害」という大きな診断名があり、その中に「**うつ病**」と「**双極性障害**（躁うつ病）」がある。[*10]

*11
厚生労働省「患者調査」。

うつ病と診断される人は増加傾向にある。WHOは2005年と2015年とを比較し、この10年で18％の増加を認めている。わが国も厚生労働省による調査で、気分障害で医療機関にかかる患者数は、平成17（2005）年で約92万人だったが平成29（2017）年には約127万人と約1.4倍に増えている。[*11]

こうした社会情勢の中、「うつ」は決して人ごとではないという危機感から社会的関心も高くなっている。

（2）抑うつ状態の原因

「抑うつ状態」とは、診断名ではなく、悲しい気分、悲観的な思い、不安感、寂しさ、不幸感、苦しみ、生きていることが無意味に思える気持ち、自分を責める気持ち、罪の意識などの思いがあり、未来に希望がもてずに過去のことをくよくよと思い悩む状態を包括的に表現する言葉である。

抑うつ状態に至る場合、個々にある遺伝的、体質的な背景がその主な原因となるもの、個々にある性格や物事の受け止め方が主な原因になるもの、出来事や環境が主な原因と考えられるものと、さまざまである。

従来、うつ病の発症には、個人・家庭に関係する出来事、職業などに関係する出来事といった人生上の出来事（ライフイベント）が誘因となることが指摘されている。**表4-4**は、その視点から「うつ病」の発病に関係する誘因や状況を示している。しかし、これは「抑うつ状態」全般においても役立つ指摘と思われる。

そこには、抑うつ状態とうつ病とを明確に鑑別することがかなりむずかしくなってきたという大きな理由がある。

実際、最近はうつ病の軽症化に加え、その病態の複雑・多様性から、うつ病自体の診断そのものがむずかしくなっているといわれている。さ

〈表4－4〉うつ病の発病に関係する誘因ないし状況

個人・家庭に関係する出来事	職業などに関係する出来事
近親者・友人の死亡、別離 子女の結婚、遊学 病気、事故 家庭内不和 結婚、妊娠、出産、月経、更年期 転居 家屋、財産などの喪失（火災など） 目標達成による急激な負担軽減 定年 仕事の過労 家庭の経済問題	職務の移動（配置転換、転勤、出向、転職など） 昇進、左遷、退職、定年 職務に関係した情勢の急変（不景気など） 職務に関係した困難（自分でコントロールできない要因） 職務内容の変化 職務上の失敗 病気による欠勤と再出勤 昇進試験や研修

（出典）大熊輝雄「現代臨床精神医学」第12版改訂委員会 編『現代臨床精神医学（改訂第12版）』金原出版、2013年、376頁をもとに一部改変

〈表4－5〉うつ病の症状

	感情			意欲・行為		思考		身体機能
	気分	身体感情	自我感情	個人面	社会面	形式面	内容面	
うつ状態	憂うつ 悲哀 さびしい 不安・焦燥 苦悶 無感情 興味・喜びの喪失	不調 活力減退 疲れやすい 不健康感	低下 自己評価過小 自責 劣等感 悲観的 絶望	制止 寡言・寡動 昏迷 焦燥・徘徊	閉居 厭世 自殺	制止	微小的・罪責 貧困・心気（妄想） 虚無妄想	不眠（浅眠・早朝覚醒）・朝方抑うつ 食欲低下・やせ 便秘 性欲低下 頭重・頭痛・肩こり・しびれ・発汗 口渇・倦怠 日内変動

（出典）大熊輝雄「現代臨床精神医学」第12版改訂委員会 編『現代臨床精神医学（改訂第12版）』金原出版、2013年、379頁をもとに一部改変

らに分子遺伝学的研究でも、現時点で「うつ病」が単一遺伝子によるものとは考えにくく、おそらく多因子性の症状であると考えられている。

（3）抑うつ状態の症状

　すると、大切なことは、うつ病の確定診断、あるいは正確な鑑別以上に、個々にある抑うつ状態の症状をていねいに把握することであろう。

　表4－5は、「うつ病」に見られるうつ状態の症状であるが、こうした感情、意欲、思考という3つの視点と身体の具合をていねいに聴き取ることが大切である。

（4）うつ病の経過と予後

　うつ病は、これまで20〜30歳台と50〜60歳台の2つに発症のヤマがあるといわれてきた。最近は思春期前後の子どものうつ病の発症も指摘されるなど、境界不明な病態になりつつある。

　当然「抑うつ状態」に対する経過と予後は「非常にさまざま」である。

（5）抑うつ状態の治療

　抑うつ状態の原因に、遺伝的、体質的な背景、性格や物事の受け止め方、出来事や環境があるということを考えると、その対応も個別的であるべきである。

　青木は、こうしたタイプに対して、病気の説明、治療の説明、励ましの有無、休養の勧め方、薬物の位置付けなどを詳細に検討し、最後に「結局は一人ひとりの患者の、そのとき、そのときに応じて、精神療法的アプローチを考えていかなければならない」と述べている[2]。

　遺伝的、体質的な要因が主たる原因となる場合は、病気であること、休息が必要であること、必ず薬物療法を続け、決して自殺をせず、人生の一大決心などは病状がおさまるまで待ってもらう、そして「必ずよくなる」と伝えるのが一般的であろう。性格や物事の受け止め方が主たる原因の場合は、認知行動療法[*12]が有用となるだろうが、その前に、本人の治療意欲を落とさないよう本人の気持ちを重視しながら、信頼され伴走できる継続的な治療関係を形成しておく必要がある。出来事や環境が原因の場合は、まずは休息をしてもらい環境調整を図ることを優先する、といった取り組みの差異はある。

　青木は、抑うつ状態の人を自然回復へと導く重要性にふれ、「『人との繋がりを取り戻す』ことを含めた環境調整」が必要不可欠と説いている[3]。至言である。

4 依存症

（1）依存症の定義

　依存症には、薬物やアルコールといった物質に依存するもの（物質依存症）と、ギャンブルやダイエット、ゲームや買い物といった行動をやめられないもの（嗜癖行動）とに大別できる。

　依存性のある物質とは、使用により、陶酔感、多幸感といった快楽を与えるもので精神作用物質とよぶ。しかし、こうした物質、特にアルコールやたばこなどは、普通に摂取して、適度な使用量の中、日々安定して生活している者もいる。嗜癖とよばれるギャンブルやゲームなども、自分の財布と相談して逸脱することなく楽しめている者もいる。

　依存症と診断されるためには、何かしらの生活上のトラブルがあるにもかかわらず、やめられない、自身でコントロールできない事態に陥っていなければならない。

＊12
本書第5章第4節4参照。

BOOK 学びの参考図書
●大野　裕、NPO法人地域精神保健福祉機構監修『うつ病の人の気持ちがわかる本』講談社、2011年。
　うつ病で悩む人自身の言葉にならない思いを知ることができ、回復についてだけでなく、家族や周囲の援助者の対応がわかる。

〈表4-6〉　依存性薬物の分類

中枢神経作用	依存性薬物	精神依存	身体依存	耐性形成
抑制系	アルコール	++	++	++
	アヘン類	+++	+++	+++
	バルビツール系	++	++	++
	ベンゾジアゼピン系	+	+	+
	有機溶剤	+	±	+
	大麻	+	±	+
興奮系	コカイン	+++	0	0
	アンフェタミン	+++	0	+
	LSD	+	0	+
	ニコチン	++	±	++

（出典）和田　清『依存性薬物と乱用・依存・中毒－時代の狭間を見つめて』星和書店、2011年、14頁をもとに一部改変

第4章

　なぜやめられないかといえば、①使用し続けないといられないという精神状態（これを精神依存とよぶ）と、②使用し続けることでかろうじて生理的平衡を保っている、使用を中断すると離脱症状が出現する（これを身体依存とよぶ）からである。そして、物質の場合には、その物質が次第に期待された効果を得にくくなり、期待する効果を得るにはより多量の摂取を必要とする状態（これを耐性とよぶ）も加わり、3つの要素がある。

　依存性薬物には、**表4-6**に示したように、身体・精神依存を起こすものと起こさないものがあるが、精神依存を起こさない依存性薬物はないことがわかる。中枢神経作用としては、リラックスさせる抑制系と、興奮させる興奮系があり、アルコールは抑制系といわれているが、酩酊初期は興奮系のはたらきをすることもある。

　なお、薬物乱用という言葉は、意図的に間違った用途または用法をもとに薬物を大量に摂取することをいう。そのため依存性薬物だけでなく、痛み止めの薬3回分を1回で服用するといった常識はずれの行為も「乱用」とよぶことができる。

（2）依存症の形成要因

　依存症がつくられる要因としては、それが心理的苦痛を消去あるいは軽減させる効果があるからであり、そのためにどのような物質・行動を選択するかは、個々で異なると理解すべきである。

　心理的苦痛の軽減ゆえに、例えば物質であればそれが引き起こす多幸感、陶酔感が強いほど、しかも即効性があり不快な副作用が少ないほ

ど、使用してしまう、使用し続ける危険性が高いことになる。得られる精神的快楽が大きいほど精神依存も生じやすいはずといえるが、それほどの快楽を得続けないといけない日々の苦痛、苦悩の存在に目を向けておく必要がある。

依存する物質や行為がなぜその人に選ばれたかを、検討することが最も有益なこととなる。

カンツィアン（Khantzian, E. J.）らは「依存症を抱える人は、ほとんどつねに、さまざまな理由から深刻な苦悩に対処することを余儀なくされており、その苦悩こそが、人を依存症へと傾斜させていく主たる要因となっている[4]」と述べている。

（3）アルコール

❶酩酊（酔うこと）

アルコールは一般的に使用すると酔う。これを酩酊とよぶ。アルコール酩酊には、普通の酔い方としての単純酩酊と、異常な酔い方である異常酩酊の2種類がある。さらに異常酩酊には、いわゆる酒癖の悪い酔い方、酒乱とよばれる複雑酩酊と、強い意識障害が急激に生じる病的酩酊がある。単純酩酊はアルコールの量によって軽い酔いから泥酔まで認められるが、異常酩酊はアルコールの血中濃度が急激に上昇するという経過の異常さが認められる。

❷アルコール依存症候群

アルコール依存には、飲まずにいられない精神依存型と、精神依存に加えてアルコールが切れると離脱症状が出現する精神身体依存型と、肝臓、膵臓、胃腸障害といった身体症状が重なる身体障害型の3つに分けられる。

アルコール依存の精神症状は、やめることができずに終始飲みたいという思いと行動から成る強迫的または探索的言動が目立ち、飲酒時以外の生活が乱れ、感情も酩酊時に怒りっぽくなったり、暴れたりするようになる。

アルコール依存の離脱症状は、断酒後20時間ごろに指や足の震えや発汗といった小さな離脱と、離脱後72〜96時間に認める幻覚やけいれん発作などに至る大きな離脱症状とがある。特に大きな離脱症状としては、振戦せん妄というものがある。これは、断酒後1〜3日から始まる。最初は頭痛、嘔吐、発汗、不眠、手指の震えで次第に不安感、不機

嫌となり、最後は意識障害や幻覚を示すようになる。アルコール依存のときの幻覚は、床や壁にクモやアリといった小さな生き物がうごめいているのが見えるという小動物幻視を特徴とする。

❸治療

　進行を予防し、断酒治療へ移行するための節酒、減酒治療、断酒治療がある。いずれも離脱症状に注意して対処する。症状が激しい場合は入院も検討する。個人精神療法や動機づけ面接、集団療法やピアメンバーとの対話なども有効となる。

　薬物療法としては節酒するための薬物や、飲酒すると一過性の悪酔い状態と身体症状が出現する抗酒剤などがある。

　アルコールの場合は、家族が長い期間、生活に巻き込まれさまざまな悪循環に陥っていることが少なくないため、家族援助、支援が必要となる。

（4）覚醒剤

❶覚醒剤の効能

　アンフェタミンやメタンフェタミンを覚醒剤とよび、少量で眠気や疲労感を取り除き、気分を爽快にさせる作用がある。食欲を低下させる作用もあるので、痩せ薬として悪用されてしまうこともある。

❷覚醒剤による精神症状

　一般に覚醒剤中毒とよばれる。使用後1時間以内に認められる急性中毒と依存症、及び幻覚妄想状態を示す覚醒剤精神病の3つがある。

　急性中毒は、多幸感、万能感といった精神症状と、不眠、食欲低下、血圧上昇といった身体症状、さらに離脱時期にある反跳現象（無気力、抑うつ気分）から成る。

　覚醒剤依存症は、身体・精神依存を示すが幻覚妄想は伴わない。意欲の低下や情緒不安定が持続し、使用中のみがかろうじて多幸感となる。耐性があるので、徐々に使用量が増え、どんどんやめられなくなる。次第に神経過敏と身体疲労が目立っていく。

　依存症の次に認められる可能性があるのが、覚醒剤精神病である。統合失調症に似た状態で幻聴が非常に多い。ときに幻視、幻触も認められる。妄想は被害関係妄想が主で、周囲から監視されている、脅迫されている、殺されるかもしれないという気分になりやすく、防衛のために逃

走したり、殺傷事件に至ることもある。

❸治療

判明した時点ですぐに使用を中止する。精神症状が目立つ場合は、専門医による薬物治療や入院治療も必要となる。

覚醒剤は覚醒剤取締法により、使用だけでなく、所持、製造、あるいは誰かにあげた、誰かからもらっただけで犯罪として罰せられる。

（5）有機溶剤

接着剤や塗料に使用される有機溶剤は、製品として市販されていたり、塗装業者、ドライクリーニング店などで使用されることがあるため、毒物及び劇物取締法によって、日頃からの管理に注意が喚起されている。しかし、それでも青少年の手に渡りやすく、ときに、職場で知らずに使用して急性あるいは慢性中毒に至る例もある。

❶有機溶剤による精神症状

酩酊気分と多幸感が主である。ときにイライラが目立つこともある。夢の中にいるような幻覚もある。長期使用によって、無気力、不安感が強まり、ときに被害関係妄想を示すこともある。

❷治療

青少年に多いため家族指導を含めた対応が必要となる。また予防としての教育が効果を示すことがある。

（6）ニコチン

未成年の喫煙は成人よりも依存形成が早いといわれており、早く喫煙した者は成人後もやめにくいといわれている。

満20歳未満の喫煙を防止する取り組みとして、平成20（2008）年7月から採用実施した自動販売機で満20歳未満の購入を防ぐ成人識別ICカード（taspo）は、令和8（2026）年3月末に終了する。一方で、コンビニエンスストア等では、年齢確認ボタンが採用されているが、抑止効果は十分ではない。

未成年者の場合、常習喫煙家族からの受動喫煙の機会が多く、家にたばこが放置されていることで、抵抗感の低さと好奇心が喫煙行動を形成しているといわれている。

　たばこは嗜好品の一つであるが、過量の喫煙は肺がんの発生も報告されるなど、身体症状を引き起こすことが知られている。たばこに含まれているニコチンが不安・緊張を和らげるため、精神依存を形成しやすく、習慣性となりやすい。さらにニコチン離脱症状も知られ、耐性が生じることも判明している。専門的治療として禁煙外来がある。

（7）ゲーム障害／インターネット依存

　インターネット依存という用語を初めて用いたのは、1996年、ゴールドバーグ（Goldberg, I.）であったといわれている。その後、ヤング（Young, K. S.）によって、インターネット依存はアメリカ精神医学会が定めている精神障害の診断と統計の手引き第4版（DSM-Ⅳ）の「病的賭博」を参考に、「インターネット使用者のコントロール不能な状態、インターネットにはまっている時間が増大していること、弊害が生じているにもかかわらず、止めることができない状態」と定義された。

　その後、インターネット依存問題は肥大化してゆき、明確な基準の策定が求められてきた。

　2013年に改訂されたDSM-5において、インターネットゲーム障害（Internet Gaming Disorder）の診断基準が収載された。しかし、この病名は「Conditions for further study, さらなる研究の必要な障害」に入っており、現時点では使用できないものである。

　WHOが定めているICD[13]（国際疾病分類）では、既存のエビデンスの質と量から、インターネット全般にかかわる嗜癖を疾患単位とするのではなく、ゲームに焦点を絞るべきであると結論され、2019年、以下のような基準が「Gaming disorder（ゲーム障害）[14]」としてICD-11に収載された。

　以下の①〜③のすべてを満たす場合に「ゲーム障害」と診断される。

　①持続的または再発性のゲーム行動パターン（オンラインまたはオフライン）で、以下のすべての特徴を示す。

　　a. ゲームのコントロール障害がある（例えば、開始、頻度、熱中度、期間、終了、プレイ環境などにおいて）。

　　b. ほかの日常生活の関心事や日々の活動よりゲームが先にくるほどに、ゲームをますます優先する。

　　c. 問題が起きているのにもかかわらず、ゲームを継続またはさらにエスカレートさせる（問題とは、例えば、反復する対人関係問題、仕事または学業上の問題、健康問題）。

*13
本双書第14巻第1部第3章第1節2参照。

*14
現在、ICD-11は邦訳作業中であり、Gaming Disorderがゲーム行動症等と訳される可能性がある。

②ゲーム行動パターンは、持続的またはエピソード的かつ反復的で、ある一定期間続く（例えば、12か月）。

③ゲーム行動パターンは、明らかな苦痛や個人、家族、社会、教育、職業や他の重要な部分において著しい障害を引き起こしている。

ゲーム障害の危険因子として、三原と樋口は、横断研究のレビューから、長時間のゲーム使用、頻回の使用、何年にもわたる使用をあげている[5]。また、男性であることや若年であること、対人関係の問題、学業や職業における達成度の低さ、ソーシャルスキルの欠如、攻撃性、合併する精神疾患（ADHDなど）に加え、家庭内の不調和、片親であることがゲーム障害と関連していることを見出した。

治療法の開発も緒に就いたばかりである。2013年にウィンクラーらは、治療に関する研究をレビューし、認知行動療法や心理教育的プログラム、家族療法、グループカウンセリングなど、一部の治療に有効性が認められたとしている[6]。

今後、ゲーム障害／インターネット依存問題は増加していくことが予測され、有効な治療法や予防法の開発が急務である。

（8）なぜその行為を続けるのだろうか

依存症に苦しむ人は、カンツィアンらがいうように、常に、さまざまな理由から深刻な苦悩にさらされていて、そこから能動的に脱却しようとして選択した行為により、一時的に救われたと感じているはずだ。しかし、それにより、当然彼らは別の苦悩を抱える危険性を負う。

それでも、なぜ人はその行為を続けるのだろうか。カンツィアンらは「自分には理解できない不快感を、自分がよく理解している薬物が引き起こす不快感へと置き換え、それによって、コントールできない苦悩をコントロールできる苦悩へと変えている[7]」と述べた。そこにある心理的孤立をいかにして軽減するかが、治療の本筋といえないだろうか。

5 自殺と自殺予防

自殺問題は日本において大きな社会問題であり続けている。後述するが25年ほど前に日本の自殺率は急激に高まった。それはバブル崩壊による経済問題が背景にあると推測されているが、その高い自殺率が続いた後に、経済的な環境の好転と平成18（2006）年に施行された自殺対策基本法による政策的な介入が並行するなか、自殺率はこの10年間は

漸減してきている。

　その意味では自殺問題は、個人の問題というだけでは言葉たらずで、むしろ社会や政治の影響を受ける問題である。一方で、個々の自殺については、その背景の多くに何らかの精神疾患があるという医学的知見もある。すなわち自殺が医学・生物学的な問題であるということでもある。また、自殺はアイドルやスターによるものを含む自殺報道により誘発される側面もあり、これらは心理学的な問題でもある。つまり自殺の背景にある原因を単純に一つの理由で説明することは困難であり、むしろ複合的な問題が集約され自殺という一つの行為として顕在化するものと理解しておくべきと、初めに述べておく。

　ここでは、自殺についての現況について解説をし、その上で自殺予防のためのかかわりや取り組みについて概括する。

（1）日本における自殺の現況

　日本の自殺の現状や推移を概観する上で、よく活用される資料として警察庁による自殺統計がある。「令和4年中における自殺の状況」からこれまでの各年次の自殺者数を**表4－7**に抜粋する。

　これによると、令和4（2022）年の日本においては年間2万人強の人が自殺により亡くなっている。しかし、その経年的な変化を見ると、約25年前の平成10（1998）年には、その前年の自殺者数2万4,000人強から一気に3万3,000人弱まで増加している。そしてその後、平成23（2011）年まで3万人を割ることはなかった。この間、自殺は社会問題として認識され「自殺者3万人時代」などと報道されていた。

　なお、この3万人という実際の数値は、日本の人口の増減を加味していないので、年次間や地域間の比較はしにくい。そのため、多くの場合、自殺者の統計においては10万人当たりの自殺者数を自殺死亡率として用いているのが通例である。

　表4－7の自殺死亡率は昭和53（1978）年から平成9（1997）年の間は17人から19人前後を変動していたが、前述のとおり、平成10（1998）年には前年比で約7人急増している。さらに平成15（2003）年までに27.0人にまで増加した。その後、徐々に減少し、令和4（2022）年では17.5人まで下がっている。

　さて、ではこの10万人当たり17.5人という数字を、援助者はどのようなリアリティをもって理解するとよいかを検討する。あなたが人口10万人規模の地域に住んでいるとしたら、その地域では毎年17.5人が

〈表4-7〉 日本における自殺者数・自殺死亡率の推移　　　　　（単位：人）

	自殺者数			自殺死亡率（10万人あたり）		
	総数	男	女	男女計	男	女
昭和53年	20,788	12,859	7,929	18.0	22.7	13.6
:	:	:	:	:	:	:
平成元年	22,436	13,818	8,618	18.2	22.8	13.7
平成2年	21,346	13,102	8,244	17.3	21.6	13.1
平成3年	21,084	13,242	7,842	17.0	21.7	12.4
平成4年	22,104	14,296	7,808	17.8	23.5	12.4
平成5年	21,851	14,468	7,383	17.5	23.6	11.6
平成6年	21,679	14,560	7,119	17.3	23.7	11.2
平成7年	22,445	14,874	7,571	17.9	24.2	11.8
平成8年	23,104	15,393	7,711	18.4	25.0	12.0
平成9年	24,391	16,416	7,975	19.3	26.6	12.4
平成10年	32,863	23,013	9,850	26.0	37.2	15.3
平成11年	33,048	23,512	9,536	26.1	37.9	14.7
平成12年	31,957	22,727	9,230	25.2	36.6	14.2
平成13年	31,042	22,144	8,898	24.4	35.6	13.7
平成14年	32,143	23,080	9,063	25.2	37.1	13.9
平成15年	34,427	24,963	9,464	27.0	40.1	14.5
平成16年	32,325	23,272	9,053	25.3	37.4	13.8
平成17年	32,552	23,540	9,012	25.5	37.8	13.8
平成18年	32,155	22,813	9,342	25.2	36.6	14.3
平成19年	33,093	23,478	9,615	25.9	37.7	14.7
平成20年	32,249	22,831	9,418	25.2	36.6	14.3
平成21年	32,845	23,472	9,373	25.7	37.6	14.3
平成22年	31,690	22,283	9,407	24.7	35.8	14.3
平成23年	30,651	20,955	9,696	24.0	33.7	14.8
平成24年	27,858	19,273	8,585	21.8	31.1	13.1
平成25年	27,283	18,787	8,496	21.4	30.3	13.0
平成26年	25,427	17,386	8,041	20.0	28.1	12.3
平成27年	24,025	16,681	7,344	18.9	27.0	11.3
平成28年	21,897	15,121	6,776	17.3	24.5	10.4
平成29年	21,321	14,826	6,495	16.8	24.0	10.0
平成30年	20,840	14,290	6,550	16.5	23.2	10.1
令和元年	20,169	14,078	6,091	16.0	22.9	9.4
令和2年	21,081	14,055	7,026	16.7	22.9	10.8
令和3年	21,007	13,939	7,068	16.8	22.9	11.0
令和4年	21,881	14,746	7,135	17.5	24.3	11.1

（出典）「令和4年中における自殺の状況」（厚生労働省自殺対策推進室・警察庁生活安全局生活安全企画課）より抜粋

　自殺していることになる。では10万人規模の地域とはどのような地域だろうか。日本の人口の約1億2,486万人（令和4〔2022〕年末）の、10万人は1,249分の1である。ここで日本の小学生の人数が約615万人だとすると、この比率では10万人規模の地域とは、約4,900人の小学生がいて、おおむね15〜16の小学校区がある地域である。そこに毎年17.5人の自殺が起こることになる。

　つまり、あなたが子どものころに平均的な地域の小学校に通っていた

〈表4-8〉年齢階級別自殺死亡率

	～9歳	10～19	20～29	30～39	40～49	50～59	60～69	70～79	80歳～
平成22年	0.0	4.6	23.3	25.1	30.6	36.3	32.1	28.2	29.3
平成23年	0.0	5.2	24.3	25.0	29.2	33.7	30.0	27.7	28.4
平成24年	0.0	4.9	22.5	21.9	26.1	29.9	27.0	26.8	27.0
平成25年	0.0	4.6	21.4	22.2	25.4	29.0	25.7	27.2	27.2
平成26年	0.0	4.6	20.8	21.2	23.0	27.1	23.9	24.7	25.5
平成27年	0.0	4.7	18.6	19.5	21.9	25.5	21.7	24.4	24.7
平成28年	0.0	4.5	17.8	18.4	19.7	23.5	19.7	21.4	21.8
平成29年	0.0	5.0	17.7	18.0	19.4	22.8	18.8	20.2	21.0
平成30年	0.0	5.3	17.1	17.8	18.6	22.3	18.2	19.8	20.7
令和元年	0.0	5.9	16.8	17.7	18.5	21.1	17.9	18.3	19.0
令和2年	0.0	7.0	19.8	18.4	19.5	20.5	17.8	18.6	20.0
令和3年	0.0	6.9	20.7	18.7	20.1	21.3	17.3	18.3	18.3
令和4年	0.0	7.4	19.8	18.7	21.1	23.4	18.5	18.3	20.1

(出典)「令和4年中における自殺の状況」(厚生労働省自殺対策推進室・警察庁生活安全局生活安全企画課)より抜粋

としたら、その小学校の校区の範囲で毎年1人程度は町の誰かが自殺していたことになる。多くの場合、自殺は家族によって世間には隠されるため、その事実を子どものあなたが知らなくても不思議ではないが、支援者としては身近な地域に毎年自殺は起こるものだと理解しておいたほうがよい。

　次に、どのような人が自殺しているかを概観する。**表4-7**によると、自殺は女性よりも男性のほうが多い。また、年代別には、**表4-8**を参照すると、①10代以下の若年層の自殺死亡率は相対的に低い。そして、加齢とともに自殺死亡率は高まり②50代前後と70～80代の二峰性にピークを迎える。加えてここ数年は、20代の自殺死亡率の高まりが指摘されている。

　このように、労働人口の中核となる40代から50代後半までの自殺死亡率が高く、60代以上の退職年齢になって自殺死亡率が下がるのは、職業生活との関連を示唆するものである。しかし、人生100年時代とよばれる昨今、今後、退職年齢が上昇するにつれて、60代、ないしは70代の自殺者数の推移がどのようになるのかは気がかりである。

　また、10代の相対的に低い自殺死亡率の理由は、一般的には学齢年齢は社会的に守られているためといわれることが多い。しかしながら、この10年の推移を見ると、他の年齢層が漸減しているなか、10代のみが微増傾向にあることは憂慮すべきことである。

　さらに、令和2(2020)～3(2021)年においては、20代を中心とした

〈表4−9〉 年齢階級別、原因・動機別自殺者数　　　　　　　　（単位：人）

	～19歳	20～29	30～39	40～49	50～59	60～69	70～79	80歳～	不詳	合計
合計	1,006	3,089	3,329	5,007	5,512	3,564	3,767	3,078	3	28,355
家庭問題	166	351	601	906	976	586	604	585	0	4,775
健康問題	222	947	1,150	1,838	2,196	1,828	2,491	2,102	0	12,774
経済・生活問題	25	499	673	1,049	1,232	705	380	133	1	4,697
勤務問題	45	517	539	815	744	226	67	15	0	2,968
交際問題	80	315	177	147	82	16	7	4	0	828
学校問題	354	219	4	2	0	0	0	0	0	579
その他	114	241	185	250	282	203	218	239	2	1,734

※自殺の多くは複合的な問題を有している。この表は、推定できた原因・動機について、1人につき4つまで計上したものである。このため合計は令和4年における自殺者数とは一致しない。
(出典)「令和4年中における自殺の状況」(厚生労働省自殺対策推進室・警察庁生活安全局生活安全企画課)より抜粋

　若者世代の自殺死亡率が高まっている。これは新型コロナウイルス感染症の流行による影響と解釈されており、社会の短期的変動は必ずしもどの年齢層にも均等に作用するのではなくて、一部の脆弱な層に影響するということがわかる。

　以上のように、世代間で自殺死亡率が異なることがわかる。では、その背景には何か質的な違いがあるだろうか。年代ごとの自殺の原因・動機を**表4−9**に示す。これによると、経済・生活問題が原因なのは、相対的に中高年の自殺に多い。これはこの年代が家族の生活を維持し支えていく世代であることが関係するだろう。対して、交際の問題が理由となるのは相対的に若年層にかたよる。

　つまり、自殺の原因・動機については、ライフサイクルの中で年代ごとに生じやすい危機が異なり、危機の種類と自殺者の年代とが一定の対応はしているといえそうである。しかし、だからといって、10代にも健康問題はあり得るし、60代にも男女問題はある。

　自殺の実態としては、例えば40代で勤務問題が生じ、そのため経済・生活問題が起こり、精神的な健康問題が起こるなかで夫婦間の家庭問題に連鎖するというような、複合的な問題としてやむにやまれず自殺がなされる現状があることを知る必要がある。であるから、支援者としては、要支援者のその年齢に起こり得る自殺の要因の有無を把握するだけではなく、それを補強する複合的な状況が重なり合ってはいないかという視点が大切になる。

（2）うつ症状の存在
　自殺者のうちの9割以上は、その背景に精神病理的な問題があると考

えられている。そもそも人間は、仮に全視野的に幅広い情報を十分有していたとしても、常に合理的な選択が可能とは限らない。ましてやうつ症状があると、さまざまな情報をかたよりなく取り込むこともむずかしく、また取り込んだ情報を現実に即して合理的に理解することが困難になる。結果として、自殺という選択ばかりが見える状態に至る。これを心理的視野狭窄とよぶ。よくある「死ぬ気になれば何でもできる」というような素人の意見は明白に間違いである。実際は、何かをする気力をもてずに、狭窄した心理的視界の中で死ぬことばかり目に映る状況下にある。

　ここで、自殺者の多くがうつ状態にあるということは、自殺予防の観点から重要である。このような状態にある人は、常に自殺につながるリスクを有していると援助者は留意しておくべきである。

　また、健康な人にとってはささいなひと言が、うつ状態の人には問題になることもある。例えば、一般にうつ病の人に「がんばって」の言葉をかけることは禁句といわれる。これはうつというつらく苦しい状態が続くことに耐えるだけでもまさしくがんばっている状態であるのにもかかわらず、それに加えて他者からの「がんばって」は、①自分はがんばっていないと評価されているという劣等感、②他者から理解され得ない孤独感、③今現在耐えている以上にがんばれないという絶望感、などが生じると考えられる。

　安易な励ましよりも、医療を含む現実的な支援の提供、この人の孤独感や無力感、絶望感に寄り添うことや、理解者を増やして、援助のはたらきができる人を増やすことが大切である。

（3）自殺予防の試み

　一人の人間が自殺するかどうかは、簡単にはわからないし、自殺を確実に防ぐことはむずかしい。しかし、社会の取り組みとしては効果を上げることは可能であるといわれている。

　自殺対策は、プリベンション（事前対応）、インターベンション（危機対応）、ポストベンション（事後対応）の3種に分けられる。

　プリベンションは、自殺が起こる前の予防策であり、社会の取り組みを含む。具体的には、法的・制度的な整備や、それに伴う行政のはたらきかけであり、また、企業などの長時間労働の是正、ストレスチェックやハラスメント防止などの環境整備もプリベンションにあたる。後述するゲートキーパー養成の講座開催もプリベンションといってよい。そし

て、これらがメディアを通して啓発されることも大切である。

　近年多く見られる自然災害により、地域でのPTSD（心的外傷後ストレス障害）や飲酒問題が起こり、そこからの自殺への警戒が必要と考えられている。地域ヘルスケアサービスの一環として、孤立している人々への支援が行き届くための活動や相談体制の整備、債務等の経済問題を含む自殺を取り巻く諸問題を包括的に扱えるような支援策の策定とともに、住民の間でこれらが周知されるような活動が進んできている。

　しかしながら、まさしく自殺が起こるかもしれない、その場面に遭遇する場合もある。差し迫った自殺を止めるための介入をインターベンションという。

　前述したとおり、自殺者はうつ症状を有していることが多いので、精神科医療につなげることが基本である。しかし、介入できる場面にたまたま出会う人が支援者とも限らない。そのようなときに専門家であっても非専門家であっても適切なかかわりをし、自殺を止められるような人材育成が、ゲートキーパー養成と称して進められている。なお、ゲートキーパーとは門番を意味する。

　最後に、ポストベンションとは不幸にして自殺がなされた後の介入のことである。自殺した人の周辺では約6人が大きなショックを受けるともいわれる。ポストベンションは、そのショックを最小限にし、後追い自殺を含む自罰的な行動の防止や、メンタルヘルスの維持のために行われる。これは遺族に対してや、亡くなった人の所属していた学校や会社などの組織に対して行われることがある。

BOOK 学びの参考図書
●太刀川弘和『つながりからみた自殺予防』人文書院、2019年。
　他者といるときに自殺はなかなかできない。物理的にも心理的にも一人にしないことが支援者としては求められる。そのために医学的、地域的、社会的な対策が網羅されているので、支援者を志す方は一読するとよい。

6 PTSD

　PTSDとはPost Traumatic Stress Disorderの略であり、「**心的外傷後ストレス障害**」のことである。PTSDの発症には、**表4-10**のDSM-5の診断基準に照らせば、何らかのひどい出来事にさらされたことが前提にある。例えば自然災害や、戦争、交通事故、レイプ、犯罪、突然の死別など、人間の生死にかかわる経験を、目前で、あるいは自分自身の身をもって体験するという状況である。これらは、総じて心的外傷体験とよばれる。

　PTSDという言葉は地下鉄サリン事件や、阪神・淡路大震災の前後から日本の報道の中で頻繁に聞かれるようになり、今ではニュース番組の中でこの言葉が聞こえてきても特に目新しいと感じられるものではない。

〈表4−10〉DSM-5による心的外傷後ストレス障害の診断基準（一部抜粋）

A	実際にまたは危うく死ぬ、重傷を負う、性的暴力を受ける出来事への、以下のいずれか1つ（またはそれ以上）の形による曝露 (1)心的外傷的出来事を直接体験する　(2)他人に起こった出来事を直に目撃する (3)近親者または親しい友人に起こった心的外傷的出来事を耳にする　(4)心的外傷的出来事の強い不快感をいだく細部に、繰り返しまたは極端に曝露される体験をする
B	（※侵入症状）心的外傷的出来事の後に始まる、その心的外傷的出来事に関連した、以下のいずれか1つ（またはそれ以上）の侵入症状の存在 (1)心的外傷的出来事の反復的、不随意的、及び侵入的で苦痛な記憶　(2)夢の内容と情動またはそのいずれかが心的外傷的出来事に関連している、反復的で苦痛な夢　(3)心的外傷的出来事が再び起こっているように感じる、またはそのように行動する解離症状 (4)心的外傷的出来事の側面を象徴するまたはそれに類似する、内的または外的なきっかけに曝露された際の強烈なまたは遷延する心理的苦痛　(5)心的外傷的出来事の側面を象徴するまたはそれに類似する、内的または外的なきっかけに対する顕著な生理学的反応
C	（※回避症状）心的外傷的出来事に関連する刺激の持続的回避、心的外傷的出来事の後に始まり、以下のいずれか1つまたは両方で示される (1)心的外傷的出来事についての、または密接に関連する苦痛な記憶、思考、または感情の回避、または回避しようとする努力　(2)心的外傷的出来事についての、または密接に関連する苦痛な記憶、思考、または感情を呼び起こすことに結びつくもの（人、場所、会話、行動、物、状況）の回避、または回避しようとする努力
D	（※認知と気分の陰性変化）心的外傷的出来事に関連した認知と気分の陰性の変化、心的外傷的出来事の後に発現または悪化し、以下のいずれか2つ（またはそれ以上）で示される (1)心的外傷的出来事の重要な側面の想起不能　(2)自分自身や他者、世界に対する持続的で過剰に否定的な信念や予想　(3)自分自身や他者への非難につながる、心的外傷的出来事の原因や結果についての持続的で歪んだ認識　(4)持続的な陰性の感情状態　(5)重要な活動への関心または参加の著しい減退　(6)他者から孤立している、または疎遠になっている感覚　(7)陽性の情動を体験することが持続的にできないこと
E	（※過覚醒症状）心的外傷的出来事と関連した、覚醒度と反応性の著しい変化、心的外傷的出来事の後に発現または悪化し、以下のいずれか2つ（またはそれ以上）で示される (1)人や物に対する言語的または肉体的な攻撃性で通常示される（ほとんど挑発なしでの）いらだたしさと激しい怒り　(2)無謀な、または自己破壊的な行動　(3)過度の警戒心 (4)過剰な驚愕反応　(5)集中困難　(6)睡眠障害

※6歳以下の子どもについては異なる診断基準がある。
（出典）日本精神神経学会（日本語版用語監修）、髙橋三郎・大野　裕　監訳『DSM-5 精神疾患の診断・統計マニュアル』医学書院、2014年、269〜279頁をもとに一部抜粋及び改変

　しかし、PTSDを日常語の「こころの傷」と理解しているとしたら、それは大きな誤解である。日常語の「こころの傷」は、中長期的に生活を脅かしたりはしないが、PTSDは年単位の長期の問題を引き起こす。例えば、第二次世界大戦中の原爆被害者が、50年以上の時を経てなお、その体験のフラッシュバックに苦しむこともある。心的外傷体験は長い時間を経ても体験され続け得るのである。また、PTSDの脳科学の文脈では脳機能及び形態学的な異常の報告も多々ある。このように、PTSDは単なる「こころの傷」を超えた症状を示す病気であると理解すべきである。

（1）PTSDと心的外傷

　PTSDは、心的外傷体験後の後遺症である。DSM-5ではそれを4症

状（侵入症状、回避症状、認知と気分の陰性変化、過覚醒症状）にまとめている（**表4－10**）。後遺症と述べたが、これらの反応の多くは、大きなストレスを受けた場合に誰でも類似したストレス反応を受傷後の早期に示すのが通常である。これを急性ストレス反応（Acute Stress Disorder：ASD）といい、多くは1か月程度で自然に回復していく。しかしながら、1か月以上の時間が過ぎた後にも、身体や心にストレス反応が生じ続けることもある。加えて、受傷後数か月ないしは数年を経てから症状が現れる場合もある。このような、もはや急性期とはいえない時期のストレス反応がある状態像をPTSDとよぶ。

　心的外傷体験に対する反応は人によって異なる。一般的には女性のほうがPTSDを発症する率が高い。しかし性別にかかわらず、同じような心的外傷体験をした人でも、ある人は回復が早く、ある人にとっては10年後まで引き続く問題になることもあり個人差がある。このような回復の違いは**レジリエンス**という概念で説明される。レジリエンスとは、外力で縮んだバネが自然にもとの長さに戻る力を有していることと例えられる。同じ体験でもPTSDを発症する人としない人がいるのは、元来のレジリエンスの力の違いが理由の一つとしてあると考えられる。もちろん、個人差以前に、周辺の環境による支持も重要である。

　また、体験の種別によってもPTSDの発症率は異なる。自然災害よりも、レイプ等の犯罪被害や戦争などのほうが発症率は高いといわれる。

　加えて、外傷体験には、災害や犯罪のように一度限りの単回性の外傷体験と、何度も繰り返し暴力や性被害等に遭い続けるというような、長期反復性の体験もある。児童虐待などがその例であり、繰り返し被害に遭うことが、ことに児童期に生じた場合には、単回性のものとは異なる重篤な障害を生みかねない。

（2）PTSDの症状

　DSM-5以前のPTSDの主な症状は「過覚醒」「再体験」「回避」などが主立ったものであった。DSM-5以降は、これらに「認知と気分の陰性変化」が症状群に加わった。これらについて以下に解説する。

❶過覚醒症状

　一般に人間は危険が差し迫ったとき、意識せずとも自動的に「闘争か逃走か」の生体の反応を生ずる。これは自律神経系の交感神経のはたらきであり、直面した危険な状況への対処にのみ集中し、それ以外の欲求

は無視される状態にある。例えば、目前に強盗が現れたら、逃げるか戦うかは瞬時に選び行動することが要求される。その準備のために血液の循環は上昇し、瞳孔は開き、今すぐにでも動けるようにするのが交感神経の役割である。

心的外傷後の過覚醒症状とは、そのような危険な事態が再び起こる可能性に対して、身体が持続的に身構えている状態であるともいえる。前述の強盗のように、普通に生活をしている範囲ではほとんど遭遇しそうもない出来事にひとたび遭ってしまった以上、再び同じ被害に遭わないとは心情的にも言い切れなくなるばかりか、身体的にも交感神経は持続的にいつでも戦うか逃げるかを可能にする準備を身体に強いるようになるのである。そのため、睡眠も浅くなり、不眠や早朝覚醒が生じたり、物事に集中できなくなったり、または小さなきっかけに対して感情的になったり、あるいはイライラしがちになることもある。

❷再体験症状（DSM-5における侵入症状）

心的外傷体験者は、実際に危険が過ぎ去ってから長い時間が過ぎても、何度もその危険を再体験していることがある。例えば、ベトナム戦争に従軍していた兵士が、退役して本国に戻りずいぶん過ぎた後に、ふと遠くにヘリコプターの音が聞こえた瞬間に、戦争中のゲリラ戦を逃げ回ったときの恐怖感に駆られて、その場に伏せてヘリの音が聞こえなくなるまで息をひそめるようなことがあったという。過去の恐怖を現在の文脈とは関係なく再体験している状態である。

このような現象をフラッシュバックという。外傷を受けた記憶が何かのきっかけで、または何の前ぶれもなくいきなり意識の中に侵入してくる現象である。そこには当時の恐怖感が付随することがあるだけではなく、前述の兵士のように現在の状況が見えなくなって不合理な行動をすることすらある。

❸回避症状

恐怖体験の記憶を想起することや、フラッシュバックが侵入的に起こると、多くの場合は感情的にも不快になる。そのために、意識的にあるいは意識せずにそのような想起のきっかけになる場所、会話、人やものなどを避けるようになることを回避という。例えば事故で家族を亡くした人が、10年間その事故現場に接近できずに遠回りして通勤するというようなことが起こる。

　この例のように、日常的には一見適応しているように見えても、人知れず回避症状が続いているということがあり得る。そのために生活範囲が狭くなったり、対人関係の幅が狭くなったり、あるいは新たな体験の機会が制約されたりする。その結果、本当は得られるはずだった必要な援助にアクセスできなくなるなどの問題も起こり得る。

❹認知と気分の陰性変化

　例えば、心的外傷に関係する重要な記憶が想起できなくなるようなことがある。これは解離性健忘と考えられる。また、「自分が悪かった」などの過度な自己否定的思い込みや、反対に他者への批判や非難などが強まるなど、外傷体験の原因や結果を誤帰属し、歪んだ信念が持続することもある。さらに陽性の情動を体験しにくい、または陰性の感情状態が持続することもある。

　『心的外傷と回復』を書いたハーマン（Herman, J. L.）は、心的外傷後の症状体験を、主に「過覚醒」「侵入」「狭窄」に分けた。前述した解離性健忘や歪んだ信念の形成などは、おおむね「狭窄」の症状に当てはまる。

　例えば、児童虐待などでよくみられるが、圧倒的な恐怖体験の下では、逆に全く恐怖を感じなくなったり、時間の感覚が歪んだりすることがある。これは意識を変性状態にして、感覚をまひさせ、記憶を歪めることで目前の困難を乗り切る方略をとった状態として理解できる。しかし、このような方略を使い続けることは、実際の記憶や恐怖をあいまいにするがゆえにますます現実認知をかたよらせる方向にはたらく。

　以上のような症状群を、心的外傷体験者はさまざまな体験として感じる。外傷以前は、身の回りの世界はいつも安全であり、昨日と同じ今日があり、今日と同じように明日が来るという、世界への基本的な信頼感というべき暗黙の確信が人にはある。ちょうど大切な空気を人はふだんは目にも見えず意識もしないことと同様にである。しかし、ひとたび心的外傷体験となる出来事に遭遇すると、そのような暗黙の確信に傷がつく。空気のように当たり前に感じていた世界に対しての信頼感や安心感が、実は思い込みであり明日にも崩れる可能性が常にあると知ってしまった以上、再度安心な明日が今日と同じように来ることをこれまで同様には信じていられなくなる。

　その結果、心的外傷体験者は、それ以前に安心を感じていた社会関係に戻っても、これまでの延長にある人々と今の自分との間にズレを感じ

ることがある。そしてあたかも一人そこからはみ出しているような感覚をもち、過去の自分と今の自分の間や、これまでの人間関係との間に断絶を体験することもある。このような体験のことをハーマンは「離断」という。その離断感が今度は良好だったはずの人間関係と疎遠になる原因にもなるし、また、援助者も外の世界の人間であるかのように感じられて、避ける対象になってしまうこともある。離断感のもとで安心感を感じられなくなった外界との関係性をつなぎ直すことも外傷体験者の課題といえよう。

（3）外傷体験からの回復

何よりも外傷体験者に必要なことは、安全で安定した環境である。彼らには外界が、いつも安全が持続する場所であるという感覚に傷があるからである。この安全で安定した環境とは、身体的でもあり、心理的でもあり、物理的なものでもある。ソーシャルワーク的な調整機能は、このような安全性を確保する上で重要になる。

また、安全の確保がなされた上で、ようやく支援者とのかかわりが有効になる。ただし、外傷体験者は「狭窄」や「離断」感のもとにあるために、支援者との関係の維持がむずかしいことがある。助けを求めていない場合もあるし、あるいは助かるべきではないと感じていることもある。また、支援者との関係が過度に近くなると、それが再び壊れるかもしれないという不安につながることもある。

もちろん個々の問題に対しては、医学的なケアの選択肢もある。医学的な治療としては薬物治療や心理療法がある。おおむね薬物治療は症状の軽減をめざす。また、PTSD自体の治療は心理療法が一般的となる。心理療法の中では持続的エクスポージャー[*15]やEMDR[*16]などの方法がある。

支援の全般に大切なことは、外傷体験者が自律的に自分の行動の選択や身体管理、外界への関与のあり方を自己判断で選べるようになることである。人生を生きていく安心感が損なわれた外傷体験者が、再び自分で人生を切り開いていくためのリハビリとして、小さくとも自己決定をして生きていく実績を積み上げていくために、支援者は支持をし、またそのための知識や情報を提供していくという態度が必要である。その意味であたたかくも中立的な助言者であり続けることが大切である。

また、回復過程においては自助グループや当事者の会などが役に立つことはよくある。外傷体験者は、前述したとおりに離断を感じており、他人には自分の体験を理解してもらえるとは思えないことが多い。特に

第4章

*15
Prolonged Exposure Therapy（PE）という、成人のPTSDの治療にエビデンスがある心理療法とされている。トラウマ反応の理解を高めるための心理教育やセルフケアのための呼吸法、患者が回避する不安状況に持続的に暴露をすることなどにより、PTSDの症状の軽減を図るものである。

*16
眼球運動による脱感作と再処理法（Eye Movement Desensitization and Reprocessing）のことである。PTSDに対して効果のある心理療法とされている。トラウマ体験を想起しながら、眼球運動を行うことにより、トラウマ体験に伴う認知や感情が変化していくとされている。

自殺者遺族や性犯罪被害者などではなおのことである。当事者グループとの接近は、そのように感じるのが自分だけではないと理解でき、なおかつ孤立無援感が和らぐ。さらに回復過程のモデルとなる先輩受傷者との出会いが助けとなり得る。

いずれにせよ、心的外傷体験を回復していく過程には長い時間がかかる場合がある。長期的にはPTSD症状は軽減するといわれるが、その間、支援者は安定的なかかわりを維持するためにも、外傷体験者の回避的な行動や、狭窄的思考、離断感に基づく孤立をよく理解しておくべきだろう。また一方で、心的外傷体験者には、この体験を経たことによる長期的な人間的なこころの成長もあるといわれる。これは心的外傷後成長という概念だが、支援者は、傷のついた人間の傷が治るということにのみ注目するのではなく、また、外傷体験以前に戻るのが目標でもなく、彼らが時を経ていちだんと成熟した人間へ成長するという視点をもつことも大切だろう。

BOOK 学びの参考図書
●白川美也子 監『トラウマのことがわかる本－生きづらさを軽くするためにできること』講談社、2019年。
トラウマやPTSDについて、イラストを多用し平易な文で網羅的に書かれていて、読みやすい。この分野の基礎づくりと発展的知識の橋渡しにちょうどよい書籍。

7 ひきこもり

（1）ひきこもりとは

令和2（2020）年に加藤隆弘（かとうたかひろ）らは、**ひきこもり**を「病的な社会的隔離または孤立の一形態で、その本質的な特徴は自宅での物理的隔離」と定義し、①自宅での極度な社会的孤立、②それが6か月以上継続し、③結果著明な機能障害または苦痛の3つの項目を要件とした。さらに、他の精神障害の併存を強調している[8]。

（2）ひきこもりの実態

内閣府は平成28（2016）年の調査から15〜39歳のひきこもり状態にある人が全国で推計54万人、平成31（2019）[*17]年では推計115万人とし、令和5（2023）[*18]年は15〜64歳のひきこもり状態にある人が推計146万人[*19]と、増加傾向にある。

ひきこもり状態にある方の課題としては、これまでも高齢化、長期化があげられていたが、令和5（2023）年の調査では女性のひきこもりが、40〜64歳で52.3％と、半数を超えたことが注目される。

＊17
内閣府「若者の生活に関する調査報告書」2016年。

＊18
内閣府「生活状況に関する調査」2019年。

＊19
内閣府「子ども・若者の意識と生活に関する調査」2023年。

（3）ひきこもりの背景

まず、なぜ家にひきこもるのか、あるいはなぜ家を出ないのかという

視点で考える。そこには、我われが幼児期から続けている自立と撤退の姿が浮き彫りになる。こもる場所は、ある意味で安全であり、平和的領域でなければならない。その意味では、「ひきこもり」という行動に一種の防衛的意味があるともいえよう。実際、交流しないことで安堵し、社会的に隔離されていることに満足を示すような面もある。

　次に検討するべきは、「何から身を守ろうとしているのか」という視点である。これは、ひきこもりにはたらきかけ、社会に向き合ったときに初めて、恐怖感や不安感、さまざまな精神障害が表出することがあるためであり、上記の安堵や満足の裏にある、精神的苦痛の存在を見落としてはいけない。

　不登校から長いひきこもりに至る場合、自分と他者との関係に生まれたとまどいと脅威が、時間経過の中で癒やされていないということかもしれない。同年代集団からの脱落は、挫折感や孤立感を生み、長きにわたり、継続した思いのまま凍結しているかもしれない。

　また、平成30（2018）年の40〜64歳の男女5,000人の無作為調査によると、ひきこもりの契機は退職が最多で、次いで人間関係がうまくいかなかったことだという。[20]

　今回、併存疾患にも注目すべきという加藤らの見解は、うつ病などの精神障害のほか、パーソナリティや発達の課題などがひきこもりへと進めた可能性に留意しなければならないだろう。

　結局ひきこもりは、「一つの疾患や障害にのみ現われる症状ととらえるべきではなく、様々な疾患の症状として、また様々な葛藤の徴候としてあらわれる」という平成19（2007）年度から平成21（2009）年度に行われた厚生労働科学研究の言葉に収斂される。[21]

（4）ひきこもりへの支援

　近藤直司（こんどうなおじ）は治療、支援のため、6軸から成る包括的アセスメントを提案している。それにより、個々がひきこもっているメカニズムを把握し、その人の理解を深めることを期待している。

　その一方で近藤は、「（その）メカニズムを把握・同定することの難しさ、わからなさを自覚し、それに耐える必要がある」とも述べている。支援者として心に留めておくべき言葉である。

＊20
「特集2 長期化するひきこもりの実態」内閣府『令和元年版 子供・若者白書』2019年。

＊21
「『思春期のひきこもりをもたらす精神科疾患の実態把握と精神医学的治療・援助システムの構築に関する研究（H19-こころ-一般-010）』（研究代表者 齊藤万比古）によるひきこもりの評価・支援に関するガイドライン」平成19年度厚生労働科学研究費補助金こころの健康科学研究事業。

BOOK 学びの参考図書

●近藤直司『ひきこもり問題を講義する　専門職の相談支援技術を高めるために』岩崎学術出版社、2019年。
　ひきこもりに対する本人と家族への相談支援について、わかりやすく、ていねいに書かれた実践書。

8 障害のある人の心の健康

（1）障害があるということはどういうことか

　障害のある人の心の健康について考えるときに、最初に考えることは、機能が制限されることによって心の健康が保てない状態になるのではないかということであろう。しかし、この問題を理解する上ではそれだけでは十分ではない。心身のいずれかに障害がある、ということは単に機能的な問題を意味しているだけではない。そこには社会生活への参加、コミュニティへの参加が制限されてしまうことも意味している。そもそも障害という概念は、日常生活を過ごす上で困難が伴うという意味が含まれている。国際生活機能分類（ICF）でも、障害によって制限されてしまう社会生活への参加を実現することを目的としている。

　社会生活への参加が制限されると、それは自分が所属しているコミュニティ、家庭、学校や職場などへの参加が制限されることになる。コミュニティへの参加は、レイヴとウェンガー（Lave, J. & Wenger, E.）が論じているように、その個人のアイデンティティを構築するための重要な活動である。つまり、心身のいずれかに障害を抱えるということは、単純に「何かができない、することがむずかしい」ということではなく「生活そのものが成り立たない」「自らが社会の中でアイデンティティを保って生活することができない」ということを意味するのである。

　中司利一は、障害者にみられる不安を、身体的不安、社会的不安、精神的不安に分類している。すなわち、障害のある人の心の健康について考えるときには、身体的な不安、機能的な制限によるものだけではなく、精神的不安や社会的不安、アイデンティティを保つことのむずかしさによるものを想定していなければならないのである。

　したがって、援助者として障害のある人の心の健康を支えるためには、障害による直接的な困難をサポートするだけでは十分とはいえない。コミュニティへの参加を促進する取り組み、社会的不安や精神的不安に対しての支援も必要となってくる。こうした支援の代表的なものとして、ピアサポートや自助グループがあげられる。[*22][*23]

（2）障害受容の過程

　障害のある人の心の健康を考えるときに、最も重要な問題の一つとして、障害受容の問題があげられる。障害があることを認識してから、いかにそれを受容していくのかについては数多くの研究がなされてきてい

*22
ピアサポートは、障害のある子どもの母親同士、生徒同士、社員同士のように同じ立場にある当事者同士がカウンセリングの技法を修得して、互いを支え合う取り組みである。聞き手が話し手に近い立場であるため、気軽に話をすることができるという利点がある。また聞き手に回ることによって、自分の問題について新たに気が付いたり、深めたりすることも期待できる。ただし、実施にあたっては十分なトレーニングを受けることが必要であることに留意したい。

*23
自助グループは、同種の障害や不安を抱える当事者、その家族が集まってグループを構成し、その中で相互に支え合いつつ日常生活をより充実したものにしていくように活動することを目的とするグループである。特に、この自助グループでは問題を抱えた当事者がケアされるだけではなく、その後その当事者が今度は新しくメンバーに入ってくる当事者をケアする側になるという、支援する側とされる側を一方的に規定しない相互扶助的な側面が特徴である。自助グループは障害のある人だけではなく、子育てに悩みをもつ保護者や、災害などの被害に遭った人々の活動、同種の疾患をもつ患者による活動、などさまざまな内容で行われている。

る。その研究に共通してみられる見解は、障害は時間の経過とともに単純に受容されていくものではないということである。

　そこには、ショックを受けた状態、障害を受け入れられない状態、障害に対する認識が一貫せず混乱している状態などがある。また、障害を受け入れて努力している状態であっても、それが再び混乱した状態に戻ることもあるだろう。援助に携わる者は、単純な障害受容は決して容易ではないことを十分理解し、こうしたいかなる状況に対しても対応できることが求められるのである。

　しかし障害受容に関して、否定的な側面だけが取り上げられているわけではない。上田　敏は障害受容の肯定的な側面について、障害受容とは障害に対する価値観の転換であり、障害が人間的価値を低めるものではないことを理解し、積極的に日常生活を送ることができるようになる過程であると述べている。

（3）障害のある人の家族の障害認識と受容

　障害の受容の問題は、当事者だけではなく家族にも同様に該当する問題である。家族の障害の認識と受容に関しては中田洋二郎が次のような考察を行っている。

　保護者の障害認識とその受容については、主にドローター（Drotar, D.）らの段階説やオルシャンスキー（Olshansky, S.）の慢性的悲哀説などが主張されてきた。段階説は、保護者が子どもの障害を知ったときには、ショックを受けた後に否認する気持ちや悲しみ、怒りの感情が生まれてくるが、その気持ちを整理し再び適応していく、という説である。それに対して慢性的悲哀説は、障害を知った後絶え間なく悲しみが続く、あるいは一時おさまっても再び何かのきっかけでそれが再発してしまう、という説である。しかし段階説では、受容の段階が画一的であり、それにそっていない保護者は誤っているかのような印象を与える可能性がある。また、障害を必ず受容しなくてはならないかのような印象を与えがちであることも問題点である。一方で慢性的悲哀説では、障害を前向きに意味付け、生活していこうとしている保護者の気持ちを十分にくみ取れているとはいえない。

　そこで中田は、障害のある子どもをもつ保護者への調査から、障害の個々の違いを考慮しつつ、受容を目的としない、そして悲哀の状態を必ずしも異常な反応ではないことを前提とした新たなモデルとして、**図4－10**のような障害受容のらせん形モデルを提案している。このモデル

〈図4-10〉障害の受容の過程

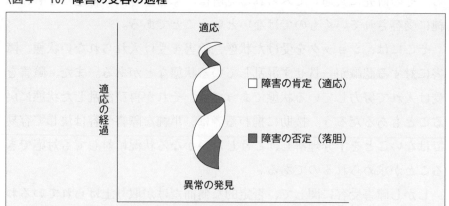

（出典）中田洋二郎「親の障害の認識と受容に関する考察－受容の段階説と慢性的悲哀」『早稲田心理学年報第27号』早稲田大学文学部心理学会、1995年、90頁をもとに一部改変

は、白い部分（障害の肯定）と赤い部分（障害の否定）が表裏一体となっており、2つの感情が交互に現れる状況を示している。そして適応に関しては段階説とは異なり、肯定的な面が見えているときにも、否定的な面が見えているときでも、適応へのプロセスをたどっている形で示されている。

　この中田のモデルは、さまざまな感情をもつ保護者を決して否定せず、そのすべてが受け止められるべきであることを示している。この安易な障害受容を求めないこと、また、障害に対して否定的な態度を見せる保護者も、子どもを理解するためのプロセスとして否定的な面を見せていると理解すべきことは、支援者にとっては非常に重要なことである。また、支援者の家族に関しての柔軟な理解は、間接的には障害のある人の心の健康を維持することにもつながるだろう。

（4）障害の概要とその理解

　障害は通常、身体障害、神経発達症群・知的能力障害（従来の発達障害・知的障害）、精神障害の3つに大別される。ここでそれぞれの障害の概要について簡単にふれておきたい。

　身体障害は、身体の一部分の機能に関する障害である。視覚、聴覚などの感覚にかかわる障害、構音や発音、言葉の遅れなどの言語障害、肢体不自由、内臓などの機能障害などが含まれる。支援する際には、生活のどこに支障が生じるのか適切に判断した上で、社会への参加を可能とするような身体的、そして心理的な支援をすることが求められる。

　神経発達症群・知的能力障害は、脳機能の障害から発達に遅れが見ら

れる障害のことである。知的能力障害は知的機能が平均より明らかに低く、生活を送る上で支障が生じているものと定義される。広義には神経発達症群に含まれるが、神経発達症群の中では広く見られる障害のために、別のカテゴリとして考えられることも多い。神経発達症群にはこれ以外にも、自閉スペクトラム症（ASD）、注意欠如・多動症（ADHD）、限局性学習症（SLD）などがあげられる。これらは知的能力障害を伴うものもあれば、伴わないものもある。神経発達症群・知的能力障害は、たとえ障害が認められても生活上支障が生じなければ問題とはならない一方で、障害の程度が医学的に軽くとも生活上の困難が大きい場合もある。支援する側は診断名だけではなく、障害のある人ときちんと向き合い、何を支援するかを決定することが求められる。

　精神障害は、**統合失調症**[24]、**双極性障害**[25]、**神経症性障害**[26]などの精神疾患にかかっている状態のことである。さまざまな症状が見られるが、社会への適応、現実の検討がむずかしいことが特徴である。治療は投薬、周囲の環境調整、社会資源の活用などが広く行われている。

（5）二次障害

　齊藤万比古（さいとうかずひこ）は、神経発達症群（引用文献内では発達障害と表現）の主症状とそれに併存する障害に加えて、外傷的な生育環境（例えば児童虐待や不適切な養育）やライフイベントなどでのつらい経験（例えばいじめなど）を経験することによって引き起こされる障害のような状態を、神経発達症群の**二次障害**とよんだ[9]。齊藤によると二次障害は、極端な反抗、暴力、反社会的犯罪行為などといった行動上の問題で表される外在化障害と不安、気分の落ち込み、強迫症状、対人恐怖などの情緒的な問題で表れる内在化障害から理解されるとし、主症状や併存する障害へのケアと同様に、二次障害の予防、ケアが重要であるとしている。

　例えば、ADHDの主症状となるものの一つに不注意があげられる。不注意が原因となり、何度も重要な仕事を失敗してしまうと、子ども時代から繰り返してきた自分の失敗を思い出し、過度に自信を失い抑うつ状態になってしまうことがあるだろう。このとき、この抑うつ状態は不注意という症状から二次的に生じた問題であるということができるだろう。

　神経発達症群への対応においては、主症状の改善や緩和も重要であるが、それと同等に、どのようにして二次障害を予防するか、または二次障害の状態をケアするかも重要なのである。

*24
統合失調症とは、妄想や幻覚（陽性症状）、情動表出の減少（陰性症状）などの多様な症状を示す、精神疾患である。薬物療法と心理・社会的援助を並行し治療を行う。日本では、精神保健福祉法に基づき精神障害者保健福祉手帳が交付され、福祉サービスを享受することが保障されている。DSM-5では、統合失調症スペクトラム障害及び他の精神病性障害群の中の一つの診断として位置付けられている。詳しくは各種専門書を参照されたい。

*25
双極性障害は、気分の異常な高揚といった躁病エピソードと、エネルギーの低下といった抑うつエピソードを繰り返す疾患である。DSM-5では双極性障害及び関連障害群に分類されている。自殺のリスクも高く注意が必要である。治療は薬物療法を中心として、心理療法、環境調整などが行われる。詳しくは各種専門書を参照されたい。

*26
神経症性障害は、不安、恐怖などにより日常生活が送れない状態にありながら、その病因が器質的なものではない精神疾患を総称する概念である。DSM-5では、神経症性障害は不安症群／不安障害群、強迫症及び関連症群／強迫性障害及び関連障害群／食行動障害及び摂食障害群などに分類されており、診断名として使用されていない。治療は心理療法・環境調整を実施しながら、場合によっては薬物療法を実施することが一般的である。詳しくは各種専門書を参照されたい。

　二次障害の予防のためには、主症状をカバーすることだけではなく、得意なことやできることをいかして、生活の中で活躍できる場を増やしていくこと、自己評価を高められるような機会を設けることが重要である。また、家族、友人、支援者など周囲の人間が二次障害のリスクについて理解し、本人に合った適切な支援方法を確認しておくことも必要だろう。

（6）障害者虐待

　近年では、知的障害者施設の職員による虐待事件などが報じられ、障害者虐待が社会的な問題となっている。これを受けて、平成23（2011）年6月に「障害者虐待の防止、障害者の養護者に対する支援等に関する法律」（障害者虐待防止法）が成立し、平成24（2012）年10月1日より施行された。この法律では、家族などの養護者、福祉施設職員及び雇用者の障害のある人に対する、以下の行為を禁じている。

　　・外傷が生じるおそれのある暴行や正当な理由がない拘束
　　・わいせつな行為をしたりさせること
　　・暴言や著しい拒絶など心理的外傷を与える言動を行うこと
　　・食事やケアの放棄や他の障害者による虐待からの養護を放棄すること
　　・財産を処分することやそこから不当に利益を得ること

　また、こうした虐待を発見した場合には、市町村への通報が義務付けられている。

　この法律により、福祉施設職員や雇用者による障害のある人への不当な暴力や搾取行為が根絶されることが期待される。また、障害のある人に対する体罰やしつけと称した暴力行為が違法行為であり、権利侵害であることが明確となったことも評価できるだろう。

　一方で障害者虐待の問題は、障害のある人とその家族への公的支援の質の問題、福祉施設職員の過酷な労働環境や閉鎖的な労働環境の問題、社会情勢に伴う雇用者の困窮などとも関係していると考えられる。法律の制定とあわせて、養護者が利用できるサービスの充実、福祉施設職員への待遇の向上や研修機会の増加、障害者を雇用する企業への支援やコンサルテーション体制など、障害のある人、その家族や支援者へのサポートを充実させていくことも、障害者虐待を防止する上で重要である。

BOOK 学びの参考図書
●近藤直司・田中康雄・本田秀夫 編『こころの医学入門−医療・保健・福祉・心理専門職をめざす人のために』中央法規出版、2017年。
　医療における診断と治療から、支援や予防、他領域のチームアプローチなど、こころの健康についてひと通り学べる一冊。

9 高齢者の心の健康

（1）高齢期と喪失体験

　人は生涯発達し続ける存在であり、高齢期は人間の発達の最終段階にあたる。高齢者とは一般に65歳以上の人をさすが、平均寿命が女性で85歳を超えている現状では、65歳を高齢者とよべるかどうかは議論もある。また60歳台で重い要介護状態にある人もいれば、80歳を超えても現役で仕事をしている人がいるなど、高齢期は個人差の非常に大きい時期ともいえるだろう。

　高齢者というと、これまでは一般に頑固とか、融通が利かないといったネガティブで画一的なイメージがもたれてきたが、頑固な小学生もおり、融通の利かない中学生がいるように、これは高齢者に限った特徴ではない。しかし、加齢による心身の変化や環境の変化、これまでの生活体験などが高齢者の生き方に影響を及ぼすことは事実であろう。

　私たちは生まれてからさまざまなものを獲得してきた。最初に獲得するのは生命であり、家族も獲得する。その後歩行能力や言語能力、知識、友人など、発達するにつれてさまざまなものを獲得していくことになる。しかし、高齢になるにつれて獲得するものは次第に減り始め、失うものが多くなる。これが高齢期における喪失体験である。

　例えば、長年勤めた会社を定年退職した人や、自営業を引退した人などは、地位の喪失と役割の喪失が起こる。また、仕事で収入を得ていた人が退職すると社会的収入を失うことになり、仕事や子育てを生きがいにしていた人は、退職や子どもの独立によって生きがいを失うことになるだろう。退職や転居、死亡などによって仲間の喪失も起こっていくことになり、加齢に伴って増えてくる慢性疾患の存在などは、健康の喪失ということになる。

　人が最初に獲得するものは生命だが、最後に喪失するものも生命であ

〈表4－11〉高齢期の喪失体験

・地位の喪失 ………………………	仕事や家庭内の地位
・役割の喪失 ………………………	仕事・家庭・社会的役割
・収入の喪失 ………………………	就労による社会的収入
・生きがいの喪失 …………………	退職・引退・育児など
・仲間の喪失 ………………………	退職・転居・死別など
・健康の喪失 ………………………	身体機能低下や病気
・生命の喪失 ………………………	加齢に伴う余命

（筆者作成）

る。このような多くの喪失体験を経験していく高齢者が心穏やかに生活するということは大変なことであり、多くの喪失体験は、高齢者の心の健康に大きな影響を与えているのである（**表4-11**）。

（2）高齢期にみられる認知症

❶認知症の現状

＊27
本双書第3巻第4章第6
節参照。

認知症[*27]という病気は、加齢の延長線上にあるものではなく、年をとれば誰にでも起こるものではない。しかし、認知症という病気は加齢に伴って増えていく病気であることは事実である。認知症の出現率に関して、近年の報告では65歳以上の高齢者の約15％といわれるが、出現率は加齢に伴って加速度的に増加していくことが知られており、日本人女性の平均寿命である85歳以上になると、その出現率は40％を超えるといわれている。先に述べたように高齢者は多くの喪失体験を経験しているが、認知症という病気はさらに多くのものを喪失させることになる。

例えば、自分の周囲の人が知らない人と思えたときには、実際には家族や知人に囲まれていたとしても、喪失体験として感じられるだろう。また自分の家にいても、自分の家ではないと感じたときには、居場所を喪失することになる。さらに、今まで何をしていたのかが思い出せないということは、記憶に関する喪失体験といえるだろう。このように認知症の人は一般の高齢者よりもはるかに多くの喪失体験を経験していることが予想される。したがって、認知症の人が適応的な生活を送ることは非常に大変なことなのである。

❷認知症の種類

認知症にはいくつかの種類があるが、最も多いのはアルツハイマー型認知症であり、認知症全体の60％以上を占めている。アルツハイマー型認知症は、脳の神経細胞の脱落による病的な萎縮が特徴であり、その原因はアミロイドβ（ベータ）タンパクの蓄積によるものと考えられている。もの忘れを主症状としてゆっくりと発症し、全般性の症状が現れ、ゆっくりと確実に進行していくという特徴がある。

次いで多いのが血管性認知症であり、全体の約20％程度を占めている。その原因は脳出血や脳梗塞などの、脳の血管障害が原因で起こるものであり、発作に伴って比較的急激に発症し、まだら状の症状を示し、再発作が起こるたびに階段状に進行していくという特徴がある。一方、脳の動脈硬化が原因で起こる血管性認知症（ビンスワンガー病）は、発

〈表4−12〉 **認知症の人の心理的な問題**

・慢性的な不快感 ……………………	不愉快な気持ちが慢性化している
・持続する不安感 ……………………	常に不安な状態にある
・自発性の低下や抑うつ状態 ………	行動力が落ち、落ち込みやすくなる
・混乱状態 ……………………………	判断力が低下して混乱する
・感情の変わりやすさ ………………	ちょっとした刺激に反応しやすくなる
・被害感 ………………………………	被害的になり、訂正がきかない

（筆者作成）

症も進行も緩やかである。

　そのほかの認知症としては、パーキンソン症状と明確な幻視を伴うレビー小体型認知症や、前頭葉と側頭葉が限局して萎縮し、抑制の欠如や人格変化を特徴とする前頭・側頭型認知症などがある。

❸認知症の人の心理

　認知症の人は、もの忘れや見当識障害などが原因でさまざまな心理的な問題を抱えることになる。例えば、私たちはよく「もの忘れ」を経験することがあるが、もの忘れは思い出せそうで思い出せない状態であり、とても不快な出来事である。認知症の人には、これと同じような状態が日常生活で起こっていると考えられる。人の名前や物の名前が出てこないことは、認知症の人を不快な気持ちにさせるだろう。私たちでも、知らない場所で知らない人たちに囲まれているとすれば、不安になる。また、自分が今何をしていたのかが思い出せないときや、これから何をすればいいのかが思い出せないときなどは不安になる。認知症の人は、このような状況が日常生活で起こっていると考えられるため、その不安感は非常に強いものがあるといえるだろう。

　認知症の初期の段階では、仕事がこれまでと同じようにできなくなり、さまざまな失敗が増え、家事などがうまくこなせなくなってくる。このように、自分がこれまでやってきたさまざまなことができなくなったり、失敗したりするような体験が積み重なることにより、次第に気分がめいり、抑うつ状態になっていくことがある。また病気が進行してくることによって起こる失敗は、周囲の人から指摘されることになり、怒られたりすることもあるだろう。このようなことが原因で認知症の人は自発性が低下し、抑うつ状態になることも多い。

　さらに、判断力の低下や見当識障害は認知症の人を混乱させ、日常生活上のさまざまな問題は認知症の人のストレスを増大させることになる。その蓄積されたストレスが、ちょっとした刺激で爆発的な反応を引

き起こしてしまうこともあるのである。

　認知症の人は、よく周辺からいろいろなものが消えていくということを訴えることが多いが、たいていは自分でしまった場所を忘れ、自分が片付けたという体験も忘れてしまうために起こるものと考えられる。しかし自分はそのことを覚えておらず、いくら探しても見つからないため、誰かに盗まれたのかもしれないと思い込んでしまう。盗まれたのかもしれないという思いは、きっと盗まれたに違いないという思いになり、あの人が盗んだのかもしれない、絶対あの人が盗んだという確信に変わっていき、訂正しても納得しなくなっていく（もの盗られ妄想）。ものを盗んだとされる人は、認知症の人を身近で介護している介護者であることが多く、介護者をやりきれない思いにさせる行動の一つともいえるだろう（**表4－12**）。

❹認知症の人へのケア

　認知症の中で最も多いアルツハイマー型認知症の症状には、ほとんどの人に共通して見られる「基本障害（中核症状）」といわれるものがある。その中心的な症状は、もの忘れに代表される「記憶の障害」である。もの忘れは、認知症という病気が原因で起こるため、それを指摘しても効果がないばかりではなく、ケアを提供する人との関係性が悪化することにもなる。そのため、もの忘れを責めず、根気よく対応することが必要である。

　また「見当識障害」は、時間や場所、人に対する見当がつかなくなることであり、これらに対しては、日常会話の中に時間的な内容を入れたり、環境を整えて場所がわかりやすいようにしたりするなどの工夫が必要になってくる。

　また「判断力の障害」は、現実検討能力の低下や記憶の障害によって起こるものであり、判断の材料を減らして判断しやすくするなどの工夫も必要になる。

　さらにものごとの手順がわからなくなる「実行機能障害」に対しては、手を出すよりもむしろ言葉かけによって一つひとつの手順を示すことが効果的である。

　認知症の基本障害（中核症状）への対応は比較的わかりやすいが、ケアを困難にさせるのは基本障害（中核症状）よりもむしろ行動・心理症状であるといわれる。認知症の人にみられる徘徊や攻撃的行為、不潔行為、妄想などは、かつて「問題行動」とよばれてきた。しかし「問題行

動」という表現は、ケアを困難にさせる行動という意味合いが強く、本人にとっての問題ではないという視点から、現在では「認知症の行動・心理症状」あるいはBPSD（Behavioral and Psychological Symptoms of Dementia）とよぶことが国際的に合意されている。

　行動・心理症状には、徘徊や攻撃などのように行動に現れる「行動症状」と、妄想や幻覚などのように本人と話をすることで明らかになる「心理症状」がある。行動・心理症状の出現原因は、認知症の基本障害（中核症状）が基本にあり、それに身体的要因や心理的要因、社会的要因、環境要因が作用して起こると考えられている。つまり、その人によってその要因が異なるため、一定のパターンがないと考えられるのである。徘徊や妄想などの行動・心理症状に対する対応は、その症状だけにとらわれるのではなく、その出現原因に注目したケアが大切となってくる。つまり、徘徊が起こったら一緒について歩くとか、もの盗られ妄想が起こったときには一緒に探すというような画一的な対応をするのではなく、その出現原因を考え、その原因に対処していくことが重要なのはいうまでもない。

（3）高齢者虐待

❶高齢者虐待とは

　わが国では、平成18（2006）年4月に「高齢者虐待の防止、高齢者の養護者に対する支援等に関する法律」（高齢者虐待防止法）が施行された。そこでは、「身体的虐待」「介護や世話の放棄・放任（ネグレクト）」「心理的虐待」「性的虐待」「経済的虐待」の5類型を高齢者虐待[*28]として定義している。

　また高齢者虐待防止法では、一般国民であっても虐待を発見した場合には市町村に通報するように、という通報の努力義務が課せられている。さらに、虐待によって生命・身体に重大な危険が生じている場合には、必ず通報しなければならない、という通報義務が規定されている。また、保健・医療・福祉の仕事に携わる人は、虐待を発見しやすい立場にあることを自覚し、その早期発見に努めるべきことも示されている。そのため、これらの立場にある人は、生命・身体の危険があるかどうかにかかわらず、虐待を発見した場合には、必ず通報しなければならないという通報義務が規定されている。

＊28
本双書第3巻第5章第3節参照。

❷家庭内の虐待

　家庭内の虐待に関して自治体に寄せられた通報や相談、届け出については、厚生労働省が取りまとめ、毎年報告している。法が施行された後の平成18（2006）年度、最初の国の調査では、相談通報件数は1万8,390件、虐待判断件数は1万2,569件であった。これに対し、令和3（2021）[*29]年度では、相談通報件数が3万6,378件（2.0倍）、虐待判断件数が1万6,426件（1.3倍）と増えている。また、家庭内の虐待で最も多いのは身体的虐待であり、次いで心理的虐待、介護や世話の放棄・放任（ネグレクト）、経済的虐待、性的虐待の順になっている。

　虐待を行った養護者[*30]の9割近くは、虐待を受けた高齢者と同居しており、続柄で見ると、息子による虐待が38.9％、夫による虐待が22.8％であり、男性による虐待が目立つ。次いで娘による虐待が19.0％、妻による虐待が7.0％、息子の配偶者（嫁）による虐待が2.7％などとなっている。また、虐待を受けた高齢者のうち7割近くの人は要介護認定を受けており、そのうち7割以上は認知症の症状を示していることがわかっている。

　「高齢者虐待の防止、高齢者の養護者に対する支援等に関する法律」という名称でも明らかなように、虐待の問題は虐待を受ける高齢者への支援だけではなく、高齢者を養護（介護）する家族への支援という問題も同時に考えていく必要がある。家庭内の虐待の場合、その要因は複雑であり、その多くは家族関係にかかわる構造的なものと考えられる。またその背景には、介護疲れやストレス、養護者の病気の問題、経済的な問題などがある場合も多い。

　養護者による虐待の防止や、発生した場合の対応を考えるためには、地域での支援が重要な役割を果たす。そのため、地域包括支援センターを中心とした地域での支援が求められており、高齢者虐待の早期発見や見守り、家庭への介入のためのネットワークづくりなどが重要な課題となっている。

❸施設・事業所における虐待

　高齢者の介護にあたる専門職による虐待は、絶対にあってはならないことであるが、その数はおおむね増加傾向にある。法が施行された最初の国の調査[*31]（平成18〔2006〕年度）で相談通報件数が273件、虐待判断件数が54件であったのに対し、令和3（2021）年度では相談通報件数が2,390件（8.8倍）、虐待判断件数が739件（13.7倍）と増えている。虐待

*29
「令和3年度『高齢者虐待の防止、高齢者の養護者に対する支援等に関する法律』に基づく対応状況等に関する調査結果」（厚生労働省）。

*30
養護者とは「高齢者を現に養護する者であって養介護施設従事者等以外のもの」（高齢者虐待防止法第2条の2）をいう。該当すると考えられるのは、家族、親族、同居人などである。

*31
*29に同じ。

者は介護職員が81.3％と最も多く、男性による虐待が52.2％と目立つ。

　施設等で起こる虐待は、虐待と特定された高齢者1,366人のうち、身体的虐待が703件（51.5％）と最も多く、次いで心理的虐待521件（38.1％）、ネグレクト327件（23.9％）の順になっている（複数回答）。特に身体的虐待内訳では、「緊急やむを得ない場合」以外の身体拘束が322件（45.8％）と最も多い。

　このように、施設等で行われる身体拘束も原則的には虐待にあたるという認識が重要である。身体拘束がやむを得ず認められるのは、「緊急性」「一時性」「非代替性」という例外三原則に該当する場合であり、それ以外の拘束は、すべて虐待に相当することを理解しなければならない。また例外三原則は個人の判断で行えるものではなく、施設内などに拘束廃止委員会などの組織をつくり、そこで検討して慎重に判断されるべきものであり、その場合であっても、本人や家族への説明、詳細な記録と記録の保管などが行われなければならない。

　施設・事業所等における虐待発生要因では、教育・知識・介護技術などに関する問題が最も大きいが、介護従事者が抱える職務上のストレスや、組織体制の問題などもあり、個人の責任だけを問えばいいという問題ではない。高齢者虐待は、不適切なケアの延長線上にあると考え、ケアの質の向上を図ることが虐待の予防につながるということを理解しなければならない。

第4章

BOOK 学びの参考図書

●加藤伸司『認知症の人を知る－認知症の人はなにを思い、どのような行動を取るのか』ワールドプランニング、2014年。

　認知症の人の心理に焦点を当て、認知症の人の行動の意味について初学者に読みやすくまとめた短編の本。

引用文献

1）金井 Pak 雅子「Maslach Burnout Inventoryの因子分析」『看護研究』第40巻第7号（2007年）、医学書院、605〜612頁

2）青木省三『精神科臨床ノート』日本評論社、2007年、169〜184頁

3）青木省三『精神科治療の進め方』日本評論社、2014年、103〜110頁

4）E. J. カンツィアンほか、松本俊彦 訳『人はなぜ依存症になるのか−自己治療としてのアディクション』星和書店、2013年、51頁

5）Mihara, S., Higuchi, S.（2017）Cross-sectional and longitudinal epidemiological studies of internet gaming disorder: A systematic review of the literature, *Psychiatry and Clinical Neurosciences,* Vol.71, No.7, pp. 425-444.

6）Winkler, A., Dörsing, B., Rief, W., et al.（2013）Treatment of internet addiction: A meta-analysis, *Clinical Psychology Review,* Vol.33, No.2, pp. 317-329.

7）E. J. カンツィアンほか、前掲書、121頁

8）Kato, T. A., Kanba, S., Tao, A.R.（2020）Defining pathological social withdrawal: proposed diagnostic criteria for hikikomori, *World Psychiatry,* Vol.19, No.1, pp. 116-117.

9）齊藤万比古「発達障害における二次障害をどうとらえるか」齊藤万比古 編著『発達障害が引き起こす二次障害へのケアとサポート』学研教育みらい、2009年、第1章1、12〜39頁

参考文献

● 玉井邦夫『〈子どもの虐待〉を考える』講談社、2001年

● 大熊輝雄「現代臨床精神医学」第12版改訂委員会 編『現代臨床精神医学（改訂第12版）』金原出版、2013年

● Young, K. S.（1998）Internet addiction: the emergence of a new clinical disorder, *CyberPsychology & Behavior,* pp. 237-244.

● Young, K.（1998）*Caught in the Net,* New York, John Wiley & Sons, Inc.

● 厚生労働省『令和元年版 自殺対策白書』2019年

● 高橋祥友・福間　詳 編『自殺のポストベンション』医学書院、2004年

● J. L. ハーマン、中井久夫 訳『心的外傷と回復［増補版］』みすず書房、1999年

● 宅香菜子・清水　研 監訳『心的外傷後成長ハンドブック：耐え難い体験が人の心にもたらすもの』医学書院、2014年

● 近藤直司『青年のひきこもり・その後−包括的アセスメントと支援の方法論』岩崎学術出版社、2017年

● Lave, J., Wenger, E.（1991）*Situated Learning—Legitimate Peripheral Participation,* Cambridge University Press.（佐伯　胖 訳『状況に埋め込まれた学習−正統的周辺参加』産業図書、1993年）

● 中司利一『障害者心理−その理解と研究法』ミネルヴァ書房、1988年

● 上田　敏『リハビリテーションを考える−障害者の全人間的復権』青木書店、1983年

● 中田洋二郎「親の障害の認識と受容に関する考察−受容の段階説と慢性的悲哀」『早稲田心理学年報』第27号、早稲田大学文学部心理学会、1995年

● 長野恵子「障害者、高齢者の心理」新版・社会福祉学習双書編集委員会 編『新版・社会福祉学習双書2008 9心理学』全国社会福祉協議会、2007年

● 加藤伸司『発達と老化の理解』ミネルヴァ書房、2010年

COLUMN
◉心の健康と生活

（1）メンタルヘルスとストレスマネジメント

　近年、働く人の心の健康づくりの試みとして、メンタルヘルス対策が整えられつつある。スクールカウンセラーとして学校におけるストレスマネジメント教育を専門にしてきた筆者にも、さまざまな職場からの研修依頼が増えてきた。ストレスマネジメント研修の目的は、職員の心身の健康の回復・維持・増進を願ってのことであろう。健康で働き続けるためには、ストレスとのじょうずな付き合い方を工夫したいものである。そのために、研修ではストレスを理解することから始めている。

　まず、ストレスの3つのキーワード「ストレッサー・ストレス反応・ストレス対処法」について、自分自身の体験を振り返り、ワークシートに具体的に記述しながらストレスの仕組みを理解する。

　ワークシートの設問。

1	プレッシャーやストレスを感じるのはどのようなときですか？	
2	そのような場面では心やからだはどのようになりますか？	
3	プレッシャーやストレスを乗り越えるのにどのような工夫をしていますか？	

　これらの設問について参加者は以下のように記述している。

1 ストレッサー	人前で話すこと、仕事の失敗、仕事量の多さ、仕事の締め切り、忙しさ、人間関係、試験、上司の評価・叱責、研修、家族の問題、など
2 ストレス反応	からだに現れる変化：からだが固まる、動悸、頭痛、胃痛、下痢、腰痛、肩こり、冷や汗、アトピー性皮膚炎、頻尿、吐き気、めまい、など 心に現れる変化：イライラする、不機嫌になる、萎縮する、落ち込む、焦る、落ち着かない気分になる、不安になる、無気力になる、など 行動に現れる変化：声が裏返る、そわそわと動き回る、手や足が震える、動きがぎこちなくなる、食欲がなくなる、飲み過ぎ、乱暴になる、など

3 ストレス 対処法	深呼吸をする、「大丈夫」と自分に言い聞かせる、しっかり準備をする、成功のイメージをもつ、トイレに行く、ストレッチ、スポーツ、歩く、ドライブ、お茶を飲む、買い物、甘いものを食べる、お酒を飲む、趣味、パチンコ、友人に話す、相談する、マッサージ、寝る、TV、ゲーム、映画、読書、部屋の片付け、ガーデニング、温泉、旅行、など

　日常生活においては、仕事や思うようにいかない出来事（ストレッサー）への対応で、心身に変化（ストレス反応）が現れることを誰もが体験していた。それに対して、自分なりの対処法をそれなりに工夫しているにもかかわらず、心理的なストレスをからだで引き受けている人は少なくないようである。

　人前での発表など予測できる出来事には、十分な準備をして成功のイメージをもち、呼吸法などを工夫（ストレス対処法）することで、ストレス反応を軽減緩和することができる。予期不安に駆られてあがることもなく、落ち着いて発表ができると自信がつく。まさに、「善玉ストレス」といえる。ストレスマネジメントは、予防的・開発的にストレスとじょうずに付き合う方法の一つである。ストレス学の父といわれているセリエは「ストレスは人生のスパイス」と語ったという。さまざまな出来事を「人生のスパイス」として付き合っていくためにも、日常のストレス対処法を豊かにもちたいものである。

（2）ストレス対処法としてのリラクセーション

　それぞれが工夫しているストレス対処法を尊重しつつ、新たな対処法を紹介している。「動作によるストレスマネジメント～こころとからだのつながり～」と名付けたワークショップである。このプログラムは臨床動作法とストレスマネジメント教育を理論的背景にしている。例えば、「肩などのからだの部位に力を入れる→その力を抜いてゆるめると、その部位にふわーっとした感じが生ずる→その感じを味わう」。これをていねいに行い、脈拍数とストレスチェック項目の変化を各自確認する。

　以下のプログラムは、教員研修において1時間半程度で行えるようにと考案したものであるが、保護者向け講座、福祉施設職員研修、消防士の惨事ストレス対策講座でも好評である。

動作によるストレスマネジメント～こころとからだのつながり～
1　脈拍測定とストレスチェック
2　ワークショップ
　・ゆるめることの不思議
　　（ゆるめた分だけ可動域が広がるからだを実感）

> ・ゆるめることのむずかしさ
> 　（ゆるめようと意図してもゆるまないからだに対面）
> ・肩の上げ・下ろし
> 　（セルフリラクセーション、ペアリラクセーション）
> ・漸進性弛緩法
> 　（手、足、上体、腰、顔の順に緊張と弛緩を繰り返す）
> ・イメージ呼吸法
> 　（イメージを用いた腹式呼吸法による緊張とゆるめ）
> ・３分の安静
> 　（副交感神経優位のリラックス感に身を任せる）
> ・目覚めの動作
> 　（首ゆるめ、グッパー、背伸び、腰ゆるめ）
> 3　脈拍測定とストレスチェック
> 4　感想 & 質疑
> 5　軸づくり & 踏みしめ
> 　（シャンとした自体軸、地に足が着いた落ち着き感）
> 〈いつでも　どこでも　一人でも　ただで　できるワークを生活の中に！〉

　ワークショップでは「緊張とゆるめ」の動作をじっくり繰り返す。からだの部位に力を入れて保ち、次にその力をゆるめるとふわっとしたリラックス感を味わうことができる。からだに細やかな注意を向けることで、緊張に気付き、それをゆるめた心地よさを実感する体験となる。からだをゆるめると心にゆとりができて穏やかな心もちになる。仕事や育児に立ち向かっているときの筋緊張が習い性になると、からだが硬くなり痛くなる。これは意思とは無関係に力が入っている慢性緊張によるコリである。

　このような不要な力をゆるめることができると、からだがしなやかに楽になり、心の活動の仕方もしなやかに変化する。心とからだのつながりの不思議である。仕事や生活のちょっとした合い間に自分のからだに注意を向けて、まずは緊張に気付くことから始めたい。からだの緊張をストンとゆるめることは、心の健やかさを育んでゆくことにつながっていく。

（3）リラクセーションによる心とからだの変化

　からだの各部位をゆるめてリラックスすることで、脈拍数は下がり、からだは楽に軽くなり、心はゆったり、安心、穏やかで、落ち着く方向に変化する。自分のからだをねぎらう体験となり、自分本来のもち味を取り戻すようである。「スッキリと落ち着いた気分」「視界が明るくなった」「もうひと仕事できそう」「今なら人にやさしくなれそう」との感想も少なくない。リラックスすることは本当にがんばるための力になるようである。このようなリラク

セーション法を日常生活にいかすと次のようなことが期待できる。

- ・ストレス状態からリラックス状態に変化するので、心身の回復力が活性化する
- ・自分の緊張感や感情を自己コントロールできるようになる
- ・心にゆとりができ、落ち着いてものごとに取り組むことができるようになる
- ・副交感神経系が優位にはたらき、免疫力が高まるので風邪などの予防になる
- ・ストレス性の肩こりや頭痛などの不調が軽減緩和する
- ・いつでもどこでも一人でも、ただでできる予防的な心身健康法となる
- ・災害や事故などの大きなストレス状況において、自分をなだめて落ち着くことができる

（4）対人援助職のセルフケア

　「グループワークの実際を学びたい」という臨床心理士などが「参加者の立場で体験しながら指導法を学びたい」と、ストレスマネジメント研修会への参加に熱心である。しかし、真面目で一生懸命なセラピストの伏臥位姿勢には、肩・肩甲骨・背の丸みに相当な慢性緊張があり、亀の甲羅のようだ。かかわっている仕事のきつさが姿勢や動きに現れている。メンタルヘルスとしてのリラクセーション法を、まずは対人援助職のセルフケアにこそ活用してもらいたいと願っている。

第5章
心理的支援の方法と実際

学習のねらい

　これまで学んできた基礎的事項をもとにして、本章では心理的支援の理論と実践について学習する。支援の根幹を成すケアリング、相手から学ぶという謙虚さを学習する。次いで、相手が抱えている課題について主観的、客観的に評価する方法を学ぶ。こうして支援に対する心構えと標的を想定した上で、具体的な支援を検討する。

　本章では心理的支援として、カウンセリング・心理療法について、その総論と各論を詳解する。社会福祉の専門職は、心理支援の専門家ではないが、広く対人援助の専門家である。当然相手を正しく評価し、心理的支援の技術を取り入れた業務が求められる。

　各論で紹介される技法すべてに習熟する必要はないが、その理論や技術について知識として知っておくことは重要である。その上で、他の専門職と協働、連携を図ることが求められる。

　対人援助実践を続けるなかで、ときに自分の足下が揺らぎ、困惑することがある。そのたびに、基本に立ち返る必要と、経験を通して変化、成長してきた自分と向き合う必要がある。本章でも記載されているように、「ソーシャルワークにおける心理的支援は、現実生活の質の高さや対象者のエンパワメントをめざして、環境調整も含めた介入の一部として行われる」ものである。日々の経験の中で、支援者として自らの立場を刷新していく必要がある。

第1節　心理的支援

■1 ケアリングとは

　現在、福祉臨床現場において、心理的支援、心理的サポート、心のケアなど、関連する用語がさまざまな文脈で用いられている。そこで本節では、これらをくくる言葉として「ケアリング」という概念を紹介し、その本質を明らかにしていきたい。

　メイヤロフ（Mayeroff, M.）は「ケアリングとは、相手が成長し自己実現（actualize himself）することを助けることであり、相手がほかの誰かをケアできるように、そしてまた自分自身をケアすることができるように援助することである」と述べている。さらにケアリングは成果ではなく、関係の深まりの道筋・過程であって、他者をケアすることを通しケアの担い手もまた成長し、自分自身の人生の意味をつかんで生きていく、という相互性・互恵性を示している。

　ケアとは他者を起点に置いた応答性の行為であり、利他が貫かれている。しかし、自己犠牲を伴うものではない。他者をいかすことが自分をいかすことにつながり、他者の幸せや成長への寄与が自身の幸せや成長になる、という能動的で創造的な行為である。一方、他者を起点に置く時点で、ケアとは受動的な行為ともいえる。**図5−1**は、メイヤロフの記述から、ケアの担い手と受け手との相互ケア状況を筆者が図解したものである。ケアリングの過程というのは、ケアをする−されるという一

〈図5−1〉メイヤロフのケアリング過程の図解

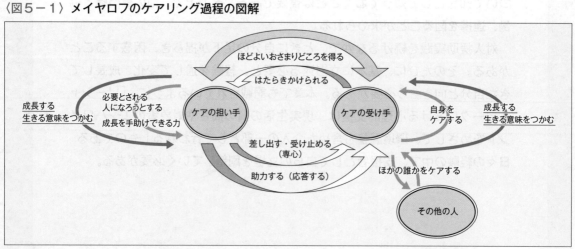

（出典）葛西康子『青年期を生きる精神障害者へのケアリング−縦断的narration分析をとおして』北海道大学出版会、2006年、15頁をもとに一部改変

方向的なものではなく、この図でケアの担い手と受け手、二者の矢印が双方向に向かっているように、どちらともなく始まる営みである。このやりとりの渦は、自身のケア・成長の渦、そしてほかの誰かをケアする渦へ自ずと広がりをもつ。ケアリングという営みは、こうした互いに引きつけ合うような磁場にいつしか身をさらし受動的（はたらきかけられる）でありつつ、能動的（はたらきかける、助力する、差し出す）な行為の中で、互いにより自分になる（actualize himself）過程と考えられるだろう。

2 ケアの実践

　ケアとは誰にとっての行為なのか？　誰にとっての回復なのか？　という問いを発したとき、対人援助を専門とする職業人であれば、誰しもが、それは、ケアの受け手にとってにほかならないと返答するだろう。しかし、これをケアの実践において貫くことは容易ではない。現場のさまざまなところで矛盾は生じる。この矛盾こそが、さまざまな可能性とともに困難をも生み出している。

　例えば育児や高齢者介護に費やす時間を「消費」と感じたとき、その行為は担い手にとって、自身の幸せどころか苦痛に満ちたものに変質することすらあるだろう。終末期における幸せや成長とは何であろうか。自分を失う自己犠牲の上にしか、利他は成り立たないという人もいるだろう。ケアの担い手・受け手どちらにも相手を支配せんとする力が生じる場合すらある。前に述べた利他が互恵的な意味をも含むケアの実践となり得る前提には、ケアの担い手と受け手の関係が、自分と自分ではない他者とに分かたれており、かつその境界が揺さぶられているとしてもギリギリの自律性が互いに感知され尊重されていることが大切なのである。

　小澤　勲（おざわ　いさお）は、「ケアは、治療が『治らない』と切り捨てたところから始まる」と述べ、認知症のBPSD[*1]（Behavioral and Psychological Symptoms of Dementia）は、中核症状[*2]がもたらす生活の不自由に困惑し不安となる異常な事態に対処するためにつくられたものだから、暮らしの中で、ケアで必ず治る、少なくともこの確信からケアが始まるのだと断言している[1]。ケアの担い手の視点ではなく、ケアの受け手にとって、当事者にとっての生活体験や理（ことわり）の世界を教えてもらう、学ぶ、というところからケアはスタートするということなのである。当事者にとっての生活

*1
認知症になっても誰にでも現れるとは限らない症状で、幻覚妄想状態、いらいら、徘徊、弄便、不眠、攻撃性、収集癖のような症状や行動。

*2
認知症になると誰にでも現れる記憶障害、見当識障害、言語障害などの基本障害に随伴して生じる行動と心理状態。

体験を了解不能というラベルを貼って思考を止めず、不確かな状況に漂う不安定感に耐えながら、わからないからこそ、わかり続けようとする不断の努力が、ケアの実践には不可欠である。

　何かしらの不自由、生きづらさを抱えたその人の苦難の歴史と生き抜くための努力の結晶としてのBPSDは、「わかるということ」によって消えるわけではない。にもかかわらず、「少し楽になる。その『少し』というところが、じつは大きい[2]」と小澤はいう。

3 ケアリングを学ぶ

　ケアリングを学ぶ手立ての一つにブラインドウォーク（blind walk）がある。

　ブラインドウォークとは、ペアを組み、アイマスクをつけて視覚が遮られた状態の人を、もう一人の人が誘導しながらウォーキングするというものである。さらに、声に出してコミュニケーションをとることをいっさい禁止するルールで行うと、いっそう多くの気付きがもたらされる。

　両者は視覚入力情報において圧倒的な差異があり、一瞬にして強者と弱者に分け隔てられる。闇の中にいる者は大きな不安や恐怖におののき、光の中に住む者に自らの安全を託すほかに接点はなく、主体性は奪われ、なすすべはない。ある人は身を託すことができずに腰を引き、残された感覚機能と運動機能を最大限に発揮して、危険を自ら回避するため、はりつめた緊張感のなか、恐る恐る移動しようとする。身を託された側はいかに安全に誘導できるか苦心する。そして言葉によるコミュニケーションをとることができないため、意思疎通という面では、ともにハンディを背負う。

　開始時には緊張、不安、不信、恐怖の渦中に投げ込まれたかのようなペアも、20分ほど時間がたつにつれて、徐々に安全と信頼が確立されていく。信頼関係は、移動中常に試される。段差につまずいたり、何か痛い経験にさらされると容易に信頼は揺らぐ。信頼が確立されていくときは必ず両者の間に、互いに伝えたいこと、そして伝わったことを伝えるサインが創案され、コミュニケーションが成り立っている。さらに、こうした安全をベースに遊びを創造するペアも現れる。視覚が遮られている側の者は圧倒的に不利な状況に置かれているようだが、他の感覚器官をフル稼働させて適応していくうちに、ふだん気付くことのない新鮮な感覚世界を楽しみ出す。そしてそこに誘導する側の者が合わせていく

姿を発見することがある。そよぐ風、木漏れ日のあたたかさ、シーソー遊びの不思議な平衡感覚。強者と弱者、誘導する−されるという固定的で一方的な関係が変化、逆転し、奪われた主体性が回復し双方向の伝え合いが生まれていくのである。

ある学生は、ブラインドウォークで誘導をしたときの体験について、「最初は誘導しなくては、という気持ちでいっぱいだったけど、慣れてきたら『体験者がやりたいように、動く過程で危険がないよう、また、やりたいことができるように最小限のサポートをするだけでいい』ということを学んだ」と記していた。ここに、ケアリング過程を見ることができる。

心というあいまいで見えないものに対する支援、心理的支援の基本となるのは、あなたが見ているもの（感じていること）を同じように私も見たい（感じたい）ので、それを教えて（伝えて）くださいという、はたらきかけられようとするかかわりであり、相手の体験世界を理解し続けようとする「当事者から学ぶ」姿勢である。

第5章

引用文献
1）小澤　勲・土本亜理子『物語としての痴呆ケア』三輪書店、2004年、34頁
2）小澤　勲 編著『ケアってなんだろう』医学書院、2006年、65頁

参考文献
● M.メイヤロフ、田村　真・向野宣之 訳『ケアの本質−生きることの意味』ゆみる出版、1987年
● 葛西康子『青年期を生きる精神障害者へのケアリング−縦断的narration分析をとおして』北海道大学出版会、2006年

第2節　心理アセスメント

1 心理アセスメントの本質と目的

（1）心理アセスメントとは

　心理アセスメントは、心理的問題をもつクライエントあるいは家族・集団・組織の心理行動、環境、個人の心理的特性、能力などに関する情報を収集し、情報を分析、統合、解釈して心理的問題についての総合的な査定を行うものである。その際に援用される概念として、バイオ・サイコ・ソーシャルモデル（Bio-psycho-social model）やICFモデル、精神医学上の操作的診断分類[*5]、各種の心理療法理論などがある。なお、心理アセスメントのプロセスには、事例定式化のプロセスが伴うことがある。事例定式化については後述する。

　情報収集の方法は、主に心理検査、面接、観察である。また、多くの場合、心理アセスメントは、心理的支援を含むさまざまな支援の提供とセットになって実施される。つまり、心理アセスメントは支援と並行して繰り返し行われることが多い。

　心理アセスメントの第一段階は、クライエントが相談や支援を求めて訪れた段階である。このときは、クライエントの心理状態ならびにクライエントのパーソナリティ、能力、生活環境、既往歴、人間関係、成育歴などの情報を収集し、それらの関連性について分析し、クライエントの心理的問題を包括的に解釈し把握する。その上で支援方針を立てていく。

　第二段階は、クライエントに支援を提供している段階である。ここでは、支援介入の目標に定めたクライエントの心理状態がどのように変化しているかについて検討する。その変化は、主に支援介入によって生じた場合もあれば、クライエントの生活環境や身体の状態の変化など他の要因によって生じた場合もある。こうした点をふまえて、見立てた心理的問題や支援目標、支援介入の方法などについて再考する。

　第三段階は、支援終了時または終了後の段階である。ここでは支援介入前と比べてクライエントの心理状態がどのように変化したかを分析し、見立てた心理的問題の解決の到達について判断する。また、提供した支援の有効性及び追加で行う支援の必要性の有無について検討する。

*3
①生物的要因（本人の身体機能や身体状態など）、②心理的要因（本人のパーソナリティや価値志向、能力など）、③社会的要因（本人を取り巻く対人関係、所属集団、役割や地位など）の3つの要因が相互作用的に影響を及ぼして、現在の心理的問題が成り立ち維持されている、という考え方。

*4
2001年に世界保健機関から提出された国際生活機能分類（International Classification of Functioning, Disability and Health）の健康モデル。これは、人の生活機能（社会的活動、社会参加）と障害（心身構造、心身機能）について、健康状態（病気、変調、障害、けがなど）と背景因子（環境因子、個人因子）とのダイナミックな相互作用からとらえる。

*5
精神疾患を診断する際の疾患基準や分類のこと。これは、多くの精神疾患において基盤となる病理学的過程を完全に記述することが不可能であることをふまえ、正確な診断と治療の助けとなる情報を構成する指針として診断基準が機能することをめざした各疾患の分類である。具体的には、ICD（国際疾病分類）や、米国精神医学会によるDSM（精神障害の診断と統計の手引き）などが用いられる。

（2）アセスメント実施上の倫理と配慮

　心理アセスメントの実施にあたっては、アセスメントを受けたクライエントが不利益を被らないようにしなければならない。そのためには、①秘密の保持と適切な情報管理[*6]、②インフォームド・コンセントの実施[*7]、③結果説明などにおけるアカウンタビリティ[*8]が求められる。また、心理検査や面接を受けるクライエントの多くは、緊張と不安感を抱いて来室する。そこで、検査者または面接者は、受容的態度[*9]を通してラポール（rapport）[*10]を形成し、緊張を和らげることが重要である。これらは、社会福祉士、精神保健福祉士、公認心理師などの職種を問わず対人援助職に携わるすべての者の職業倫理として必要な配慮である。

　同時に、クライエントが過度ではなく適度な緊張をもって真摯に心理検査や面接に臨めるように配慮することは、情報内容や検査結果の正確さを高める上で必要なことである。そのためには、集中して課題に取り組めるような室内環境、座席の位置などを調整することが大切である。

2 心理検査

　心理検査は、心理的特性や能力に関する個人間差異や個人内差異について客観的に測定する検査である。そこで、心理検査は、主観が入りやすい面接による情報と補い合う形で活用されることが多い。

　心理検査には、知能検査、発達検査、神経心理学的検査、性格検査などがある。ほかに、精神的健康状態、気分、発達障害特性などの程度をとらえる心理評定尺度がある（**表5-1**）。

（1）心理検査の条件-信頼性と妥当性

　多くの心理検査は、一定の手順に基づいて測定対象となる意識や行動の見本を測定し、個人の心理的特性、心理的能力、心理状態の程度を数量化して表す。この心理検査の作成手続きを標準化といい、標準化された検査を標準検査という。このような心理検査の条件として、信頼性と妥当性が十分に得られていることが求められる。

　信頼性とは、心理検査の測定結果の安定性をさす。これは、いつ誰が検査しても同じ結果が得られるかどうかということである。信頼性は、再検査法[*11]、等価検査法[*12]、折半法[*13]などの方法によって検討される。

　妥当性とは、検査得点からなされた推論の正当性をいう。具体的には、①検査内容が測定したい心理的能力や特性のよいサンプルとなって

[*6]
心理アセスメントを通して知ったクライエントに関する情報はみだりに第三者に伝えず、秘密を守らねばならないこと。

[*7]
実施前に、クライエントに心理アセスメントを実施する目的や内容などについて説明を行い、心理アセスメントを受けるかどうかの意思確認をし、実施への同意を得ること。

[*8]
説明責任と訳されることもある。相手に情報を開示し、相手が理解できるような表現で十分に説明を行う義務や責任があること。心理アセスメント結果を説明する場面だけではない。これはインフォームド・コンセントを行う際にも求められる。

[*9]
この態度はロジャーズ（Rogers, C. R.）があげているクライエントが変容する条件のうちの「無条件の積極的関心」と「共感的理解」。本書第1章第1節2参照。

[*10]
クライエントと支援者が互いに相手を信頼するなかで生じる主体的であたたかな感情の交流。

[*11]
時間をおいて同一検査を同じ集団に2回実施し、両者の検査結果の相関を求める方法。

[*12]
同一性質の2種類の検査を同じ集団に実施し、両者の検査結果の相関を求める方法。

[*13]
1つの検査の問題数を半分に分けて別々に採点し、両者の検査結果の相関を求める方法。

第5章

〈表5-1〉各種の心理検査や心理評定尺度

種類		心理検査、心理評定尺度（一部）
知能検査		【集団式検査】京大NX知能検査 【個別式検査】田中ビネー式知能検査V、WAIS-Ⅳ知能検査、WISC-V知能検査、WPPSI-Ⅲ知能検査、日本版KABC-Ⅱ
発達検査		遠城寺式乳幼児分析的発達検査法、乳幼児精神発達診断法、新版K式発達検査
神経心理学的検査		WMS-Rウェクスラー記憶検査、ベントン視覚記銘検査、WAB失語症検査
認知症検査		改訂版長谷川式簡易知能評価スケール、MMSE
性格検査	質問紙法	YG性格検査®、新版TEG3（東大式エゴグラム）、NEO-FFI／NEO-PI-R、MMPI-3日本版
	投影（映）法	ロールシャッハ・テスト、バウムテスト、SCT（文章完成法テスト）、TAT（主題統覚検査）
	作業検査法	内田クレペリン検査
心理評定尺度	健康状態	日本版GHQ精神健康調査票、CMI健康調査票
	気分、感情	【うつ】SDS（Zungうつ性自己評価尺度）、CES-D（うつ病自己評価尺度） 【不安】STAI（状態・特性不安検査） 【気分】POMS2日本語版（気分プロフィール検査）
	発達障害特性、情緒・行動	MSPA、Conners 3、ADHD-RS、A-ASD（成人期ASD検査）、A-ADHD（成人期ADHD検査）

（筆者作成）

*14
予測的妥当性、併存的妥当性は「検査で測定する心理的能力や心理的特性を表すと推測される外的基準と検査との関連を求める」という点で共通する。そこで両者は基準関連妥当性ともよばれる。

*15
「抑うつ」や「ワーキングメモリー」などの抽象的な概念のこと。

いるかを見る内容的妥当性、②測定された心理的能力や特性と予測される将来の行動との関連を見る予測的妥当性[*14]、③測定された心理的能力や特性と同じ能力や特性を測定する既存尺度との関連について調べる併存的妥当性[*14]、④心理検査を通して構成概念をどの程度説明することができるかを見る構成概念妥当性[*15]がある。

（2）能力検査

　能力検査には、知能検査、発達検査、神経心理学的検査、認知症検査などがある。実施方法には、複数の受検者に同時に実施する集団式と、検査者と受検者が1対1で実施する個別式がある。

❶ビネー式知能検査

　ビネー式知能検査は、20世紀初頭にビネー（Binet, A.）が開発した知能検査の考え方を受け継ぐ検査である。療育手帳の申請などで活用される。日本での最新版は田中ビネー式知能検査V（2歳～成人）である。検査課題は飛行機の絵カードを見せて「これは何ですか」と問う課題などで構成され、課題への正答から知能の発達水準（精神年齢［Mental Age：MA］）を算出する。2～13歳では、知能指数（IQ：Intelligence

Quotient）は「精神年齢／実際の年齢（生活年齢［暦年齢］）×100」で算出し、IQ＝100は精神年齢と実際の年齢の同等であることを表す。

❷ウェクスラー式知能検査

　ウェクスラー式知能検査は、ウェクスラー（Wechsler, D.）によって開発され、年齢別に3種類ある。日本での最新版はWAIS-Ⅳ知能検査[16]（16歳～90歳）、WISC-Ⅴ知能検査（5歳0か月～16歳11か月）[17]、WPPSI-Ⅲ知能検査（2歳7か月～7歳3か月）である。[18]いずれも下位検査とよばれる十数種類の検査課題で構成され、各下位検査の得点を評価点に換算して下位検査間で能力を比較できる。さらに評価点を集計し、知能全般（FSIQ）、特定の認知領域、または付加的な情報の指標（言語理解指標、視空間指標など）についての能力を比較できる。このように、知能の能力特徴として、個人間差異のほか、個人内差異についても把握できることが特徴である。

❸発達検査

　発達検査は、乳幼児を主な対象とし、言語などの知的機能とともに著しく伸びていく心身の諸機能の発達の程度を見る検査である。津守・稲毛式発達検査法、遠城寺式乳幼児分析的発達検査法は、質問紙を用いて対象児の行動を観察する検査である。

　検査者が対象児と接する新版K式発達検査は、「姿勢・運動」「認知・適応」「言語・社会」の領域に関する構造化された検査場面を設けて、場面における子どもの反応を観察して記録し、領域別と全領域の発達指数を算出する。

❹神経心理学的検査、認知症検査

　神経心理学的検査は、頭部外傷や脳卒中などによる脳の器質的障害として、記憶、認知、言語、注意、前頭葉などの機能状態を調べる検査である。

　認知症検査は、アルツハイマー病などによる知能や見当識の障害を調べる検査である。改訂版長谷川式簡易知能評価スケール（HDS-R）やMMSE[19]は、認知症のスクリーニング検査[20]として用いられている。

（3）性格検査

　検査方法から分類すると、質問紙法、投影（映）法、作業検査法がある。

---

*16
「Wechsler Adult Intelligence Scale」の略。通常、「ウェイス」と読む。

*17
「Wechsler Intelligence Scale for Children」の略。通常、「ウィスク」と読む。

*18
「Wechsler Preschool and Primary Scale of Intelligence」の略。通常、「ウィプシ」と読む。

*19
「Mini-Mental State Examination」の略。通常、「エムエムエスイー」と読む。

*20
検査を通して障害や疾患などの有無を選別すること。例えば、改訂版長谷川式簡易知能評価スケールは30点満点で構成され、20点以下の場合は「認知症の疑いあり」、21点以上の場合は「認知症の疑いなし」と選別する。

〈表５－２〉YG性格検査®の質問項目
　　　　　　（れんしゅう問題の一部）

1. 人中ではだまっている
2. こまかいめんどうな仕事が好きである
3. いんきである

※回答は「はい」「？」「いいえ」から選択する。

（出典）辻岡美延・矢田部達郎・園原太郎 構成『YG性格
　　　検査（一般用）』日本心理テスト研究所発行、竹
　　　井機器工業販売、1957年

〈図５－２〉投影（映）法－ロールシャッ
　　　　　　ハ・テストの模擬図版

（出典）高橋雅春・高橋依子『臨床心理学序説』ナカニシ
　　　ヤ出版、1993年、61頁

❶質問紙法

　質問紙法は決まった質問文を読み、決められた回答の選択肢の中から当てはまる回答を一つ選ぶ形式によるものである。多くは特定の性格理論に準拠して作成され、理論に基づいて結果の算出と解釈を行う。例えば、YG性格検査®（**表５－２**）は、ギルフォード（Guilford, J. P.）が考案した性格検査を矢田部らが標準化した検査である。120項目の質問文から構成され、「神経質」「協調性」「支配性」などの12種類の性格特性の得点を算出し、得点の高低をプロフィールで描く。次に、５つの系統値を算出してプロフィールの型判定を行う。ほかに、特定の性格理論に準拠していないが、精神医学的診断における資料として活用する目的で作成されているのがMMPI[21]である。最新版のMMPI-3日本版は335項目から構成され、多種多様な52の尺度を有する。また、最新のDSM-[22]5に対応している。

❷投影（映）法、作業検査法

　投影（映）法は、あいまいな刺激に対する反応の仕方から個人の感情、欲求、思考の特徴などのパーソナリティを見るものである。例えば、**ロールシャッハ・テスト**で用いる刺激は、インクを落として偶然にできた模様である（**図５－２**）。これを呈示し、何に見えるか、どこに見えたか、模様のどのような特徴からそのように見えたのかと質問を行い、あいまいな刺激に対する受検者の反応処理の特徴について分析、解釈をする。

　作業検査法は、一定の材料を与えて作業させ、その作業過程の特徴から性格傾向を見るものである。内田クレペリン検査では、連続加算作業を用いる。

＊21
「Minnesota Multi-phasic Personality Inventory」の略。通常、「エムエムピーアイ」と読む。ミネソタ多面的人格目録性格検査ともいう。アメリカのミネソタ州立大学のハサウェイ（Hathaway, S. R.）によって開発された。

＊22
2013年に発表されたDSMの第５版であり、現時点での最新版。DSM-5における診断基準のカテゴリーには、「神経発達症群／神経発達障害群」「統合失調症スペクトラム障害およびその他の精神病性障害群」「双極性障害および関連障害群」「抑うつ障害群」「不安症群／不安障害群」などがある。あわせて、＊5を参照。

（4）心理評定尺度

心理評定尺度は、精神的健康、抑うつ症状、不安感、強迫観念、気分、ストレス、発達障害特性などの心理的特徴を把握する目的で、心理的特徴の程度を評定する尺度検査である。

3 心理アセスメントにおける面接と行動観察

（1）面接とは

面接とは、一定の目的のために直接的に顔を合わせ、主に言語による情報交換を行い、考えや意思、感情を伝え合うことをいう。面接には、心理的支援の開始前にクライエントの状態を査定する初回面接と、心理療法やカウンセリングを行う治療面接がある。

面接の中で言語的情報を得る際には、質問項目を事前に用意しない方法や[23]、質問項目を決めておくものの質問の言葉づかいや順序は面接の流れに応じて変化させる方法を用いる[24]。こうして収集される言語的情報には、「先週から学校に行っていない」などの事実としての出来事と、「友だちに嫌われている」などのクライエントの考えや感情がある。前者を「客観的事実」、後者を「主観的事実」という。両者を区別して認識することが重要である。

さらに、面接者はクライエントと交流しながら、クライエントの様子、面接者とクライエントとの関係について観察する。これを「関与しながらの観察」という。観察内容は、クライエントの服装、髪形、顔色などの外見、ならびに表情、口調、言葉づかい、姿勢、動作などの行動である。ただし、クライエントの行動は面接の状況や面接者の言動に対する反応である場合もある。そこで、クライエントの行動を引き出した状況や自分自身の発言や感情などについても振り返っていく必要がある。

（2）行動観察とは

行動観察は面接の伴わない観察である。これは、特定の目的の下、特定の場面や状況に対する反応として、クライエントの表情、姿勢、動作、発言などの内容や、その内容が出現する頻度や程度について注意深く見て記録や評定をするものである。こうした観察の利点は、乳幼児など言語能力の低いクライエントに対しても実施可能となる点である。

*23
これを「非構造化面接」という。この反対は「構造化面接」で、面接者にとって必要な情報を得るために事前に設定した質問項目を一定の順序と決められた言葉づかいで質問を進める。構造化面接は研究目的の面接場面で用いられることが多い。

*24
これを「半構造化面接」という。構造化面接と非構造化面接の中間的なもの。

第5章

4　事例定式化

（1）事例定式化とは

事例定式化は、ケースフォーミュレーションともいう。

事例定式化について、下山晴彦は「事例の問題に関する心理的、対人的、行動的問題の原因、促進要因及びそれを維持させている力に関する仮説であり、問題に関する複雑で矛盾した情報をまとめ上げる助けになるもの」と定義している[1]。すなわち、異常心理学、精神病理学、発達心理学などの知識をもとに適用する心理療法理論やモデルに基づき、収集した情報から「問題の成り立ちや維持」に関する仮説を案出または修整する。そして、最終的に組み立てた仮説にそって介入方針を定める作業プロセスである。

この「問題の成り立ちや維持」に関する仮説は、いわば「見立て」にあたる。なお、アセスメント結果も同じく「見立て」といえる。心理アセスメントでは、作業プロセスの中に、心理検査など、「見立て」のために必要な情報を収集する作業が明確に位置付けられている。そして、その技法も含めて情報収集の部分に重点が置かれていると考えられる。他方、1990年代から出てきた事例定式化の定義では、仮説や仮説を立てていく作業が中心であり、その作業プロセスの中に心理評定尺度の実施などの情報収集があると考えられる。また、事例定式化では特定の心理療法理論やモデルに準拠して個別事例の心理的問題の仮説を立てることが前提となっているが、心理アセスメントでは準拠する心理療法理論やモデルについては言及されていない。このように、事例定式化と心理アセスメントは似ているが同じではない。

なお、実際に事例定式化を行っていくなかでは、仮説生成や仮説検証と情報収集の作業は循環的に展開する。つまり、情報収集を行った結果として、「問題の成り立ちや維持」の仮説を組み立てる事例定式化の作業が進んだり、逆に事例定式化の作業が進むうちに新たな情報が必要となって新たな心理検査の施行や追加質問がなされたりするのである。

（2）事例定式化の例－認知療法における事例定式化

事例定式化は、準拠する心理療法理論、あるいは「児童虐待を受けたトラウマ」や「統合失調症における妄想」など各種の心理的問題によって説明モデルがあり、それぞれに事例定式化が行われる。

一例として、認知行動療法で用いられる事例定式化を取り上げる（**表**

〈表５−３〉認知療法の事例定式化ワークシートの例

クライエントの基本情報（氏名、性別、年齢、職業など）
主訴、診断／症状評価
形成期の影響（生育歴、家族歴、対人関係など）
状況的な問題（現在の症状が生じるまでの経緯）
生物学的、遺伝学的及び医学的要因（既往歴、併存疾患など）
長所、強み、ソーシャルサポート（今後の治療にいかせそうなもの）
治療の目標（本人にとっての問題リスト、現在の困りごとリスト）
「出来事」⇔　反応（「自動思考」−「情動・気分」−「行動」）
スキーマ（中核信念及び条件信念）
作業仮説（認知行動モデルに則った問題の解決の方向性）
支援介入の方針

（出典）大野　裕「認知療法のケースフォーミュレーション」『ケースフォーミュレーションと精神療法の展開』（精神療法 増刊第６号）金剛出版、2019年、24頁をもとに一部改変

５−３）。まず、①主訴の聴取と症状評定ならびに発症と経過、②症状形成の影響要因となる生育歴・家族歴と生物学的要因、③治療や回復に活用できそうな長所などの資源、④治療目標につながる「現在の困りごと」に関する情報を収集する。次に、認知行動療法モデルに則して、「実際の出来事とそれに対する自分の反応（自動思考、情動、行動）のパターン」について調べる。クライエントに特徴的な自動思考が見出せたら、それを生じさせているスキーマ、さらにスキーマと症状との関連について考える。例えば「『友だちに否定される自分はダメだ』という自動思考の深層には『すべての人から認められなければならない』というスキーマがあり、それが抑うつ症状を高めているのではないか」などである。その上で、問題解決の方向性である作業仮説や支援介入計画を立案していく。

（3）事例定式化の留意点と特徴

　心理的問題に関する複雑で矛盾した情報をまとめる作業の際には、準拠する理論やモデルに事例を当てはめることだけに注意を向けず、理論に当てはまらない要素や矛盾点にも注意を向けることに留意する。どの事例においても、理論やモデルに合致する共通性の面と合致しない独自性の面をあわせもっている。現象をより正確にとらえる仮説を立てるためにも、この両面を見ていく姿勢が求められる。

　また、事例定式化の特徴としては、心理的支援の要素が含まれていることがあげられる。認知行動療法に準拠した事例定式化を進める場合、クライエントとの協働によって、クライエントの「問題の成り立ちと維

持」に関する仮説を立てていく。そのためには、心理療法理論の考え方や心理アセスメント結果について十分な説明を行ってクライエントに理解してもらう必要がある。これは、すでに心理教育の一部であるともいえる。このように、事例定式化は心理的支援の導入部分でもあり、その後に続く支援の円滑な展開に向けてつないでいく役割があるといえる。

引用文献
1）下山晴彦「心理療法（精神療法）におけるケース・フォーミュレーションの役割」『ケースフォーミュレーションと精神療法の展開』（精神療法 増刊第6号）金剛出版、2019年、14頁

参考文献
● 上里一郎 監修『心理アセスメントハンドブック第2版』西村書店、2001年
● 津川律子・遠藤裕乃 編『公認心理師の基礎と実践14 心理的アセスメント』遠見書房、2019年
● 下山晴彦・中嶋義文 編、鈴木伸一・花村温子・滝沢　龍 編集協力『公認心理師必携 精神医療・臨床心理の知識と技法』医学書院、2016年
● 日本精神神経学会、高橋三郎・大野　裕 監訳『DSM-5 精神疾患の診断・統計マニュアル』医学書院、2014年

第3節 カウンセリング・心理療法：総論

1 カウンセリング・心理療法の基本的概念

　カウンセリングや心理療法は、訓練を受けたセラピスト[*25]と、クライエント[*26]との共同作業によって、その人が望む成長や問題解決に向けて、一定の理論や技術に基づいた心理的援助が行われるものである。

　カウンセリングと心理療法の異同については、「カウンセリングは教育の分野から生まれ、心理療法は精神病理の分野から生まれた」というように両者を区別する立場もあれば、「両者を明確に区別することは困難であるとして、同一概念として扱う」[1]立場もある。しかし、クライエントの成長や問題解決をめざしてクライエントとともに取り組むという構造はどちらにも共通しており、その構成要素や過程にも重なる部分が多い。したがって本節では、両者の区別には重きを置かず、心理療法という用語を用いて記述していく。また、カウンセリングや心理療法には、クライエント中心療法、精神分析、行動療法、家族療法、集団療法、遊戯療法など、さまざまなアプローチがあるが、その詳細については各論に譲り、ここではどのアプローチにおいても共通すると思われる基本的な枠組みに焦点を当てることとする。その上で、社会福祉領域の支援における、カウンセリングや心理療法とのかかわりについても少しふれる。

2 心理療法の目的

　アメリカの精神科医ウォルバーグ（Wolberg, L. R.）は、心理療法の目的を大きく分けて症状の改善、行動パターンの修正、パーソナリティの成長や発達という3つに整理した[2]。何のために心理療法を行うかは、実際にはクライエントと話し合いながら見定め、ときには軌道修正されるものであるが、ここではおおまかな整理のためにウォルバーグの記述を参考にしながら、心理療法の目的を概観する。

　心理療法の目的の第一は、今ある症状を取り除くこと、あるいは和らげることである。これは、心理療法がもともと心の病気や症状への治療として始まった歴史とかかわっている。心身の症状そのものだけでな

*25
セラピスト（therapist）とは、ここでは、心理療法（psychotherapy）やカウンセリングを専門とし、ニーズに応じてさまざまな心理的支援を行う人をいう。

*26
クライエントとは、来談者。ここでは、心理療法やカウンセリングといった相談の場に来た人をいう。

第5章

く、症状からもたらされる不利益も考慮しつつ、クライエントにとっての今ある苦痛を和らげ、癒やし、回復することをめざしていく。

　目的の第二は、認知（物事の受け止め方、考え方）や行動を本人にとって生きやすいものにしていくことである。これは、心理的な問題の背景には認知や行動の悪循環があること、それは後からでも修正できることに着目したものである。認知や行動のパターンは、症状だけでなく学校生活、人間関係、家庭、職業生活などにも広く影響するため、そこに取り組むことは社会生活上の生きやすさにもつながる。

　第三に、クライエントが成長し、自己実現する力を支えることである。これは、人には（どんなに症状や認知・行動の問題があったとしても）自分らしく生き、自分なりに人々と心地よい関係を築き、自己の価値を実現していこうとする力や希望があることに焦点を当てたものである。心理療法はときに病理や不適応の改善のためのものという見方をされることがあるが、それだけではなく、自己の可能性を切り開こうとするすべての人のためにあるものなのである。

3 心理療法を構成するもの

（1）クライエント

　クライエントとは、何らかの支援を受けるという文脈の下で、心理療法の場に来談した人のことである。その文脈は、本人の動機に基づく場合もあれば、他者の動機に基づく場合もある。

　"患者"や"対象者"などではなく、"クライエント"と初めてよんだのは、**クライエント中心療法**の創始者である**ロジャーズ**（Rogers, C. R.）である。ロジャーズによると、クライエントは幼少期からの成長過程において、他者や社会から与えられた価値観を自分の中に取り込まざるを得ず、本来その人が体験しているはずの豊かな内的世界をありのままに感じられなくなることで、"本来の自分"と"こうあるべき自分"とがずれていき、さまざまな悩みや困難を経験する。そして、それを乗り越えるには、自分の中の体験過程に開かれること、つまり、自分が何を経験し、何を感じ、どのように反応しているかというありのままの体験に気付き、感じ取り、味わうことが必要であるとした。すなわち、クライエントという言葉には、その人が単に"治療を受ける""支援される"という受動的な存在ではなく、自分自身の声をもった主体的で対等な存在であるという意味が含まれている。

BOOK 学びの参考図書

●諸富祥彦『カール・ロジャーズ入門－自分が"自分"になるということ』コスモスライブラリー、1997年。
　ロジャーズの人生、クライエント中心療法のエッセンス、主要な業績の内容などを幅広く学ぶことができる。

（2）セラピスト

　クライエントがそのような存在であるとするなら、セラピストとはどのような存在だろうか。ロジャーズは、セラピストとは、クライエントを一人の独立した人間として尊重し、クライエントの中に進行している体験過程を共感的に理解し、価値付け、また、クライエントが脅威を感じることなく自分自身の感情や他者の感情を自由に経験できるような関係を提供する存在であるとした[3]。つまり、セラピストの基本的な役割は、クライエントを変えようとすることではなく、クライエントと信頼関係を築き、クライエントのもっている潜在的な力の存在を信じ、クライエントが自己の体験を取り戻していくプロセスをありのままに理解し、受容し、支えることであるといえる。

　セラピストが心理療法を構成する一員である以上、セラピスト自身がもつ要因も、心理療法のプロセスに大きく影響する。そのためセラピストは、心理療法の場に影響を及ぼし得る自分自身の個性や特性、価値観、思考や感情のパターン、トラウマを含む自己の歴史等についても自己理解を深める必要がある。また、トレーニングの一環として信頼できる関係性の中で自己を語る体験をし、自己を他者に語るときに自分の心がどう動くのか、共感とは何か、信頼関係とは何か、安心安全とは何か等について、わが事として学ぶことも大切なことである。

（3）セラピストに求められるもの

　ロジャーズは、心理療法においてクライエントのパーソナリティに建設的な変化が起こるための6つの基本条件をあげ、特にセラピストに求められるのは、そのうち「純粋性」「無条件の肯定的配慮」「共感」の3条件であるとした[4]。これらの条件はその後、心理療法の流派が何であれ、セラピストに求められる基本的な姿勢として共通して重要であると理解されるようになっている。

❶純粋性

　「セラピストは、この関係の範囲の中で、一致しており、純粋であり、統合している人間でなければならない」

　これは、「自己一致」という言葉でも知られている条件で、セラピストがクライエントとの間でどのような態度や感情を経験していても（それがたとえ望ましいものではなくても）、そのことにセラピスト自身がふたをせず、気付いていることを示す。つまり、今まさにクライエント

とかかわっている自分と、そのとき自分の内部で感じていることが一致した純粋なあり方で、クライエントの前に居続けなければならないということである。セラピストがクライエントの前で自分を偽っていれば、その矛盾がクライエントに伝わり、信頼できないという感じを与えてしまったり、クライエントの本当の姿を感じ取ることがむずかしくなったりする可能性がある。

　これは、感じていることすべてをクライエントに開示しなければならないということではない。セラピストの自己開示が不用意に、または不適切になされると、クライエントが深く傷ついてしまう場合もある。セラピストがクライエントとのかかわりの中で感じる自身の感覚や感情に気付き、ありのままに感じ取り、味わいながら、同時に安心安全な場を保ち続けることはとても大切なことであり、トレーニングを必要とする。

　ロジャーズは後年、3条件の中でもこの「純粋性」を最も重要なものとして位置付けている。

❷無条件の肯定的配慮

　「セラピストはクライエントに対して無条件の肯定的配慮を経験していること」

　これは、セラピストがクライエントのことを、あたたかさ、配慮、好意、関心、尊敬などをもって無条件に受容していることを示す。「あなたのここはよいが、ここは悪い」というような評価的な態度や、「あなたが〜であれば尊重する」といった条件付きの尊重とは、正反対のものである。ときには、セラピストがクライエントを肯定する発言でさえ、セラピストによる価値判断というニュアンスが含まれていると感じて、クライエントには脅威になることもある。クライエントは、外部から評価される脅威から解放され、自分の体験を無条件に受容される関係性の中で、初めて安心して自分の感情や体験を自由に探索し、向き合うことができる。

❸共感

　「セラピストは、クライエントの内的照合枠を共感的に理解しており、この経験をクライエントに伝えようと努めていること」

　これは、セラピストが、クライエントの内的世界を、クライエントが世界や自分を眺めているままに、あたかもわが事のように感じ取り、それをクライエントに伝えようとすることである。セラピストの中で感じ

取るだけでなく、それを伝える努力をすることで、クライエントはセラピストがわかってくれていることを、あるいはわかろうとしていることを知ることができる。また、もしもその理解がずれていたら、修正する機会にもなり得る。一方で、わが事のように感じ取るといっても、クライエントの世界とセラピストの世界とは別個のものであるという認識は保ち、クライエントの苦しみに圧倒されて自分を見失うことのないよう、一人の独立した人間としてクライエントの前に存在し続けることが、セラピストには求められる。

❹これらの3条件の実現をめぐって

　成田は、これらの3条件を、「めったに実現されない"理想"」と表現している[5]。それを受けて村瀬は、「この理想を抱くことによって、援助者は安易な自己満足に陥ることを恐れ、僅かたりとも成長を志向していくことができる」と述べている[6]。

　前述のように、セラピストにも自分自身の特徴がある。それは、クライエントとのかかわりを深めるリソースになることもあれば、妨げる障壁になることもある。そこから完全には自由になれないとしても、そのことを意識化し、3条件を満たすあり方を模索し続けられるよう、セラピストは自己の研さんから、あるいはクライエントから、学び続ける必要がある。

（4）一定の治療構造があること

❶治療構造とは

　治療構造とは、心理療法がどのような設定の下で行われるかという、いわば器のことである。治療構造には、空間的要因（部屋の広さやしつらえ、お互いの座る位置等）、時間的要因（1回あたりの時間、面接の間隔や期間）、治療費用などの外的構造と、何をテーマとして、何のために、どのような方法で心理療法を行うのか、秘密保持はどのようになされるかなどの内的構造がある。

　また、セラピスト自身がもつ個人的特徴も治療構造の一環を成す。治療構造はクライエントが心理療法の場でどのような体験をするかに深くかかわっているため、セラピストは治療構造をていねいに設定し、活用し、必要に応じて柔軟に修正する。

❷治療構造の意味

　治療構造の意味はさまざまな角度から考え得るが、ここでは外的構造と内的構造に分けて整理する。

　①外的構造の意味

　　心理療法では一定の外的構造が設定されるが、それは決まったセラピストが決まった時間に、クライエントにとってなじみのある場所で対応することを意味する。クライエントはそのことにより、治療環境の一貫性と安定感を感じることができる。また、心の内面と向き合う作業は大きなエネルギーを必要とするため、その時間や場所を一定にすることで、悩みに支配されていた日常生活がいくぶん過ごしやすいものになることもある。さらに、心が混乱状態にあって日常生活に秩序を保ちにくい場合、面接が一定の外的構造の下で行われることで、毎回の面接を軸にして生活が構造化され、安定につながり得る側面もある。

　　外的構造はセラピストにとっても意味がある。まず、外的構造が一定していると、クライエント側の反応の差異に気付きやすくなる。例えば、クライエントの遅刻やキャンセルは心理療法への迷いの現れである場合もあり重要な所見だが、そこに早く気付いて適切に対応するきっかけになる。

　　さらに、外的構造が一定していることで、セラピストがクライエントにかかわる際の集中力を保ち、対応力の限界を超えて質の低いかかわりをしてしまうことを防ぐことができる。また、セラピストが自分自身の存在をも外的構造の一つとして客観視することで、自分の要因がクライエントにもたらす影響に留意する意識をもち続けることができる。

　②内的構造の意味

　　内的構造とは、心理療法において取り組まれる内容にかかわる枠組みである。クライエントのニーズは多様であり、そこにフィットするアプローチもさまざまである。それだけに、心理療法が何をする場なのかがクライエントにとってはつかみにくく、モチベーションの低下につながることもある。

　　したがって、最初の出会いのときからここがどのような場なのかをクライエントに説明し、クライエントの主訴に応じて、当面のテーマ、目標、進め方、そのための外的構造などをクライエントと話し合って設定する。しかし、クライエントの暮らしは日々変化し続けるものであるため、当然、それまでの内容や進め方が合わなくなってく

ることもある。そんなとき、セラピストが内的構造の意識をもっていると、そのずれに気付き、あらためて内的構造について話し合い、修正することが可能になる。

　また、1回の面接をどのように組み立てるかも内的構造に属する。例えば、その回で話したい話題が複数ある場合に、どの話題から、どんな時間配分で話していくかを冒頭で話し合っておくことで、限られた時間を有効に使いながら話したいことを話すことができる。また、秘密保持も内的構造の重要な観点である。秘密は守られること、誰かとの共有が必要な場合はクライエントと相談すること、しかし生命が脅かされる状況のときはその原則に限らず対応することもあることなどを伝え、その約束は守る。

4 心理療法の過程

（1）クライエントとの出会い

　クライエントは、心理療法の場を訪れるにあたり、多かれ少なかれさまざまな心の揺れを体験する。心理療法を受けることへのためらい、心理療法やセラピストへの期待と不安、何についてどこまで相談しようかという迷い、などである。

　そのようななかで、クライエントはどのようないきさつから、あるいは何に背中を押されて来談したのだろうか。セラピストは、クライエントが経験しているかもしれないこのような心の動きに思いをはせながら、その人に出会う。

（2）受理面接

❶受理面接とは

　受理面接は、インテーク面接ともよばれ、心理療法の開始に先立って行われる、クライエントとの初めての面接である。受理面接は、1～数回行われ、クライエントとの信頼関係（ラポール）を築きながら、クライエントがどのような困難や願いを抱えているかを把握し、当面の支援方針を立てていく。

❷受理面接において行われること

①主訴を把握する

　主訴は、クライエントが何を求めて心理療法の場を訪れたかという訴

えである。今後何をめざして心理療法に取り組んでいくかの軸となるものであり、それがいつから始まったのか、前にも同じようなことがあったかどうかも含めて、主訴をめぐるいきさつや思いをていねいに聴く。

②来談経路・治療歴を確認する

どのような経緯で来談するに至ったか、自発的か、誰かの勧めかなどを聴く。特に、周囲の人が心配して本人を連れてきた場合などは、本人から見た来談の経緯や、来談をめぐるその人自身の思いにまずは耳を傾ける。たとえ「意に反して連れてこられた」といった不本意ないきさつだったとしても、その"今、ここ"での体験がありのままに受容されることが信頼関係を築く第一歩になり得るし、そこから本人の主訴が生まれてくる可能性もある。

また、これまでに治療歴や相談歴がある場合は、それが本人にとってどういう体験だったかも聴いていく。それにより、本人が望んでいることや望まないことを知ることができ、これから始まる心理療法にいかすことができる。

③主訴の背景にあるさまざまな要因を把握する

クライエントの現在の生活状況、家族歴、生育歴、対人関係の歴史、勉強や仕事などの社会的機能の歴史などを、できるだけ自然な話の流れの中で聴いていく。そのなかで、主訴が生み出された背景を理解し、また、その人がもっている力や資源を見出していく。心理テストや、家族など周囲の人から得られる情報も、必要に応じて活用する。

④見立てを行い、その後の方針を立てる

得られた情報から、クライエントが抱えている問題の緊急度を見極め、どのような支援が最も適切か、心理療法への導入が適当か、治療構造をどのように設定するか、当面の方針をどうするかなどについて、できるだけわかりやすい日常的な言葉を使いながら、クライエントと話し合う。

（3）本面接

本面接を始めるにあたっては、まず主訴を大切に取り扱い、主訴を中心にして共同作業を行っていく姿勢が基本となる。面接の進行に伴って主訴が変わっていくときは、その折々に話し合い、方針を修正していく。

以下、本面接を初期、中期、終結期の3段階に分け、面接の展開プロセスについて、クライエントとセラピストとの関係性の変化を交えつつ述べる。ただし、これはあくまでもおおまかな流れであり、実際の心理療法のプロセスはクライエントにより千差万別で、右肩上がりとも限ら

ず、紆余曲折もありながら動いていくものであることに留意してほしい。

❶初期

　この時期、クライエントの心には、心理療法やセラピストへの期待と不安が混ざり合っている。自己の内面を語ることには、自分の心の中に抱えてきたものを吐露することで心理的に楽になるというカタルシスの側面と、自分はセラピストに受け入れてもらえないのではないか、非難されてしまうのではないかといった不安や恐れを引き起こす側面がある。セラピストは、そういった心の揺れに十分配慮しながら、クライエントがありのままの心のありようを語れるように信頼関係を築いていく。そして、その時点での見立てをクライエントと共有しつつ、当面の目標や取り組み方などについて話し合っていく。なお、初期には急に症状がよくなることもあるが、それは心理療法やセラピストへの期待、あるいは急激な努力によるものである可能性もあるので、安易に安心し過ぎることのないよう慎重に対応する。

❷中期

　信頼関係が安定してくると、クライエントはさまざまなことを語りながら、洞察を深めていく。そのなかで、これまで心の中で漠然としていたものが明確になったり、気付いていなかった自分の強みを発見したり、より深いところにある新たなテーマが見えてきたりなど、面接は展開していく。これはクライエントにとって大切なプロセスであるが、同時に、つらい現実や心の奥に抑圧されていたものなどに直面する苦しい道のりでもある。このようなときは、治療に対して後ろ向きになったり、遅刻やキャンセルが増えたりと、治療への抵抗が見られる場合もある。

　また、面接の深まりに伴って、クライエントが幼少期またはその後の成長期に接してきた重要な大人たちとの関係性がセラピストとの間に再現されることもある。これを**転移**という。転移には、セラピストに肯定的な感情を向ける陽性転移と、否定的な感情を向ける陰性転移とがある。

　また、セラピストの側にも、幼少期またはその後の成長期に接してきた重要な人々との関係性があるので、そのことを背景として、クライエントに対して肯定的、あるいは否定的な感情が湧いてくることがある。これを**逆転移**という。

　このように、心理療法が深まるなかではさまざまな心の力動が生じ

第5章

る。セラピストはそのことを十分理解し、クライエントが苦しみを安全に抱えられるよう寄り添い、自己と向き合うプロセスを支えていく。そして、クライエントが自分なりの目標を見出し、取り組んでいく道のりを支援する。

❸終結期

　クライエントはさまざまな苦しい心の作業を続けながら、揺れながら、安定へと向かう。ある人は、自分のありのままの姿を理解し、受け入れることができるようになる。またある人は、これまでのつらかった道のりも、今の自分を形成するために必要なプロセスだったととらえることができるようになる。そして、またある人は、悩みがなくなるというよりは、ありのままに悩むことができるようになる。心理療法から何を得るかは、その人固有の物語によってさまざまである。

　もちろん、課題がすべて解決されたわけではないかもしれない。そもそも、すべての課題を心理療法で解決できるわけでもない。場合によっては、クライエント自身がその後の人生においてしかるべきときにしかるべきテーマに取り組むこともあるだろう。そうした未来への可能性を視野に入れつつ、心理療法は終結へと向かう。

　終結の目安としては、クライエント自身が心や生活の安定を感じられていること、症状や課題が改善されること、クライエントの自己理解が深まって自分で自分の道を歩んでいるという感覚が生まれること、などがあげられる。

（4）終結と中断

　セラピストとクライエントとの関係は、治療契約に基づいた専門的関係であり、有限のものである。そのためセラピストは、心理療法の終盤だけでなく、プロセスの全体を通して、セラピストの役割が徐々に小さくなってクライエントが自分自身で歩めるように、という願いやイメージをどこかで意識しながらクライエントにかかわっていく。

　一方、セラピストから見ればまだ心理療法の途上であっても、クライエントによって中断という形で終わる場合もある。しかし、心理療法がもともと有限のものであるならば、中断して自ら終結というものを試してみるということも、あり得る選択肢である。ただその場合は、願わくば、中断したいと思っていることをセラピストとの間で話題にできる関係性があるとよい。そうすると、中断を考えた背景や、中断後の期待や

不安などについて話し合うことができ、支援上有益であるし、中断後、また相談したくなったときに戻ってこられる関係性を維持することにもなるからである。

5 社会福祉領域における支援への示唆

　ここまで、心理療法についてその基本となるものを述べてきたが、これらの中には、社会福祉領域における利用者等への支援に応用できるものも多い。例えば、利用者をどのような存在として理解するのか、何をめざして支援するのか、支援者として求められる姿勢やかかわり方は何かなどである。

　また、治療構造については、心理療法のような厳密さではないかもしれないが、社会福祉の現場における相談や面談にも、「他の利用者やスタッフも利用する共有スペースの一角で相談を行う」「1週間の活動が終わったところで振り返りの面談を行う」などの構造がある。その構造をどのように意識し、利用者にとって意味ある形で設定できるかという工夫は、治療構造という考え方を理解しているからこそ可能になる。心理療法の知見を社会福祉領域における利用者等への理解と支援にどのように援用できるか、自分なりに深めてもらえれば幸いである。

6 支持的心理療法

（1）支持的心理療法とは

　支持的心理療法とは「現在の生き方、気持ちや考え方などを変えることをめざすのではなく、『傾聴』『受容』『共感』などによる信頼関係に基づいて、自我機能を強化することで、心理的問題に対処する治療」である。これはどんな心理療法を行うにしても、その土台となる心理療法的配慮であり心理療法の基本でもある。そういう意味で、各種専門的心理療法と並列して支持的心理療法があると理解するのは正しくない。

（2）支持とは

　「支持」は支持的心理療法の根幹であり、心理療法の基本でもある。だが、支持とは何かを適切に説明するのは容易ではない。昔からその方法として、「傾聴」「受容」「共感」などがいわれているが、これらは説明するのも、実行するのも簡単ではない。相手の話を遮らずに聞く「傾聴」

はまだ行いやすいにしても、「受容」は「欠点や問題点も含めて相手を受け入れること」などといわれてもわかりにくい。「共感」を相手の身になることだと考えてみても、相手と全く同じ気持ちになるなどできるものではないし、なればよいというものでもない。希死念慮がある人に強く共感した人にも希死念慮が生じる、ということはときにあるので注意を要する。筆者は「自分の半分は患者の気持ちになって、残りの半分は冷静な目で見るように。つまり分身の術だ」と指導している。

　医学生に行われる医療面接の実習では、「まずは、主訴についてオープンクエスチョンで尋ね、相づちを入れながらも決して遮らずに傾聴し、患者が苦しかったことなどを述べたら、『それは大変でしたね』などの共感の言葉を入れる」などと指導されている。だが、このようなマニュアル的なやり方が、受容や共感、そして支持となるのか、甚だ疑問である。例えば、傾聴した上で「つらかったんですね。わかりました」と言葉を返したとする。しかし、まだまだ話したりないと感じている人への、「わかりました」という言葉は、「話は十分聞いた。ここで終わり。もう話さないで」という切り捨ての意味に受け取られてしまう。「わかりましたって言われて、つらかったんです」と言われたことが筆者は何度かある。

　もし、あなた自身が何らかの理由で心理的に追い詰められ、どうしてよいかわからなくなり、専門職に相談をしたとする。相談しながら、どんなことを考え、心配するであろうか。最も心配するのは、「私の悩みをわかってくれるだろうか？」「バカにされないだろうか？」「あなたが悪いって言われやしないか？」などではないだろうか。相談してこうした不安をクリアすることができたなら、結論や解決はまだまだ先だとしても、まずは「相談してよかった」と思うであろう。そして、次回の相談までの間も、「取りあえず自分なりにやってみよう」と思いやすいのではないだろうか。

　この不安とは、つまり「この人は私のことをわかってくれて、私の味方になってくれるだろうか？」という不安だと考えられる。そういう意味で、支持的心理療法の基本は「味方になること」だと筆者は考えている。心理療法を必要とする人のほとんどは、味方がおらず孤立している。孤立した状態のままでは助言なども功を奏さない。

（3）味方になる

　「味方になる」というと、「味方とは何か？」が問題となる。これも簡

単ではない。「本人に悪い点があっても味方になるのか？」などの疑問が生じるであろう。だが、凶悪犯罪者にも弁護士は必要であるし、死刑囚であっても、死刑執行までの間にいくらかでも自らの罪を悔い改めるためには、それを支援する「味方」が必要である。

　もし、あなたが職場や学校の全員からからかわれたり、友人全員から無視され、家族全員から説教ばかりされる毎日だったら、どんな気持ちになるか想像してほしい。自分をわかってくれる人が一人でもいれば、人は苦しい状況を生きていくことができたりする。苦しい毎日であるほど、「一緒に考え一緒に悩んでくれる人」の存在は大きい。その存在になろうとするかかわり、それが支持的心理療法である。心理療法の目標ともいえる自己受容や自己肯定は、味方がいて自分が受容され肯定される体験が十分にできて初めて生まれてくるものである。

　筆者の外来に通う女性の小学4年生の娘が不登校となり、診察時に相談があった。

　女性「『今日こそはがんばって学校に行こう！』と言っても娘は行かないんです。どうしたらいいでしょうか？」筆者〈何か理由はあるんでしょうか？〉「さんざん理由を尋ねたんですけど、理由は娘もわからないと言います。どうしたら娘は登校するでしょうか？」〈なるほど、理由はわからないんですね。理由がわからないのに学校に行けないんですね。娘さんはすごく苦しんでいるんですよね？〉「はいそうです」〈苦しいとき、追い詰められたとき、どうしていいかわからないとき、そんなとき一番必要で求められる人ってどんな人でしょう。それはおそらく、味方だと思います。すぐには問題は解決しないとしても、味方になる人がいれば、一緒に考えて、一緒に悩んでもらえますよね。さて、娘さんに味方はいますか？〉「味方？　母親である私が味方です」〈母親であるあなたは、娘さんに対して、『そんなにつらいのね、わかったわ』と言ってあげる味方でしょうか？　それとも、『何しているの？　学校へ行きなさい！』とプレッシャーをかける側でしょうか？　どちらですか？〉「行かなくてよいと言うんですか？」〈娘さんは孤立無援ですよね？　行かなきゃいけないことは百も承知なのに、どうしても行けないんですよね。なのに誰もわかってくれないんですよね。母親さえも。〉「えっ、……。わかりました。私、娘の味方になります。『つらかったのね』と言ってあげます。先生、ありがとうございました」と言ってその日の相談は終わった。

　2週間後。

女性「あれから、娘といっぱい話をしました。『休んでいいよ』と言ってあげました。そしたら1日15時間眠るのが1週間くらい続いて、それから少しずつですが学校へ行っています」

この女性の娘への接し方の変化は「支持的心理療法とは何か」を示している。不登校の原因は何かほかにあったであろう。しかし、彼女は孤立しており、味方がいなかった。母親という最も味方になるべき存在が味方になったことで、本人は勇気付けられ、自我機能が強化され、原因が何であろうと、乗り越えられるようになったと考えられる。

なお、筆者はこの女性に対して、とても支持的とはいえない厳しいコメントをしているが、これが通じたのは、これまでの通院で信頼関係ができていたからである。

（4）何を支持し、何を支持しないか

支持においては「何をどう支持し、何を支持しないか」に留意することが大切である。例えば、希死念慮が主訴だったとすると、「どこを支持するか」はいくつか考えられる。「死にたいほど苦しい気持ち」を理解し支持する、「死にたい気持ちを抱えながら、何とか生きようとしている気持ち」を支持する、「死ぬほど苦しいのだから、専門家の援助を得ようとして来談した賢明さ」を支持する、などいろいろある。その辺に留意していないと、「先生は死んでもよいと言ってくれた」などと誤解してしまう例もある。

なお、支持的心理療法は「本人が言うことをすべてそのとおりだと賛成し、言いなりになることだ」と誤解されることがあるが、支持とは、支えが必要な部分を支えることである。できないことを「できない」と言い、してはならないことを「だめです」と言うのもある意味で支持である。そう言われて「わかってもらえた」「支えられた」と感じてもらえることもある。

また、支持は、支持を意識したときにだけ行われるものではない。気付かずに治療的な支持をしていたり、逆に非支持的な対応をしていたりする。意識した介入より意識しない非治療的な対応のほうが治療に大きく影響していることも少なくない。だからこそ、「どこをどう支えるか」「どこを支え、どこを支えないか」「その結果どうなりそうか」という視点が必要になる。我われは「自分の治療が今、どこをどう支えているか、それがどう作用しているか」を常に把握していなければならない。

（5）早急な変化を求めず、変化を促す

　心理療法は治療である以上、結果としてクライエントの何らかの肯定的変化を求められる。専門的な心理療法の多くは明確な変化を志向するのに比べ、支持的心理療法は変化を特に志向するわけではないので、劣った心理療法のようにいわれることがある。だが、「あなたはここが問題なので変えましょう」という介入は、論理的には正しかったとしても、言われた当人はそれを受け止め実行する余裕を失った状態であることが多い。自己否定されたように感じ、「わかってもらえなかった」「やっぱり自分はだめなんだ」と受け止めたり、変化への抵抗が強まったりしやすい。心理療法を受ける人の多くは、自己肯定感が乏しく、つまり自分を支持できていない。「あなたは十分がんばっている」「あなたにはあなたらしさがある」「あなたはあなたのままでよい」と言ってもらえたことで初めて肩の荷が下り、自ら変わりはじめる人は少なくない。支持的心理療法は、「早急な変化を求めないことで、逆に変化を促す逆説的な心理療法」でもある。

　「北風と太陽」という有名なイソップ童話がある。北風と太陽が力比べとして、旅人のコートを脱がせることを競った。北風がいくら強く吹いても、旅人はコートを強く握り、コートは飛ばされなかったが、太陽が強く照ると、暑くなった旅人はすぐにコートを脱いでしまった、という話である。人に変化を促すには、北風の方法と太陽の方法の2つがあるが、支持的心理療法は太陽の方法に相当する。

　逆に、変化の必要性を強調する専門的心理療法は、ときとして北風のような治療になり、自己肯定感を下げることがあるので注意が必要である。治療においては北風的な介入が必要なときもあるが、危うさを伴うことをわかっておくべきである。

（6）基本に戻る

　どんな心理療法であっても、治療的変化が起こるには、その素地として支持を必要としている。このため、支持の上達は専門的心理療法の上達にもつながる。専門的心理療法が奏功しない事例は、支持が不十分なのかもしれないと考えてみるべきである。支持が適切に行われると、自己肯定感が上がり、自然治癒的によくなり、専門的な心理療法を要さなくなる例も多い。心理療法で壁にぶつかったときは、「基本に戻れ」と考え、適切に支持できているかを振り返るようにしてほしい。

BOOK 学びの参考図書

●村瀬嘉代子『心理療法と生活事象－クライエントを支えるということ』金剛出版、2008年。

　言葉や技法を超えて、「人が人に接することで、その人の生活や人生によい影響を与えるのが心理療法」だと教えてくれる本。

7 マイクロカウンセリング

（1）マイクロカウンセリングの成り立ち

マイクロカウンセリングは、**アイビイ**（Ivey, A. E.）が開発したカウンセラーのスキル体系である。彼と共同研究者たちが、よいカウンセラーの行動特性を明らかにするという目的で始めた研究が、マイクロカウンセリングの発端である。

　マイクロカウンセリングは、カウンセラーの訓練を目的としている。世界には認知行動療法や力動的心理療法（精神分析的なアプローチ）など400以上の心理療法が存在するが、マイクロカウンセリングは治療ではなくカウンセリングの技法である。すなわち、対人援助における人とのかかわり方に関する基礎技法といえる。そのため、流派や理論を超えて、対人援助場面に共通するカウンセラーの技法や態度のまとまりだと考えるとよい。社会福祉士や精神保健福祉士はもちろんのこと、介護や保育を行う者がマイクロカウンセリングを学ぶことは、援助者としての技能を高めるために有効な方法である。

　マイクロカウンセリングの効果も示されている。ベイカー（Baker, S.

＊27
マイクロ技法の階層表は、その後何度か修正されているが、ここでは原型を紹介している。

〈図5-3〉マイクロ技法の階層表[*27]

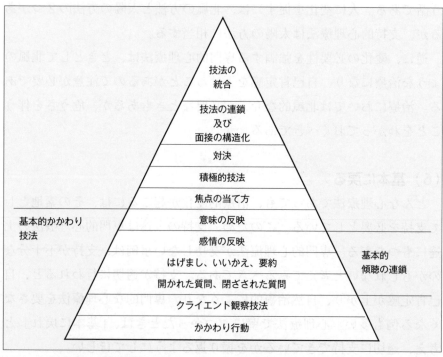

（出典）A. E. アイビイ、福原真知子・椙山喜代子・國分久子・楡木満生 訳編『マイクロカウンセリング』川島書店、1985年、8頁をもとに一部改変

B.）らのメタ分析[*28]では、Glass's Δ = 0.63という中程度の効果量が示されている[7]。ほかにもマイクロカウンセリングによるカウンセラーの訓練効果に関する研究は多い。このことから、マイクロカウンセリングはエビデンスの示された効果的な訓練方法といえる。

（2）カウンセリングの技法

　マイクロカウンセリングの特徴は、その理解しやすい構造にある。具体的なスキルが特定されており、そのスキルが階層構造を成している（図5−3）。例えば、フットボールにはパスやドリブル、シュートといった個別の技能があり、試合では総合的にスキルを駆使することになる。試合で勝つためには、個別の技能を練習して精度を上げ、実際に臨機応変にプレイできるようにならなければならない。マイクロカウンセリングでは、カウンセリングにおける個別の技能がマイクロ技法[*29]として特定されており、それらを訓練することができる。紙面の都合ですべての内容は解説できないが、以下に代表的なスキルを紹介する。

❶かかわり行動

　すべての技法の基盤であり、最も基本的な技法である。具体的には、視線を合わせる、身体言語に気を配る、声の調子、言語的追跡の4項目が含まれている。身体言語に気を配るというのは、表情や手ぶりなどの非言語情報に注意するということである。また、言語的追跡とは、カウンセラーが話題をリードするのではなく、クライエントの言った話題についていくということである。

❷感情の反映

　感情の反映は、クライエントの感情を正確に感じ取り、クライエントに反映することである。反映というのは、例えば「あなたは悲しいと感じているように聞こえます」といった形式で、クライエントに伝えることである。共感を伝えるために有効な技法である。

❸意味の反映

　意味の反映は、生活体験に隠れた意味を見出すための技法である。感情の反映に似ているが、意味は感情よりも個人の内面の深い部分であるため、感情の反映とは使用目的が異なる。例えば、「友人とけんかをして悲しい気持ちになった」という場合に、感情の反映では悲しいという

*28
メタ分析とは、複数の研究をまとめる統計手法である。ベイカーらは23編の研究を統合している。効果の強さを判定する指標を効果量とよぶが、ここではGlass's Δという数値を算出している。「グラスのデルタ」と読み、統制群と実験群を設定した場合の効果量を算出する。おおまかな効果の大きさとしては、0.20が小さい、0.50が中程度、0.80が大きいと判断できるため、Δ = 0.63は中程度の効果があると判断される。

*29
マイクロ技法の定義は、A. E. アイビイ、福原真知子・椙山喜代子・國分久子・楡木満生 訳編『マイクロカウンセリング−"学ぶ−使う−教える"技法の統合：その理論と実際』（川島書店、1985年）に準ずる。

第5章

感情を反映し、共感を示す。しかし、友人とのけんかが本人にどのような意味があるかは、感情とは別の次元の問題である。意味としては、自分を否定された、大切な友人関係が損なわれた、ということがあり得る。「それはどのような意味がありますか」といった質問を通して、意味を明らかにした後に反映する方法が有効である。

❹積極的技法

　積極的技法は、直接的にクライエントに影響を与えることを意図した技法である。この技法には、指示、論理的帰結、自己開示、フィードバック、解釈、積極的要約などが含まれている。指示は、言葉のとおり、クライエントに対して明確な指示を行うことである。論理的帰結は、クライエントの行動によって、起こる結果を伝えることである。例えば、「今の働き方を続けると、身体を壊すのではないかと思います」といった形式である。自己開示は、カウンセラーの考えや感じたことをクライエントに伝える。フィードバックは、カウンセラーや第三者がクライエントをどう見ているかを伝えることである。解釈は、クライエントに対して一つの観点を提示することである。積極的要約とは、カウンセリング中にカウンセラーの言ったことを要約してクライエントに伝えることである。これらの技法は、直接的にクライエントの行動を変える意図があるため、基本的かかわり技法よりも積極性のある技法である。

　マイクロカウンセリングでは、基本的かかわり技法が根幹であり、発展形として積極的技法や対決が位置している。そのため、初学者がまず取り組むのは基本的かかわり技法であるかかわり行動、観察技法などである。ある程度の技法が身に付いた後に上位の技法に取り組むことで、カウンセラーとしての技能が向上するように設計されている。また、クライエントとの十分な関係性ができた後に、積極的技法を用いて行動変容に取り組み、技法の連鎖や技法の統合においてカウンセリングが機能することを目的としている。

（3）日本における研究

　マイクロカウンセリングが提唱された後、欧米を中心に半世紀の研究と実践が積み重ねられてきた。では、日本にはどのように導入され、どのように発展したのだろうか。

　日本へのマイクロカウンセリングの導入は、福原眞知子の貢献が大きい。昭和51（1976）年に、福原がアイビイのもとを訪問し、昭和60

＊30
日本におけるマイクロカウンセリングの歴史については、福原眞知子 監修、日本マイクロカウンセリング学会 編『マイクロカウンセリングの展開－日本マイクロカウンセリング学会／研究会の活動を通して』川島書店、2012年を参照した。

（1985）年に福原が代表となり日本マイクロカウンセリング研究会を設立した。その後、映像教材や出版物の発行、研修会の開催などが行われ、平成17（2005）年に日本マイクロカウンセリング研究会が日本マイクロカウンセリング学会となった。現在はこの学会が中心となり、マイクロカウンセリングの普及が行われている。[31]

アイビイ自身がマイクロカウンセリングでは文化差への配慮を強調していることから、日本でのマイクロカウンセリング研究を発展させることが今後必要だと考えられる。

（4）カウンセラーのトレーニングとして

マイクロカウンセリングは、カウンセラーの訓練方法として非常に効果的な方法といえる。それは、具体的であること、そして基礎的な技法であることの2点が大きいと考えられる。マイクロカウンセリングの内容を見ると、ロジャーズのパーソン・センタード・アプローチと類似しているという感想をもつだろう。共感や傾聴は、すべての心理療法やカウンセリングの前提条件となるものである。マイクロカウンセリングの優れている点は、このロジャーズの示したカウンセラーの条件を、訓練可能な技法として定義している点である。対人援助職は皆、共感と傾聴が重要であることを学んでいるが、それが何で、どのようにするか聞かれると、簡潔に回答できる者は多くない。マイクロカウンセリングは、この問いに対する答えだといえる。

もう一つの基礎的な技法という点は、カウンセラーが最優先で身に付けてよい技術だということである。心理療法に共通する要因（common factor）の研究が進んでいる。力動的心理療法や認知行動療法のように理論の異なる心理療法にも共通した治療的要因が存在しており、治療関係（alliance）や共感（empathy）が共通要因に該当する。[32] マイクロカウンセリングは、この共通要因にかかわる技術であることから、対人援助職が身に付けるべき基礎的な技術といえる。

ただし、カウンセリングの基礎的スキルを身に付けるために、マイクロカウンセリングでなければならないというわけではない。基礎的なスキルを体系的に構築しているものとして、動機づけ面接やヘルピングスキルがある。訓練者は、自分に合った技法を習得するとよいだろう。いずれの理論やスキルにおいても、共通点が非常に多い。説明の仕方が違うだけのようにさえ見える。マイクロカウンセリングは覚えるべきスキルの数が多いものの、一つひとつのスキルが細かく定義されているた

*31
研究としても、邦文雑誌の掲載論文がいくつかみられる。しかし、論文を検索すると、紀要論文が多いように思われる。査読付論文が少ないようである。効果を確認するための標準化された測定指標がないようであり、また教育という結果が出るまで長い期間を要する取り組みであることが要因ではないかと思われる。

*32
この取り組みは、アメリカ心理学会のタスクフォースが行っている（Norcross, J.C., Wampold, B. E.(2011) 'Evidence-based therapy relationships: Research conclusions and clinical practices', *Psychotherapy*, Vol. 48, No. 1, pp. 98-102.）。

BOOK 学びの参考図書
●A. E.アイビイ、福原真知子・椙山喜代子・國分久子・楡木満生 訳編『マイクロカウンセリング－"学ぶ－使う－教える"技法の統合：その理論と実際』川島書店、1985年。
　日本語の書籍としてアイビイ本人の考え方がよくわかる1冊。会話の例もあるのでイメージがつかみやすい。

め、論理的に理解したい人に向いた技法といえるだろう。

8 動機づけ面接

（1）動機づけ面接とは

　動機づけ面接（motivational interviewing）は、ミラー（Miller, W. R.）とロルニック（Rollnick, S.）によって開発された、クライエントの行動変容を支援するための面接法である。開発のきっかけとなったのはアルコール等の依存症患者への支援であるが、現在では保健、福祉、教育、司法などの幅広い分野で取り入れられている。

　ミラーとロルニックは、依存症患者が「禁酒したいけど、飲みたい気持ちもある」というような、相反する気持ちを同時に抱いている状態（両価性という）に着目した。そして両価性を抱いているクライエントが自ら健全な方向へと行動を変えていくためには、「やめなさい」というような強い説得（一方的な説得はクライエントの行動変容への動機づけをかえって低下させてしまう）よりも、クライエントの話を戦略的に傾聴していくことで行動変容に向かうより積極的な姿勢を引き出すことが必要であると考えたのである。この戦略的な傾聴の方法に動機づけ面接の特徴がある。

　対人援助の現場では、支援者側からすれば重要だと思える問題であっても、クライエントがその重要性に気が付いていないことがある。あるいは重要性には気が付いていても、行動変容には至っていない場合がある。動機づけ面接の目的は、クライエントが自己の問題に気付き、行動変容への動機づけを強めていくように支援をしていくことである。

　本項では、動機づけ面接の定義、スキル、プロセス、スピリットについて説明していく。

（2）動機づけ面接の定義

　動機づけ面接には、一般人向けの定義、臨床家向けの定義、技術的な定義という、3種類の定義がある。ここでは技術的な定義を紹介する。

　「動機づけ面接は、協働的にゴールをめざしていくコミュニケーションであり、特にクライエントが語る言葉に着目している。受容と思いやりの雰囲気の中で、変化への理由を探っていきながら、人々の変わろうという動機づけを強めていく面接である[8]」（引用文献を一部改変）

　以下、定義をもとに解説していく。

❶協働的にゴールをめざしていく面接である

　動機づけ面接は、クライエントと支援者が協力し合いながら、行動変容をめざしていく面接法である。「どのように変化したいか」「変化するためにはどうすればよいか」を誰よりも理解しているのはクライエント本人である。支援者の役割は、「変わりたい」という気持ちや、変わるための具体的方法をクライエントの中から引き出すことであって、一方的な説得やアドバイスを行うことではない。

❷クライエントが語る言葉に着目する

　動機づけ面接ではクライエントの発言を2種類に分類する。クライエントの「変化したい」という気持ちを表明している発言をチェンジトーク（change talk）という。反対に「このままでいい（変化したくない）」という気持ちを表明している発言を維持トーク（sustain talk）という。

　面接におけるクライエントの発言は、チェンジトークと維持トークが入り交じっている。「勉強したいけれど、やる気が起きない」とか、「福祉サービスを使いたいが、周囲の目が気になる」というような発言では、「勉強したい」や「福祉サービスを使いたい」がチェンジトークである。反対に「やる気が起きない」や「周囲の目が気になる」が維持トークである。支援者はチェンジトークと維持トークを聞き分け、特にチェンジトークを深く掘り下げていくように面接を進めていく。

❸変化への理由を探っていく

　動機づけ面接の目的はクライエントの行動変容であるが、変化の理由はクライエントごとに異なる。例えばクライエントが「禁煙したい」と言った場合、その理由は健康のためかもしれないし、経済的な理由かもしれない。あるいは家族から「臭い」と言われたことが禁煙の動機になっているのかもしれない。そのような本人の「変わりたい」という理由を理解せず、「たばこは健康に悪いので禁煙したほうがいいですよ」などと支援者の価値観で一方的に説得しても行動変容には結び付かない。

　クライエントの価値観を理解するためには、クライエントのチェンジトークを傾聴し掘り下げていくことが必要であるが、傾聴の妨げになるのが間違い指摘反射（righting reflex、「正したい反射」とも訳されている）である。

❹間違い指摘反射とは

　間違い指摘反射とは、事実とは異なることを聞くと即座に否定したくなる反射的行動のことである。専門家の間違い指摘反射はクライエントとの信頼関係を壊してしまうことがある。

　間違い指摘反射はクライエントの側にも見られる。支援者の話に「それは違います」などと即座に応じてくる場合でも、すぐに反論するのではなく、クライエントの話に耳を傾けていく。

（3）動機づけ面接のスキル（OARS）

　動機づけ面接の主なスキルは、①開かれた質問（open questions）、②是認（affirmation）、③聞き返し（reflection）、④要約（summarize）、の4つである。それぞれの頭文字を取ってOARS（オールズ）とよばれている。この4つのスキルは動機づけ面接のオリジナルではないが、クライエントのチェンジトークに対して意図的に用いていくところに動機づけ面接の独自性がある。

①開かれた質問

　動機づけ面接では開かれた質問を利用して、クライエント自身の「変わりたい」気持ちを引き出していく。

②是認

　クライエントの強みや努力に言及することである。両価性を解消し、行動変容をめざしていくことは、クライエントにとっては負担がかかる作業でもある。その作業を継続してもらうためには、クライエントに対するエンパワメントが必要である。

③聞き返し

　聞き返しには単純な聞き返しと複雑な聞き返しの2種類がある。

　単純な聞き返しは、クライエントの言ったことをそのまま繰り返す。あるいは少しだけ言い換えて伝え返していくスキルである。

　複雑な聞き返しは、クライエントは話してはいないけれど、支援者が尋ねれば、答えてくれることを予測して伝え返すスキルである。

④要約

　クライエントの話が一段落したときに、それまで聞いたことをまとめてクライエントに伝え返すのが要約である。クライエントの話をそのまま要約するのではなく、チェンジトークを集めて伝え返すようにする。

（4）動機づけ面接のプロセス

　動機づけ面接は、4つのプロセスで構成されている。支援者は自分がどのプロセスで面接しているかを意識しながら面接を進めていく。

①かかわる（engaging）

　クライエントと支援者が信頼関係を形成し、「一緒に問題を解決していこう」という同盟関係を結んでいく過程。かかわるプロセスは動機づけ面接の土台である。このプロセスで形成されるクライエントとの信頼関係は、支援者のささいなひと言で壊れてしまうことがあるので注意が必要である。

②焦点化する（focusing）

　クライエントとともに解決をめざす問題を絞り込んでいく過程。支援者のもとを訪れるクライエントはさまざまな問題を抱えている。仮に「子どもが登校しない」という相談に来た母親でも、話を聴いていくうちに「発達障害ではないか」とか「夫が協力的ではない」という話が出てくることもある。

　多岐にわたるクライエントの話を整理しながら、「どの問題から話し合っていくか」をクライエントと決めていく過程が焦点化するプロセスである。最終的にどの問題を扱っていくかを決めるのはクライエントであるが、クライエントの希望を尊重しつつ、支援者が取り上げたい話題について提案することは可能である。

③引き出す（evoking）

　扱う問題に焦点が定まったら、次はクライエントの「変化したい」という気持ちを引き出していく。クライエントの話を傾聴し、チェンジトークが出てきたら、「開かれた質問」や「聞き返し」を使ってチェンジトークを掘り下げていく。クライエントのチェンジトークに焦点を当てた支援者の応答は、さらなるチェンジトークを引き出していく。会話の中でクライエント自身にチェンジトークを多く語ってもらうことが、行動変容への動機づけを強めていくことにつながる。

④計画する（planning）

　クライエントとともに、変化のための計画を立てていく過程である。計画も、これまでのプロセス同様、スムーズに進むこともあれば、うまくいかない場合もある。計画がスムーズに進んでも、次の面接では「試してはみましたが、できませんでした」とクライエントが語ることもある。そのような場合でも支援者はクライエントに寄り添い、変化に向けて実現可能な方法をクライエントとともに模索していく。

第5章

以上が動機づけ面接のプロセスであるが、面接は一直線に進んでいくとは限らない。面接の過程を階段に例えていえば、上ったり下りたりしながら行動変容というゴールをめざしていくことになる。

（5）動機づけ面接のスピリット（PACE）

動機づけ面接のスピリットは、協働（partnership）、受容（acceptance）、思いやり（compassion）、引き出す（evocation）である。頭文字を取ってPACE（ペース）とよばれている。動機づけ面接は、（3）のOARS（オールズ）というスキルを使ってクライエントの行動変容を支援していくが、そのスキルを使うための心構えである。

①協働（partnership）

クライエントとともに問題を解決していこうという姿勢のことである。クライエントを変えるための一方的な説得や、許可のないアドバイスは避ける。

②受容（acceptance）

クライエントの話を批判せずに理解していこうという姿勢のことである。動機づけ面接では受容を以下の4つの側面から説明している。

絶対的な価値：人間としての価値を尊重する

正確な共感：クライエントの気持ちや考えを正確に理解する

自律性の支援：クライエントが自分で決めて行動する権利を尊重する

是認：クライエントが自身の課題に取り組もうとする強さや努力を認める

③思いやり（compassion）

クライエントの利益を最優先に考えていく姿勢。クライエントの行動変容はクライエントのために行われるのであって、支援者の所属する組織や支援者自身の利益のためではない。

④引き出す／喚起（evocation）

変化のための方法はクライエントの中から引き出していく。この姿勢の対極にあるのが、専門家による指示や一方的な説得である。

（6）動機づけ面接を社会福祉の分野で活用するために

動機づけ面接はクライエントの行動変容を支援していく面接法である。そのスキルは比較的理解しやすく、練習を重ねていけば対人援助のさまざまな場面で応用することができる。

とはいうものの、動機づけ面接を社会福祉の現場で活用していくため

には、医療現場とは異なる工夫も必要になる。

　医療現場では患者が「禁酒しなければならないが、酒をやめたくない」という両価性を抱えている場合、「禁酒」に向かうための動機づけを強化していくことに議論の余地はないだろう。このような医療現場とは異なり、福祉現場ではどちらの方向に両価性を解消してよいか、方向性が明確にならない場合も多い。

　例えば、自立生活が可能な高齢者が「福祉サービスを利用してみたいが、まだ早い気もする」だとか、就職活動を開始した大学生が「児童福祉分野へ就職するか、障害者福祉分野へ就職するか迷っている」というような場合、つまり「どちらへ進んでもよい」というような場合には、動機づけ面接を使って行動変容をめざしていくかどうかは慎重に検討していかなければならない。大切なのは、めざす行動変容が支援者の利益ではなく、本当にクライエントのためになっているのか、ということを常に留意しながら面接を進めていくことである。

BOOK 学びの参考図書

●須藤昌寛『福祉現場で役立つ動機づけ面接入門』中央法規出版、2019年。

　これから動機づけ面接を学びたいという人を対象に、基本スキルや面接のプロセスについて支援事例をあげながら解説している。

第5章

引用文献

1）中島義明・子安増生・繁桝算男 編『心理学辞典』有斐閣、1999年、103頁

2）Wolberg, L. R. (1954) *The Technique of Psychotherapy*, New York, Grune & Stratton, pp.29-32.

3）C. R.ロジャーズ「価値に対する現代的アプローチ－成熟した人間における価値づけの過程」H.カーシェンバウム・V. L.ヘンダーソン 編、伊東　博・村山正治 監訳『ロジャーズ選集（上）カウンセラーなら一度は読んでおきたい厳選33論文』誠信書房、2001年、206～227頁

4）C. R.ロジャーズ「セラピーによるパーソナリティ変化の必要にして十分な条件」H.カーシェンバウム・V. L.ヘンダーソン 編、伊東　博・村山正治 監訳『ロジャーズ選集（上）カウンセラーなら一度は読んでおきたい厳選33論文』誠信書房、2001年、265～285頁

5）成田善弘「めったに実現されない"理想"－精神科医の立場から」村瀬孝雄・村瀬嘉代子 編『ロジャーズ：クライエント中心療法の現在』日本評論社、2004年、154～156頁

6）村瀬嘉代子「カール・ロジャーズ－その普遍性と孤独」村瀬孝雄・村瀬嘉代子 編『ロジャーズ：クライエント中心療法の現在』日本評論社、2004年、279～290頁

7）Baker, S. B., Daniels, T. G., Greeley, A. T. (1990) Systematic training of graduate-level counselors: Narrative and meta-analytic reviews of three major programs, *Counseling Psychologist*, Vol. 18, No. 3, pp. 355-421.

8）須藤昌寛『福祉現場で役立つ動機づけ面接入門』中央法規出版、2019年、8頁

参考文献

● 青木省三・塚本千秋 編著『心理療法における支持』日本評論社、2005年

● 村上伸治『実戦 心理療法』日本評論社、2007年

● 村瀬嘉代子・青木省三『心理療法の基本［完全版］：日常臨床のための提言』金剛出版、2014年

● 村上伸治『現場から考える精神療法 うつ、統合失調症、そして発達障害』日本評論社、2017年

● W. R.ミラー・S.ロルニック、原井宏明 監訳『動機づけ面接 第3版』星和書店、2019年

● 加濃正人、神奈川県内科医学会 監修『今日からできるミニマム禁煙医療 第2巻 禁煙の動機づけ面接法』中和印刷株式会社、2015年

第4節 カウンセリング・心理療法

1 精神分析

（1）精神分析：心を深く知るために

精神分析とはフロイト（Freud, S.）が始めた無意識の意識化を目的とした心を探求する方法をさす言葉である。治療としての精神分析、つまり精神分析療法では以下の点で他の精神療法とは異なる。

①暗示を用いない。

②自由連想法という無意識を探求するための特別な方法を用いる。

③治療者は解釈によって患者に洞察をもたらそうとする。

ここでは特に自由連想法について説明する。自由連想法とは治療者と患者の無意識的な交流を促すための独特な関係様式をさす。治療者は患者に、寝いすに横になり、心に浮かんできたことを選ぶことや制限することなくそのまま言葉にすることを求める。一方治療者は、患者の視界に入らない場所に座り患者の連想を傾聴する。このとき治療者は、可能な限り受容的に、柔軟に、連想の部分的な内容にとらわれることなく聞こうとする。この治療者の態度を「平等に漂う注意」とよぶ。さらに、面接の頻度は1回45分から50分で週4日以上行うという規定がある。面接の頻度や時間、寝いすを使うことや料金など、精神分析療法を規定する要素を設定という。精神分析療法では、治療者・患者双方が設定を守ることを大切にする。以上述べた精神分析療法独特の設定や方法を用いつつ治療者と患者は深く心を知ろうとするのである。

自由連想法を用いるなど基本原理は精神分析を用いるが、週3回以下で、主に対面法で行う精神療法のことを精神分析的精神療法とよぶ。

精神分析には心理学の一分野としての位置付けもある。精神分析学は、ここでその一部を紹介するような多くの理論や概念を生み出してきたが、それらは常に患者との実践での知見から生まれたものである。精神分析は、対人的交流を媒介にした精神療法の一つであると同時に、実践に基づいた知見から発展した壮大な体系をもつ学問でもある。

ここでは基本的な概念である無意識、転移、欲動、対象関係について解説する。さらに、臨床場面で耳にすることの多い精神分析的精神療法について紹介する。

（2）無意識：もの的な心について

　人は必ずしも理性的な存在ではないということを示したのが精神分析である。人の心には思うようにならない「もの的」な部分があり、それが無意識である[1]。意識過程が現実的、論理的であり時間、空間に規定されるのに対し、無意識過程は現実的でも論理的でもなく、無時間的である。無意識を理解するための重要な概念として心的決定論がある。心的決定論では、科学的に自然現象を理解しようとするときと同じように、すべての心的な出来事には原因があると考える。人間の思考や行動が偶然に生じることなどないのであり、ささいな言い間違いや夢にも先行する原因があると考えるのである。しかし日常生活で生じるささいな言い間違いや夢の原因を個人が意識していないということはよく起きる。精神分析ではそれらの原因が無意識のままであるからだと考える。

　精神分析は、心的決定論に基づき心を深く知ろうとすることを通じて、無意識の存在を基礎に置いて心理学の体系をつくったのである。ではどうやって無意識を探求するのか、その方法を簡略に述べる。無意識を探求するための方法が自由連想法である。自由連想法では心に浮かんだことをそのまま言葉にすることを患者に求める。しかし自由連想を行うというのは容易なことではない。患者の意識的・無意識的な心のはたらきが自由連想することを妨げるのである。この自由連想を妨げる心のはたらきを「抵抗」という。治療者が言葉を用いて抵抗を解釈することで、患者は次第に無意識を意識化してゆくのである。その結果、無意識にとどまっていた心的な葛藤が明らかになり、患者は洞察を得るのである。これが古典的で基本的な精神分析の治療機序である。

（3）転移：現在に影響する過去

　抵抗についてふれたところで、次に転移について解説する。それは転移が抵抗の一つであると同時に、精神分析療法の治療機序に関係する重要な要素であるからである。

　転移とは、個人にとって重要であった人物との葛藤にまつわる感情や体験を、患者が治療者との間で再現しようとする無意識の機制である。例えば、厳格な父をもつ患者が治療者を厳しいと体験する場合に、転移を見出せる場合がある。転移には二重の意味がある。一つは無意識の意識化を妨げる抵抗としての側面である。つまり患者は無意識のままにある葛藤を理解し言葉にしようとするのではなく、治療者との間で実際に再現しようとするのである。その結果、患者は洞察を得ることができな

くなってしまう。

　他方で、転移を治療の進展には欠かせない要素だと理解することもできる。すなわち、転移が生じると、治療者との間で患者の過去の体験がいきいきと再現されるのであるから、治療者は患者の過去をよりリアルに体験し理解することができるのである。それゆえ治療者が転移を解釈することにより解消してゆくことが、精神分析療法の治療機序として極めて重要なのである。

　転移を扱うことを治療機序として重視する精神分析の場は、患者の過去が現在に現れる場でもあり、同時に治療者と患者の今現在のかかわり合いが進行している場でもある。出来事を過去から現在という連続性の中でとらえる視点を通時的観点といい、ある一定の時点での出来事ととらえる視点を共時的観点という。このように通時的観点と共時的観点が交錯するのも精神分析療法の特徴である。

（4）欲動：身体と心のはざまにあるもの

　精神分析では、本能のはたらきを重視する。それは、人が本能的な力を介して心的なエネルギーを得るのであり、この心的エネルギーが人を行動に駆り立てると考えるからである。この心的エネルギーを欲動とよぶ。本能とは生物学的な概念である。この本能の作用を、人は欲求の満足や挫折といった心的体験として経験する。例えば、離乳が母親の都合で突然になされると、子どもははく奪を体験するかもしれない。このように身体的な欲求の精神生活への作用や表現に着目したときに、精神分析では本能とは区別して欲動という言葉を用いる。

　欲動を中心に精神生活を理解しようとする立場が欲動論である。フロイトは発達に伴い性欲動がどのように変化してゆくのか、また身体的な欲求充足を目的として対象との関係がどのように成熟してゆくのかに着目して、精神性的発達論をつくった。そこでは人が生まれてから成人に向かうに従い、中心となる性感帯が変化すること、それに伴い対象関係が変化することを口唇期、肛門期、男根期といった段階に分けて記述した。

　ここで性的という言葉の意味を補足するために幼児性欲について解説する。乳児には母の乳房を吸うという口腔粘膜を介した快感があるが、この口腔粘膜が口唇期における性感帯である。同様に肛門期では、便を腸に貯留し、排泄する感覚が肛門期の性感帯を介した快感である。つまり性器とは関係のない器官を通じての感覚を性的という言葉で記述しているのである。精神分析は、以上述べたような欲動や本能という身体的

第5章

要素に着目した発達理論をふまえてさまざまに展開しつつある。

（5）対象関係：心の中の自己と他者

　欲動論では、個人は口唇期的、肛門期的、男根期的な身体部位を通じた欲求充足を求めると考えるのだが、これとは異なり個人は本来対象を求めるとする立場もある。この立場は精神内界での自己と対象とのかかわり合いを重視するという点で対象関係論とよばれる。対象関係論には、すべての欲動や衝動は精神内界での対象関係にかかわるとして、特に対象関係にまつわる患者のファンタジーを重視するクライン派や、欲動よりも心的発達を促す母子関係を重視する独立学派などがある。

　精神分析療法は、治療者と患者のかかわり合いの中で進展する。それゆえ対象関係を理解することは治療関係を理解する上で大変役に立つ。対象関係論では治療者と患者の相互的なかかわり合いを重視する。例えば、患者が治療関係にもち込む要素として転移を考えるのと同様に、治療者がもち込む転移、すなわち逆転移が生じると考える。つまり、転移と逆転移の相互作用の中で治療が進展してゆくとするのである。

　対象関係論のみならず、対象関係に着目する視点はさまざまな学派に認められる。例えば対象関係を重視しつつ、より自己の発達に着目した自己心理学や、表象概念を用いて自己と対象のかかわり合いにまつわる個人の体験がどのように心の成り立ちに影響を及ぼすのかを論じた自我心理学などがある。

　以上記したことは精神分析の大きな流れの一部にすぎない。フロイト以後、精神分析は環境への適応に着目する立場や、精神内界よりも実際の人と人とのかかわり合いに着目する立場などさまざまな視点を含みつつ展開している。

（6）精神分析的精神療法について

　精神分析がヒステリーなどの古典的な精神神経症の治療を模索するなかで始まったのに対し、精神分析的精神療法は精神分析をパーソナリティ障害や精神病といった対象に適応を拡大しようとする試みの中で発展した。パーソナリティ障害や精神病の患者は、不安に脅かされやすく治療動機が明確でないなど、しばしば協力関係を維持するはたらきかけが重要となる。そのため支持的技法を取り入れるなど、精神分析療法を修正する必要があると考えるのである。

　精神療法を支持的－表出的連続体としてとらえる見方がある[3]。支持的

＊33
表象とは、外界にある対象を、知覚や記憶による再生、想像することによって心に思い描かれる内的対象をさす。

＊34
ヒステリーは、失声やけいれんといった多彩な運動系・知覚系の症状を呈する女性特有の疾患として、19世紀末に医学的に検討された。フロイトはヒステリー患者との治療経験を出発点として、無意識や抑圧、転移をはじめとする精神分析理論を生み出した。

＊35
その人の属する文化から期待されるものより著しくかたよった内的体験及び行動の持続的パターンであり、他の精神障害に由来しないもの。精神医学では素因に着目していたが、精神分析ではより生活史を重視する。

とは、治療者が共感や肯定、ときには勇気付けや説明も取り入れて、患者の防衛を強化し不安や葛藤を鎮めようと努めることである。一方表出的とは、治療者と患者双方が無意識のままである葛藤にふれ、理解し、言葉で表現してゆくよう努めることである。

　支持的－表出的連続体という概念において、精神分析療法が表出的な精神療法として位置付けられるのに対し、精神分析的精神療法は支持的－表出的連続体上にあるとされる。この点について、治療者の患者を深く知ろうとする真摯な姿勢こそが支持的に作用するという面もあり、精神分析療法にも支持的な要素は存在する。よって一概に支持的、表出的という概念で単純化してしまうことには議論もある。しかしながら、特に精神分析的精神療法は支持的－表出的連続体の中で行われるということを理解しておくことは重要である。[3]すなわち精神分析的精神療法では、病態に配慮してどの局面でどの程度支持的であるのか、同様にどの局面でどの程度表出的であろうとするのかを検討しつつ面接を進めるのである。

BOOK 学びの参考図書

● G. O. ギャバード、狩野力八郎 監訳、池田暁史 訳『精神力動的精神療法－基本テキスト』岩崎学術出版社、2012年。
　無意識や転移、逆転移といった精神分析の基本概念をわかりやすく解説している。さらに事例を豊富に載せており、初学者が精神分析的精神療法の一端にふれることができる好著である。

2 応用行動分析

　「私たちはなぜ行動するのか」という問いに科学的に答えていくことが行動分析学という学問の特徴であり役割である。**応用行動分析**は、アメリカの心理学者**スキナー**（Skinner, B. F.）によって創始された行動分析学の応用分野である。

　応用行動分析は、学習や行動の原理を社会的な問題の改善に応用するための学問領域をさす。社会福祉分野において、応用行動分析は、自閉スペクトラム症（ASD）や注意欠如・多動症（ADHD）などの神経発達症（発達障害）に関する療育・支援プログラムとして認知されていることが多いが、近年は認知症のある高齢者の行動理解や支援プログラムなどへと、その適用が拡大している。応用行動分析は福祉や心理臨床に限らず、教育、医療、労働、犯罪捜査などさまざまな対象分野で応用されており、特定の人々に対するプログラムや介入技法のみをさすものではないことに留意すべきである。

　ここでは、応用行動分析の特徴である行動のとらえ方と基本的な行動原理について概説する。本書第2章第3節2「条件づけ」とあわせて学習するとよい。

（1）行動を機能としてとらえる

　行動の対象化の方法は、反応型（トポグラフィ）に注目するとらえ方と、機能に注目したとらえ方がある。例えば、おもちゃが目の前にあって手に取れないという場面で、ある幼児は「ママ！」と言うかもしれないし、別の子はおもちゃの名前を言うかもしれない。さらに別の子は床に寝転んで泣くという行動を示すかもしれない。この場合、反応型の違いとして行動をとらえると、前の2つは人物や物の名前という言語反応、3つめは癇癪（かんしゃく）というようにそれぞれ異なる行動として分類されるであろう。しかし行動の機能に着目すると、これらの行動はすべて同じ「要求機能」をもつ行動として分類される。行動分析学は、行動を反応型ではなく機能としてとらえ、分析していくという他の心理学にない特徴がある。

　行動をその機能から分析するという視点は、言葉によるコミュニケーションが困難な人、例えば重度の知的発達症（知的〔能力〕障害）[*36]や自閉スペクトラム症、認知症のある人などの行動理解と支援に対して大きな貢献をもたらしてきた。例えば、児童の通所施設で他児にかみついてしまうという子どもの場合、他児に対して「おもちゃを貸して」と言う行動の代わりに、「要求機能」としてかみつき行動をしているかもしれないし、気に入らない課題が与えられたときに近くの子にかみつくことでその課題をせずに済むという「回避機能」として行っているのかもしれない。また、かまってくれる人がいないときに「注目機能」として行っているかもしれない。このような行動の機能は行動の前にある先行条件（antecedent）と行動の後の後続条件（consequence）を観察したり、実験的に操作したりすることで推定される。これを頭文字からABC分析（Bはbehavior；行動）、学術的には三項強化随伴性という。

（2）行動の原理

　行動を生得的な行動と、環境との相互作用の中で学習された学習性の行動に大別すると、社会福祉分野で扱う行動のほとんどは学習性の行動がその対象となるであろう。行動分析では学習性の行動の学習過程をレスポンデント条件づけとオペラント条件づけという2つに大別している。レスポンデント条件づけは、例えば恐怖反応を引き起こす雷鳴という無条件刺激に先行して提示される雷雲などの条件性刺激に対しても恐怖反応が生じるようになることをさす。このレスポンデント行動としての恐怖反応は先行条件となる特定の刺激によって誘発される行動である。こ

＊36
知的発達症（知的〔能力〕障害）。
知的（能力）障害はICD-10においては精神遅滞とされていたが、ICD-11においては「知的発達症」とされた。本双書第14巻第1部第5章第3節7参照。

〈図5−4〉機能としての行動のとらえ方とアプローチ

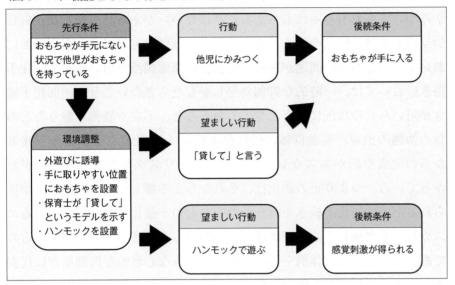

（筆者作成）

れに対してオペラント条件づけは、後に示すケースのように、行動の後の後続条件によってその行動の自発が強められるというものである。

　先の例を図示して考えてみよう（**図5−4**）。このケースのかみつき行動は、先行条件としておもちゃが手元にない状況で生じやすく、その行動の結果としておもちゃが手に入ることが後続条件としてあげられている。このことから、このかみつき行動は、後続条件としてのおもちゃの入手によって強化されるオペラント行動であると考えられる。またこの行動にとって、おもちゃ（強化子）が手に入ることによって行動が生起していくことを正の強化とよんでいる。何が正の強化子となるかは人や状況によって異なってくる。強化子の違いの例としては、もしそのかみつき行動がおもちゃの有無に関係なく生起し、職員が注意しても減るどころか逆に増えてしまっていたとする。この場合のABC分析は、例えばA：職員の注目が得られない状況で、B：かみつき行動をすると、C：注目が得られるという「注目機能」と推定される。この場合、職員からの注意がその幼児にとっては注目という強化子となっていると考えられる。このように行動の原因を理解する上で、行動の生じている前後の環境変化に注目し、その行動を機能としてとらえることが行動理解の最初の段階である。

　行動を減弱させる手続きは、後続条件として本人にとってネガティブな環境が生じる正の弱化[37]（例えば行動に続く強い叱責など）、ポジティブな環境がなくなる負の弱化[37]（例えば遊戯室に一定時間入れなくなる）、

＊37
従来の学習心理学においては、正の弱化に対して「罰」という用語を用いていたが、ネガティブな刺激を与える場合（正と表現）と、ポジティブな刺激を取り去る場合（負と表現）を区別するために、本稿では正の弱化、負の弱化という用語を用いている。

第5章

または、強化子となる後続条件が得られなくなる消去手続き（例えば、かみついてもおもちゃはもらえることはない）がある。しかしながら行動原理上では、弱化や消去によって行動の減弱は可能でも、応用場面においてはいくつかの問題がある。特に強い嫌悪刺激を用いる正の弱化手続きにおいては、一時的な抑制効果しかもたらさないことや、弱化手続きが用いられる状況に依存しやすくなること、不安や恐怖や怒りなどの負の情動の出現、刺激自体に慣れが生じる（馴化）ことにより支援者からの叱責や罰がエスカレートしてしまうリスクなどがあることがわかっている。つまり正の弱化は、それを与える側も一時的抑制効果が得られるために弱化手続きを行う行動そのものが強化され、馴化によるエスカレートが加わることで虐待へとつながってしまうリスクが生じるのである。もちろん、体罰や逃げ場のないような心理的な抑制などに代表される強い嫌悪刺激を用いる正の弱化は倫理的にも禁止されなければならない。また、負の弱化や消去手続きなどの手続きも負の情動反応が生じることは少ないとされるものの、応用場面では単独で用いることはむずかしいといえる。

（3）応用場面での適用

　行動をその前後の環境変化、つまり機能からとらえる行動分析の考え方から、応用場面ではまずその行動を生じやすくしている環境自体を変更することがあげられる。そして同時にその行動に代わる同じ機能をもつ適切な行動、もしくは適切な代替行動が生じるよう先行条件と後続条件を整備し、適切な行動が生じた場合に積極的に強化する（図5－4）。また適切な行動が生じやすくなるようさまざまなプロンプト（援助）技法も必要に応じて用いられ、スモールステップで支援が進められる。これらの手続きとともに不適切な行動に対しては消去手続きを行うことで不適切な行動を減弱させ、望ましい行動の学習を支援していくようにする。

　図5－4の例でいうと外の遊具で遊ぶ時間を増やす、手の届くところに好きなおもちゃがある状況をつくる、また保育士がそばにいる状況をつくればこの行動は生じにくくなるであろう。しかし常にそのような環境に調整し続けることには限界もある。そこで環境の変更により、行動を生じにくくすると同時にかみつく行動の代わりとして、例えば同じ要求機能をもつ適切なコミュニケーション行動として「貸して」と言えるようにモデルを出し練習することが考えられる。そしてこの適切な行動に対しては強化子としておもちゃが手に入るようにする。つまり適切な

コミュニケーション行動は後続条件によって強化され、かみつき行動に対しては強化しないようにする（分化強化）。いわば望ましい行動のバイパスをつくるというイメージである。知的障害などのために「貸して」という言葉の表出が困難な子どもの場合、身ぶりやサイン、絵カードといった代替する要求手段（補助代替コミュニケーション）を検討することもある。教示する適切な行動は、不適切な行動とは機能的には異なるが、かみつき以外に代替する行動が有効な場合もある。例えば先の例では、余暇行動としてその子どもの好むハンモックを置き、それに乗って遊ぶという行動を適切な行動とすることもできる。

　このように、行動の基礎的実験研究から得られた行動原理を実際の支援現場の実態に合わせて、先行条件や後続条件となる環境を調整し、代替する適切な行動の成立を支援することが応用行動分析の役割となる。

（4）応用行動分析の立場から見た「障害」とは

　最後に、行動を環境との相互作用、つまり機能からとらえる行動分析の考え方に基づいて「障害」というものについて考えてみよう。例えば歩行が困難という状態も、車いすやスロープがある環境では移動という機能においては障害とはならない。同様に先に図示したかみつき行動の場合も、車いすやスロープと同様にかみつき行動が生じなくても済む環境設定を行うことがまず重要であるということも理解できるだろう。また行動分析で扱う対象は概念ではなく、一つひとつの行動にアプローチするという特徴をもつ。これによって、「他児を傷つける子」などのように特定の行動の型を個人の特徴として概念化することなく、例えば「要求場面でのコミュニケーションに支援ニーズがある子ども」としてとらえ支援していくことが可能になる。

３　行動療法

（1）行動療法と「学習」

　行動療法とは、実験などによって体系化されてきた学習理論、行動理論を基盤とし、症状や不適応行動の改善を図ることを目的とした治療技法の体系である。行動療法の最大の特徴は、人間の行動の大部分は、それまでの「学習」によって獲得されたとみなすこと、ほかの心理療法と比較して客観性と普遍性を強く志向していることである。すなわち、その人の「性格」でさえも、何らかの経験を通じて「学習」された習慣に

BOOK 学びの参考図書

●今本　繁・島宗　理『対人支援の行動分析学－看護・福祉・教育職をめざす人のABA入門』ふくろう出版、2008年。
　行動分析学の難解な用語をできるだけシンプルにし、行動の機能的なとらえ方を学習し、実践を体験できるように構成されている。

第5章

すぎないものであり、その習得に用いられた同じ原理を組み合わせれば、それを変えることが可能であるという考え方に立脚している。

　行動療法の原理となっている基本的な「学習」の型には、**パブロフ**（Pavlov, I. P.）の犬に代表される「**レスポンデント学習**」、及び、**スキナー**のラットに代表される「**オペラント学習**」の2つがある。また、行動療法は、本人の「行動」と、本人に対する周囲からのあらゆる刺激（他者の行動などを含む）である「環境刺激」とを分けて、それらの「連合」がどのように成り立っているのかという視点から、さまざまな症状や問題行動を理解する。ここでいう「行動」とは、先行する刺激のみに依存して生じる「誘発行動：レスポンデント行動」と、行動の結果に大きな影響を受ける「自発行動：オペラント行動」のことをさしており、これらを心理臨床場面で生じている諸問題に当てはめて臨床的介入が行われる。

　レスポンデント学習では、条件刺激（もともとは中性的な刺激）と無条件刺激（ネガティブな感情などが生じる刺激）が対提示されたことによって、条件刺激に対して症状や問題行動（条件反応）が生じていると理解するために、治療には逆制止や消去の手続きが用いられる。逆制止を用いた代表的な治療技法としては、不安に対する系統的脱感作法があげられる。標準的な手続きでは、利用者に即して不安が生起する場面をリスト化した不安階層表を作成し、不安拮抗反応をもたらすリラクセーション技法（自律訓練法や漸進的筋弛緩法など）を十分に獲得した後、主観的妨害感の低い場面から脱感作（不安が生じないように再学習）が行われる。

　また、消去の手続きとしては、不安が十分に軽減するまで不安喚起場面に暴露し続けるエクスポージャー法（Exposure）が代表的な治療技法である。エクスポージャー法を用いる場合には、その治療効果を高めるために、暴露される場面を回避しようとする行動を妨害することが肝要である（暴露反応妨害法）。また、持続エクスポージャー法は、特に心的外傷後ストレス障害（PTSD）に対して大きな効果を上げており、心的外傷（トラウマ）の記憶やそれに関連する刺激（それによって引き起こされる諸反応を含む）に暴露し、トラウマ経験以前にはできていた適切な情報処理がなされるように促すことが行われる。

　オペラント学習では、行動が生起する前の先行刺激（弁別刺激）よりも、行動が生起した後の後続刺激（強化刺激）によって、行動の生起頻度が変化すると考える。すなわち、症状や問題行動が生起した後に、本

人にとって望ましい環境刺激の変化が得られたことによって、症状や問題行動が持続していると理解するために、その治療には行動が生起した後の「強化子（報酬）」や「弱化子（罰）」を随伴させる手続きが用いられる。この「弁別刺激－自発的行動－後続する結果」の連鎖は三項随伴性とよばれる。したがって、症状や問題行動の後に本人にとっての不快な事態が随伴し、症状の消失や適応的行動の後に快事態が随伴すれば、問題は解決に向かうと考える。

＊38
本人にとって、楽しい、うれしい、心地よいなどのポジティブな感情が生起する（正の強化子となる）ような出来事、事象など。

　適応的行動を増やす技法としては、目標行動をスモールステップで形成するシェイピング法、一定の分量を収集すると本人が望む強化子と交換することで目標行動の獲得や維持をめざすトークンエコノミー法などが代表的なものである。一方で、不適応的行動を減らす技法としては、不適切な行動が生起したら快事態から一定時間遠ざけるタイムアウト法、あらかじめ定められたルールでコストが課されるレスポンスコスト法などが代表的なものである。

　行動療法の実践の際の一般的な手続きとしては、治療を始める前の症状や問題行動について厳密なアセスメント（査定）を行い、利用者の行動分析によって治療仮説を立てる。対象者が抱える症状や問題行動を、行動科学理論とエビデンスに基づき統合的に理解し、それに応じた効果的な介入の技法や手続きの選択に導くプロセスは「ケースフォーミュレーション」とよばれる。その際には、特に問題の発現（発症）した要因よりも、問題を維持している要因が重視されることが多い。そして、これに基づき種々の治療技法の中から単一あるいは複数の技法を選択して治療的介入を行い、その後再び標的とした症状や行動の変容のアセスメントを行うことによって、一定程度の客観的な治療効果の判定が行われる。

　行動療法は、豊富な技法群で構成されており、レスポンデント型技法、オペラント型技法ともにまだ多くの技法が存在する。さらに、モデルの示した行動が観察者に生じる観察学習（新たな反応の獲得）や反応促進（獲得していた反応の触発）などの効果をもつモデリングなどによって行動変容を狙う「社会的学習理論」に基づく治療技法、及び自己教示（自己のとるべき行動の言語化）など、人が自分の行動をどのように制御しているかという視点を重視した「セルフコントロール理論」に基づく治療技法も存在する。

　なお、これまでは、行動科学の一分野としての行動分析学の臨床的（社会的）応用をめざす応用行動分析と、先に述べた「治療技法の体系」

第5章

としての行動療法を区分することが一般的であった。しかしながら、社会的学習理論やセルフコントロール理論に基づく治療技法が人間の認知的活動（言語行動）をより重視していることや、情報処理理論（心理学）を中心とした認知科学に基づく治療技法の発展などが生じたことなどをふまえ、それらの認知的な治療アプローチを含む技法の総称として「行動療法」あるいは「認知行動療法」とよぶことがあり、近年はそれらの区分が非常に複雑な様相を見せている。なお、認知行動療法とは、実証的に明らかにされている行動的技法と認知的技法を効果的に組み合わせて用いることによって、症状や不適応行動の改善を図ることを目的とした治療的アプローチの総称である。

（2）ソーシャルスキルトレーニング（SST）

　行動療法（認知行動療法）に分類される最も広く普及している技法は、**ソーシャルスキルトレーニング**（Social Skills Training：**SST**〔社会生活技能訓練〕）である。SSTは、社会的（人間関係）場面において、社会的に受け入れられている、もしくは社会的に価値が高いとされる方法で、本人にも相手にも利益が生じるように相互作用する能力をソーシャルスキルととらえ、そのスキルを適切に身に付けられるようにトレーニングが行われる。わが国においては、主として保健医療分野において統合失調症などの精神障害の患者を対象としたSSTと、主として教育分野において幼児期から青年期の子どもの不適応に関する問題の改善や予防をめざすSSTの、大きく2つの流れがある。いずれのSSTの場合も、自分自身と他者（環境）との良好な相互作用が生じるスキルを身に付けることに主眼を置いており、小集団やクラスなどを単位として実施される場合が多い。SSTの技法としては、オペラント強化法、モデリング法、仲間媒介法、コーチング法、社会的問題解決スキル法などがある。

　SSTにおいては、どのようなスキル（標的スキル）を対象者に身に付けさせることが必要かというアセスメントの観点が重視される。ソーシャルスキルは学習によって身に付くと考えるため、人間関係に関する不適応が生じていることは、良好な相互作用を生じさせるスキルが身に付いていない（未学習）、誤ったスキルが身に付いている（誤学習）、あるいは、適切に身に付けてはいるが不安や緊張などでスキルが使えていない（遂行反応の妨害）、のいずれかであると考える。したがって、SSTを用いる際には、対象者のアセスメントの結果に応じて、その内

容を工夫する必要があり、単に「社会的に望ましい行動」を身に付けさせることと同義ではないことに特に留意が必要である。

（3）エビデンス（根拠）に基づく心理療法

　欧米の臨床心理学領域では、1990年ごろからエビデンスベーストの考え方が浸透し、治療効果の明確な技法を整理していこうとする理念が広がりを見せた。これは、どのような問題を抱える対象者に対し、どのような心理療法が、どの程度の効果があったのかを整理して理解する考え方のことである。アメリカ心理学会臨床心理学部会は、広場恐怖に対するエクスポージャー法、強迫症に対する暴露反応妨害法、恐怖症に対する系統的脱感作法、自閉スペクトラム症に対する行動療法、夜尿に対する行動療法などを「十分に確立された治療法」としてその初期のころから明示している。その後も認知行動療法を含めて適用範囲の拡大が飛躍的に図られており、行動療法や認知行動療法のエビデンスの豊富さは、他の心理療法にはみられない特徴であり、厚生労働省による診療報酬（保険）制度の対象になっている技法も多い。

　また、行動療法や認知行動療法は、精神障害のみならず、子どもの不適応行動の変容や犯罪者の再犯防止にも適用されており大きな効果を上げている。このようなエビデンスに基づき、文部科学省による教育支援施策や、法務省による再犯防止プログラムなどに行動療法や認知行動療法が取り入れられている。さらに、さまざまな疾患や問題行動に対する予防的アプローチ（健康行動の獲得、ストレスマネジメントなど）としての適用や、問題を抱える者に直接かかわる者に対する間接的支援（ペアレントトレーニングなど）としての適用も盛んに行われるようになっている。

4　認知行動療法

（1）認知行動療法の定義と特徴

　認知行動療法（Cognitive Behavioral Therapy）とは、有効性が実証された行動的技法と認知的技法を効果的に組み合わせ、クライエントの適応の促進や問題の改善を図ろうとする治療的アプローチの総称である。

　認知行動療法におけるさまざまな特徴のうち、主なものとしては、①日々の生活場面で生じる具体的で測定可能な現象（気分、ふるまい、考

え方）に着目する、②問題を維持する悪循環に着目し、解決に向けた具体的な戦略を立てることで、当面の問題に効果的に対処できるよう援助する、③クライエント自身が技法を習得することで、クライエント自身の問題解決能力を向上させる、④セラピストとクライエントが協同的に問題解決に取り組む、といった点があげられる。これらのうち、特に測定可能な変数をアセスメントと介入の対象にしていることから、クライエントや社会に対する治療効果の説明が容易である。加えて、介入効果に基づいた治療方法の選択が可能であることや、治療効果の検証を通じてさらに効果的な方法に改善していくことができることなどが、認知行動療法の大きな強みであるといえる。

（2）認知行動療法の源流と多様性

　認知行動療法は、学習理論に基づく行動療法（Behavior Therapy）と、認知理論に基づく認知療法（Cognitive Therapy）を主要な源流として成り立っている。歴史的には、これらの心理療法のそれぞれが、治療方法や適用範囲を拡大し、認知行動療法として位置付けてきたという経緯がある。そのため、同じ認知行動療法という名前を冠していても、行動療法的な色彩の強いアプローチと、認知療法的な色彩の強いアプローチがあるなど、その意味するものは多様である。本稿ではいずれのアプローチをも含んだ広義の意味で認知行動療法という言葉を用いることとし、特に認知療法的アプローチについて概説する。

（3）認知行動療法の実際

❶認知行動療法におけるアセスメント

　認知行動療法を用いる際には、問題構造のアセスメントを行うことが必要不可欠である。ベック（Beck, A. T.）の認知療法では[*39]、「人の感情や行動、身体は、その人の出来事に対する考えや解釈の仕方によって影響を受ける」という仮説（認知モデル、Cognitive Model）に基づいており、この枠組みに基づいてアセスメント（認知的概念化、Cognitive Conceptualization）が行われる。具体的には、発達に応じて形成される信念（Belief）が、具体的な状況における解釈に影響を与え、評価的な思考（自動思考、Automatic Thought）を自動的に生じさせる。そして、この自動思考がその人の感情、行動、身体反応に影響を及ぼすと考えられる。例えば、「私は無能だ」といった信念をもつ人は、困難な事態に直面した場合、「自分にはできない、もうだめだ」といった解釈を

*39
クライエントの考え方
のスタイル（認知）の
歪みを治療の標的にし、
自動思考・スキーマと
いった認知の変容を通
して、情動面・行動面
の問題の解決を図って
いこうとする心理療法。
ベックによって開発さ
れた。

〈図5-5〉認知的概念化の例

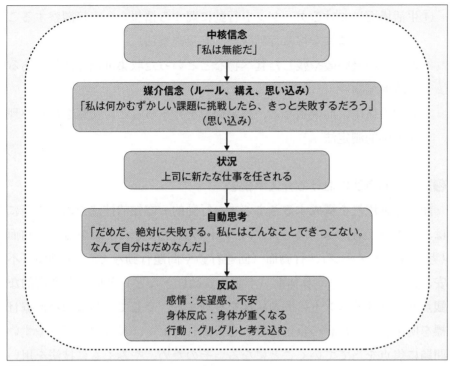

（筆者作成）

行いやすいと考えられる。その結果、無力感や身体のだるさを感じたり（感情変化、身体反応）、その事態への取り組みをやめてしまう（行動変化）といった事態に陥りやすいことが想定される（**図5-5**）。

　このように、一定の理論的観点から問題を整理していくことで、クライエントの問題がどのようにして生じ、維持されるのかという悪循環を理解しやすくなる。そして、こうした悪循環をクライエントとともに理解していくことで、その問題状況を効果的に解決していくための方法を検討することが可能になる。[40]

　上記のような枠組みに基づいて、クライエントの問題構造を正確に把握するためには、クライエントの言語報告に加えて、言語報告以外の方法や、クライエント以外の情報源による情報収集が必要となる。アセスメントの際に、一般的に用いられる方法としては以下の手法があげられる。

　①クライエントの言語報告や、クライエントの非言語的側面から情報を得る面接法

　②知能、パーソナリティ、症状などの測定を意図したさまざまな心理検査から情報を得る心理測定法（標準化された自己報告）

　③クライエントが記入フォーマットなどに記した自己観察の内容から

*40
認知行動療法に限らず、心理療法を実施する上で一般的に必要なアセスメントの観点などについては、M. ハーセン・V. B. ヴァンハッセル、深澤道子 監訳『臨床面接のすすめ方－初心者のための13章』（日本評論社、2001年）などを参照されたい。

情報を得るセルフモニタリング法（自己報告法）

④生活場面におけるターゲット行動に関する情報を、直接観察することによって情報を得る行動観察（直接観察法）

⑤たばこの吸い殻や残した食べ物などといった収集可能な情報である痕跡的産物

⑥心拍や血圧、筋緊張など、測定機器を介することで情報を得る心理生理学的測定法

❷認知行動療法における介入手続き

認知行動療法を構成するさまざまな行動的・認知的技法を用いる際には、まずは上述のようなアセスメントの観点に基づきながら、認知面（考え方やイメージ）、行動面（回避行動や問題行動など）、情動面（不安、落ち込みなど）、身体面（不眠、食欲低下など）といった多面的な観点からクライエントの問題状況を整理する。そして、具体的な治療目標を明確化し、症状の重篤性などを考慮した上で、最も取り組みやすい問題に焦点を当てていくことになる。そのため、やみくもに技法を用いるのではなく、綿密なアセスメントや目標設定という手順を経ることで、初めてそのクライエントの問題解決に最適な技法を選択できるようになるという点が、認知行動療法を進める上では非常に重要である。

行動変容と認知変容を促進する技法には、さまざまなものがある。例えば、代表的な行動的技法であるエクスポージャー法では、いわば問題となる状況に少しずつ慣れるよう、不安や恐怖を引き起こす状況や脅威刺激をクライエントに直面させることで、不適応な反応を消去する治療方法である。特に、多くの不安障害の治療に有効であることが実証されている。また、代表的な認知的技法としては、認知再構成法（認知的再体制化：cognitive restructuring）がある。これはネガティブな気分や感情と関連する認知（考え方やイメージなど）について、「別の考え方ができないか」と振り返る練習をすることによって、思考の柔軟性と多様性を回復させるための技法である。うつ病をはじめとしたさまざまな精神疾患の治療手続きとして広く用いられており、認知的アプローチでは最も一般的な手続きとなっている。

（4）認知行動療法の適用

❶医療領域における認知行動療法

医療領域において、認知行動療法はうつ病、パニック障害、強迫性障

害をはじめ、さまざまな精神疾患に対してその有効性が報告されており、グループを対象に治療を行う集団認知行動療法の効果も報告されている。

　また、身体疾患に対しても、認知行動療法を活用した心理的アプローチの有用性が期待されている。特に心血管疾患や、糖尿病、がんといった慢性身体疾患患者においては、不安や抑うつ、怒りといった精神症状が生じやすいことが知られ、これらの精神症状は病気の予後とも関連することから、患者が示すこうした心理的な問題への介入は極めて重要だといえる。

❷産業領域における認知行動療法

　産業領域のメンタルヘルスに対する心理的アプローチとして、従業員支援プログラム（Employee Assistance Program：EAP）が世界的に広く普及しており、わが国の企業においても導入が進んでいる。EAPでは、仕事の成果や生産性といった行動的問題をターゲットとし、精神疾患のみならず、生産性に影響を与えるすべての問題（ストレスやワーク・ライフ・バランスなど）が対象となる。さらに、介入効果の測定基準は生産性の向上、すなわち行動面の改善であることが特徴となっている。そのため、行動面に重点を置き、効果的・効率的に問題解決を図ることが可能な認知行動療法は、EAPにおいても優先順位の高い心理的アプローチとして応用されている。

❸教育領域における認知行動療法

　教育領域においては、児童生徒の精神症状や問題行動への介入のみならず、抑うつや不安、ストレッサーへの対処方法を学ぶ予防的なアプローチまで、国内外を問わず、認知行動療法の実践報告が広くなされている（例えば、集団社会的スキル訓練を用いた児童の抑うつ低減プログラムなど）。

　また、児童生徒のみならず、親子関係や親自身のストレスマネジメントといった保護者に対するはたらきかけや、教師と生徒間関係に対するアプローチなど、認知行動療法の適用範囲は多岐にわたっている。

（5）認知行動療法の展開

　近年、「認知行動療法の第三世代（第3の波）」とよばれる新たな流れが生じている。1950年代ごろから発展した学習理論に基づく行動療法

第5章

が認知行動療法の第一世代、1970年代に登場した認知理論に基づく認知療法などを中心とした介入方法は認知行動療法の第二世代ととらえられるのに対して、この新たな流れは1990年前後に誕生した。第三世代の認知行動療法として代表的なものには、マインドフルネス認知療法（mindfulness-based cognitive therapy）、弁証法的行動療法（dialectical behavior therapy）、アクセプタンス＆コミットメントセラピー（acceptance and commitment therapy）などがある。こうした新世代とされる認知行動療法では、認知の「機能」の重視や、マインドフルネス*41とアクセプタンス*42という介入要素の存在といった共通の特徴がある。こうした特徴を有する第三世代の認知行動療法は、（限定的にとらえられた）行動や認知の問題を除去するのみならず、人生の幅広い領域に適用できる柔軟で効果的なレパートリーの構築をめざしていると考えられている。

　また、伝統的な心理療法では、セラピストとクライエントの対面での面接や、そこにクライエントの家族が加わった形式での面接が行われてきた。しかしながら、セラピストの不足や、心理療法を受けることの心理的・物理的負担をはじめ、従来の対面式の認知行動療法を十分提供するには、解決すべき問題が存在している。そのため、近年ではこうした問題を解決する方法の一つとして、携帯情報端末やPCなど、情報通信技術を介した認知行動療法の実施が報告されるようになっている。

　多くのアプローチが認知行動療法の名の下に統合され、発展してきたように、こうした展開は認知行動療法をさらに拡充する可能性を秘めている。一方で、認知行動療法はこれまで、その効果や手続きを繰り返し検証することによって、有効性を実証してきた。そのため、認知行動療法が大事にしてきた実証性（エビデンス）に十分留意しながら、今後も新たなアプローチの有効性の有無を注視し続ける必要があると考えられる。

5 家族療法

（1）家族療法とは

　家族療法とは、その名のとおり、家族を治療対象とする心理療法の総称である。ある人が何らかの問題や症状を表している場合に、その問題の発生や維持に、家族関係のあり方が大きくかかわっているととらえることが特徴である。問題や症状の発生の原因を、主にその個人の内面に見ようとする個人療法とは大きく異なる。

＊41
マインドフルネスとは、今の瞬間の現実に常に気付きを向け、その現実をあるがままに知覚して、それに対する思考や感情にはとらわれないでいる心のもち方や、存在のありようを意味する。

＊42
アクセプタンスとは、嫌悪的な思考・感情・記憶・身体感覚といった私的出来事に気付きながらも、自分との関係性を変えるための行動をしないでいることを意味する。

BOOK 学びの参考図書
●J. S. ベック、伊藤絵美・神村栄一・藤澤大介 訳『認知行動療法実践ガイド：基礎から応用まで 第2版－ジュディス・ベックの認知行動療法テキスト』星和書店、2015年。
　認知療法を源流とした認知行動療法を学ぶ際の標準的なテキスト。セッションの進め方や具体例の記述が豊富であり、実践的に学ぶことができる。

　例えば、不登校について考えてみよう。個人療法の視点では、不登校状態となっているその子どもが問題であり、子どもを治療対象としてとらえる。家族はその背景、あるいは環境要因という位置付けになることが多い。一方、家族療法においては、子どもの表す不登校という状態は、家族の何らかの問題を表すサインであるととらえ、子どもだけでなく、家族全体を治療対象とする。家族の中で問題を表しているメンバー（不登校の場合は子ども）はIP（Identified Patient：患者とされる人）と呼ばれ、IPを取り巻く家族メンバーの間には循環的な相互作用が存在しており、さらに家族を取り巻くさまざまな社会システムも問題の発生に関連しているものととらえられる。ある家族の例を示す。

　父親は仕事が多忙で家族との時間がなかなかもてずにおり、特に母親とのコミュニケーションの機会が減っていた。そのことにストレスを感じていた母親は、精神的に不安定となった。母親は友人も少なく、実家は遠方で、相談できるソーシャルサポートが不足しており、不安定な状態はさらに慢性化していった。その影響を受けた子どもは、朝起きようとしても身体が動かず、学校に行くことができなくなっていった。学校に行かない時間、子どもは母親のそばで母親を支える役割を果たしていた。子どもが不登校になった現実に直面できない父親はますます仕事に没頭し、家庭からの距離はいっそう遠ざかった。母親はさらに不安定になり、子どもはますます学校に行けなくなる、という悪循環が存在することとなった。この場合、IPである子どもの不登校は、家族の間のコミュニケーションがうまくいっていないことを示すサインであると考えられる。家族全体を治療対象とし、父親と母親のコミュニケーションを増加させ、母親が精神的に安定すると、安心した子どもは学校に行けるようになり、父親はさらに家族とかかわりやすくなる、というよい循環が生まれるのである。

（2）家族療法の歴史

　家族療法は、1950年代のアメリカにおいて発展した。それまでの心理療法では、家族関係は個人の問題や症状の要因になっているとして、個人と引き離して治療を行うのが常識とされていた。精神分析療法を創始したフロイトは、治療者の中立性を保つために、家族の影響を受けないようにすることを重視していた。このことは、治療における家族の重要性に関する言及ともとらえられるために、フロイトを家族療法の源とする考え方もある。実質的な家族療法の創始者の一人としてあげられる

アッカーマン（Ackerman, N.）は、精神分析的な立場の臨床家であったが、早くから家族を一つのまとまりととらえることの重要性に気付いていた。彼は1940年代より、家族そのものを治療対象とした理論と実践を展開し、数多くの効果を上げていった。

この時期、アメリカ各地で統合失調症者の家族研究が盛んに行われるようになった。そこから統合失調症者の家族に、独特のコミュニケーションが展開されていることが見出されたのである。人類学者のベイトソン（Bateson, G.）らは、統合失調症の患者とその家族との関係において、言語的なメッセージとともに、それと矛盾する非言語的なメッセージが同時にやりとりされていることに気付いた。後の家族療法家たちに大きな影響を及ぼした「二重拘束（double-bind）」概念の発見である。これは、母親が子どもに対して、「かわいい子ね」と言いながら、とても嫌そうな表情をするといった具合に、相反する２つのメッセージが同時に伝達されるというものである。

家族のコミュニケーションに注目した研究の高まりとともに、1970年代に家族療法は最盛期を迎えた。カリスマ性のある創始者たちによる種々の学派が誕生し、多くの技法が開発された。「家族は一つのシステムである」という家族療法の基本的な考え方は、このころ確立されたといえる。

しかし1980年代に入ると、治療者が介入技法を重視するあまり、家族に対して操作的であり過ぎることや治療者の主導性が強過ぎること、あるいは家族をシステムとしてとらえようとすることで個人の内面を軽視している、などの批判が生じるようになった。このような動きを受けて、ホフマン（Hoffman, L.）は、治療者と家族が協同的関係を築くこと、あるいは治療が操作的になり過ぎないようにすることなどの重要性を指摘し、それまでの技法偏重ともいえる家族療法のあり方を見直した。これは治療者自身も治療過程の一部であり、家族を取り巻くシステムから独立したものではないという考え方に基づくものである。

1990年代前後には、学派を超えた理論・技法の統合の動きが進み、より現実に即した折衷的・実践的なアプローチが展開されるようになった。家族をシステムととらえる考え方をベースとしながらも、新しい家族へのアプローチや支援が展開されている。

福祉現場においても、援助者としての自身が対象者を取り巻くシステムの一部であるという視点をもつことは、よりよい支援のために有用であるだろう。

（3）家族療法の代表的な学派

　ここでは1970年代に誕生したいくつかの代表的な家族療法の学派と、その特徴的な概念・技法について概説する。

❶多世代派

　ボーエン（Bowen, M.）が創始した学派である。彼は、個人の精神発達を、感情と理性が融合した状態から分化した状態へと、分化の度合いが高まる過程として概念化した。精神内界の分化のあり方は、現実的な人間関係にも反映されるため、分化の進んだ個人は自分の家族から適切な距離を保つことが可能となるが、分化の進んでいない個人は家族との適切な距離がとれず、情緒的に巻き込まれたり、合理的にものごとを判断できない状態に陥ったりして、不安が高まりやすい。また、個人の分化の程度は、両親、さらには祖父母の自己分化の程度とも関係しており、多世代にわたって伝わっていく。治療者は、多世代家族を視野に入れながら、家族メンバーそれぞれの分化を高めることを目標とし、比較的長期にわたってかかわる。

　治療技法としては、多世代家族を図示する**ジェノグラム**を用いることが多い。また、家族ライフサイクル（個人におけるライフサイクルのように、家族にも発達するプロセスがあるとする考え方）の概念を臨床的に発展させたのもこの多世代派の特徴である。

❷構造派

　家族関係という家族の構造そのものを変えることで、問題や症状を消去しようとする学派である。非行少年や摂食障害の子どもがいる家族を治療対象とした、実践家であるミニューチン（Minuchin, S.）によって創始された。この構造派では、治療の前提として、以下のような観点から、正確に家族関係のありようをアセスメントすることが求められる。いずれも、面接室の中で治療者が実際に観察した家族の言動をもとにして評価される。治療場面において、家族の構造をリアルタイムで変容しようと、治療者が積極的に家族に介入するのが特徴である。また、介入の際に治療者は、あたかもその家族の一員であるかのようになじむ（ジョイニング）ことが求められる。

　①境界

　家族の間に適切な境界が存在するかどうかを見る。とりわけ親と子の間には世代間境界が求められる。つまり親は親、子は子、と世代の

第5章

間に適切な区別が存在するかどうか、ということである。小さい子どもが親に対して養育者的な役割を担っている家族の場合、親子の世代間の境界があいまいであるとみなされる。

②提携

家族のメンバー同士の結び付きのあり方について見る。なかでも三角関係化とは、ある2人の家族メンバーの間の問題が、直接その二者間でやりとりされることなく、第三のメンバーがそこに巻き込まれることをさす。例えば両親の間で、夫婦間の葛藤が表面化することはないが、第三のメンバーである子どもを双方が味方に引き入れ、間接的に対決しようとすることなどである。

③パワー

家族の力関係を見る。家族が行動を起こす際に影響力をもつメンバーは、その家族においてパワーを有するととらえる。例えば、ひきこもり状態の子どもに親が振り回されている場合、子どもが親以上にパワーを有していると考えることができる。

❸コミュニケーション派

ジャクソン（Jackson, D. D.）とベイトソンらが中心となって創設した研究施設MRI（Mental Research Institute）を中心に発展した。セルビニ–パラツォーリ（Selvini-Palazzoli, M.）らによるミラノ派、ヘイリー（Haley, J.）を中心に発展した戦略派などもこの学派に含まれる。

家族間のコミュニケーションにおいて伝えられる内容には、その内容を規定する関係性がある、といった考え方を前提とし、家族の関係・システムに変化をもたらすことを目標とする。とにかく何らかの変化を起こすことを目的とするので、治療者は、あえて問題とされている行動や症状を増長させたり、他の行動へ置き換えさせたりといった独特の指示を出すのが特徴である。これらの介入によって、家族の訴える問題そのものを除去するだけでなく、その問題に対する見方を変えたり（リフレーミング）、コミュニケーションの機能不全に気付かせたりすることを狙いとしている。

ミラノ派では、個人が抱えているように見える症状や問題のおかげで家族が心理的なバランスを保っていると理解し、バランスを維持する肯定的な役割を果たす問題や症状の維持を家族に求める（逆説的介入）。また、戦略派においては、症状や問題がなくなったフリをさせたり、あえて問題行動を続けさせたり、今まで以上に強制したりといった独創的

な技法が特徴的である。例えば、子どもが強迫的に手を洗い続けてしまい、何度注意してやめさせようとしてもやめない、という訴えをする両親に、子どもに手を洗い続けさせるように、という指示を出す。そうすると、両親が注意をするから余計に手を洗い続ける、というもともとのパターンに変化が見られ、次第に手を洗い続けるという問題行動が消失する、ということになる。

（4）家族療法の最近の動向

　アメリカで発展した家族療法は、前述したように1990年代前後からは学派を超え、より現実に即した折衷的・実践的なアプローチが展開されるようになった。代表的な流れの一つはソリューション・フォーカスト・セラピーとよばれる家族療法の流れ、もう一つはナラティヴアプローチとよばれる家族療法の流れである。これまでの流れを第一世代とするのに対し、第二世代とよばれている。前者は、より短期で効果的な治療効果を上げることはもとより、根底に家族自体の問題解決能力を信頼するという治療・援助姿勢が大きな特徴である。後者は、問題をもつ人自身がその人の専門家であるという認識の下、家族が問題や症状に対して、新しい肯定的な意味付けを与えることをめざすものである。治療者の立場の認識の変化と、家族自体の主体性の重視が、これまで家族をシステムとしてとらえてきた基本的な考えに、新たに付与された視点であるといえる。

　さらに2000年代以降は、目の前の個人や家族の抱える問題に有用なモデルを組み合わせて対応したり、従来のモデルの新たな理論統合を試みたりなど、より柔軟で統合的な家族療法への流れが見られている。

　家族療法は、わが国においても不登校の増加、家庭内暴力などが社会問題化した1980年代に、精神科臨床や福祉分野の支援などに取り入れられ、大きな発展を遂げた。現在でも福祉・医療・教育・司法などさまざまな領域で、多岐にわたる治療・支援対象に対して実践が積み重ねられ、発展し続けている。

6 集団精神療法

（1）集団精神療法の前提

　集団精神療法は、集団の心の相互作用を活用して、種々の精神的な問題を改善し、精神安定や人格的な成長に貢献する治療である。

集団精神療法の前提に、「人は集団の体験を通して人格を形成する」ということがある。人は動物学的に生理的早産で出生するから、生存には母親が不可欠で、母子関係から始まり、父親との三者関係、同胞（きょうだい）との関係を家族集団の中で体験する。そして、友人、学校、地域社会などの集団を体験して、徐々に人格ができてくる。人の個性は集団での体験に大きな影響を受けている。

第二の前提は、人は、ある集団での体験で、考え方や行動の仕方、対人関係のもち方を変えられるということである。例えば、性的被害者の集いに参加し、切々と、しかし堂々と告発する声を聴き、心の奥底に封印していた自らの被害体験を話す勇気を得て、行動に移す人がいる。がんの当事者の会、依存症者の会、自死遺族の集いに参加した人たちが、「ああ、これは、自分だけではないのだ」と知って救われた思いになることがある。つまり、安心感のある集団が用意されて、その中で新たな心理的体験や人間関係の体験を重ねることで、人は自己理解を深め、考え方、行動、生き方を変えていけるのである。

（2）集団精神療法の始まり

ボストンの内科医プラット（Pratt, J. H.）が、1905年、不治の病であった結核の患者に、集団教育と対話のグループで療養指導を行ったのが、集団精神療法の最初の実践といわれる。プラットは、結核患者の予後を大きく改善し、その後、心身症的な機能的神経疾患の患者にも「Thought control Class（思考コントロール教室）」という集団を活用した治療を行った。[4]

他方、精神的な課題を扱うために、意識的に集団を活用したのは、**サイコドラマ**の創始者である精神科医のモレノ（Moreno, J. L.）である。モレノは1920年代のウィーンで、非行や売春などの問題をもつ人を対象に、集団の即興劇を創出し、その中で彼らの精神的な問題を扱った。モレノは、後に自らの手法を"group psychotherapy（集団精神療法）"とよび、この言葉の最初の使用者となった。

モレノは、そのころフロイトが講義していた精神分析に対し、「分析室の中で夢や過去を分析するのではなく、自然な野外（ステージ）へ出て、今、ここで、夢を体験させる。1対1ではなく集団で行う」など対比的に主張した。モレノの集団での即興劇は、「サイコドラマ」という集団精神療法の一分野を成した。

集団精神療法は、その後、戦争の精神的後遺症をもつ人の入院治療プ

ログラムや、神経症グループの治療などの経験を重ね、集団心理に関する多様な理論を生みながら今日に至っている。

（3）集団精神療法の用語と定義

❶用語について

　グループを活用した治療や心理的支援をさす用語としては、現在は"group psychotherapy（集団精神療法）"が学会等の公的用語である（「集団心理療法」と訳出される場合もある）。

　かつて、アメリカ集団精神療法学会（AGPA）の礎を築いた精神分析家のスラブソン（Slavson, S. R.）が、自らは医師ではなかったことで、「psychotherapy（精神療法）」という語の使用を避けて、「group therapy」の語を使った[5]ということがあり、アメリカでは「個人精神療法、集団精神療法、人格理論などに関する専門教育」を受けた医師等が行うものを group psychotherapy、そうでない場合は group therapy とするという考えもあった[6]が、公式ではなかった。

　日本でも、幅広い意味合いで「集団療法」の語が使われたときもあったが、現在は学会名も「日本集団精神療法学会（Japanese Association for Group Psychotherapy）」である。

　ただし、実施者の呼称は多様で、グループ（サイコ）セラピスト（GT）、グループワーカー、コンダクター、ファシリテーターなどが使用される現状がある。学会ではコンダクター、学習や教育訓練ではトレーナーが多く使われるが、ファシリテーターの呼称もよく使われている。

❷定義について

　集団精神療法には、サイコドラマのようなアクションを用いた集団精神療法と、対話が基本の言語的な集団精神療法がある。

　世界的な公的定義はないが、AGPAは、集団精神療法を、治療の特殊な1形式で、少人数が集い、メンバーが自助的、相互扶助的にふるまえるように、専門的な訓練を受けたセラピストによる方向付けがなされているものであり、50年以上、広汎に用いられた、標準的治療の1オプションと広報している[7]。

　また、ガズダ（Gazda, G. M.）は、さまざまな定義の中から、フークス（Foulkes, S. H.）とアンソニー（Anthony, E. J.）らが強調した、①グループは言語的なコミュニケーションに信頼を置いている、②治療対象は個人である、③主たる治療媒体はグループそれ自体である、の3要

〈表5-4〉集団精神療法とは

1）3名以上の集団（2名以上のCT、1名以上のGT）が一定の時間枠で行う精神療法
2）目的は、参加するCTの、①症状や行動の改善、②心理的問題の解決や緩和、③人格的成長
3）GTは目的にかなうように集団を編成する
　（サイズ、疾患や問題、自我機能のレベルなどを考慮する）
4）GTは集団力動（メンバー間のコミュニケーション、集団のこころの動き）を活用する
5）GTは集団力動に関する訓練を受けている

※CT：クライアント　　GT：グループセラピスト

（出典）田辺　等「集団精神療法」「臨床精神医学」編集委員会 編『精神療法マニュアル』（臨床精神医学 第41巻増刊号）、アークメディア、2012年、203～209頁

因の規定が妥当で、わかりやすいとしている。[8]

　重要なことは、②の点で、個人の治療・援助が目的であり、そのために集団を編成して、集団の心の相互作用を活用するのである。集団を同じ方向に向かわせることや、集団の規律や秩序の維持を考える「集団活動」とは異なる。

　当然のことだが、薬物療法は薬物の効力を用いた治療であり、作業療法は作業活動がもつ力を活用した治療である。同様に、集団の心の動きや、集団に生じるメンバー間の相互作用（これらを総称して集団力動ともいう）を活用するから集団精神療法というのである。

　集団精神療法の定義付けでは、用語や対象人数の考え方などが多様であるため、筆者は、最大公約数的なところを表5-4のようにまとめた。ただし、実践の場では、表5-4の「CT」（クライアント）が「メンバー」「ユーザー」などの用語に、「GT」（グループセラピスト）が「ファシリテーター」などの用語に変換されてもよいとした。[9]

（4）グループを活用した多様な心理的支援

　治療の分野以外にも、精神保健、矯正や教育の分野でグループを活用した心理的支援があり、また、同じ体験をもつ当事者による相互扶助の自助グループもあるので、全体を概観して記す。手法としては、言葉のコミュニケーションが基本のもの、アクションが中心のものがある。

❶対話を基本とする各種グループ
　①医療職等による治療グループ

　　医師や心理職、ソーシャルワーカーらが、治療プログラムの一環で行うグループである。神経症圏の疾患や、うつ病、パーソナリティ障害などの混合グループ、依存症だけのグループ、デイケアの種々のグ

ループ、入院病棟で全員が参加するグループ（コミュニティ・ミーティング）などがある。

また、がんや難病の患者、HIV保持者などのグループもある。心理的苦痛の緩和、疾患に関する情報交換、集団での障害受容や分かち合いなどが目的だが、原疾患の予後の改善やうつ気分の予防につながる。

②専門職・支援者によるサポートグループ

サポートグループは、治療ではなく、当事者や家族へのサポートを行うグループである。運営は、精神保健福祉センターや保健所、保健センターなどの公的サービスで行われ、保健師、心理職、ソーシャルワーカーなどが担当する。家族への心理教育的グループや、自死遺族の分かち合いのグループなどがある。

近年の大震災が続いた後に、支援者のストレスケアの相互支援グループもできている。

③専門職による各種教育的グループ

非行少年等の教育的グループは、アメリカの集団精神療法のパイオニアであるスラブソンが、少年を対象とした活動集団療法を、精神分析的視点で運営した。わが国でも、少年問題や障害児療育などで、当事者や家族にグループを活用した分野での実践があった。

矯正教育では薬物事犯の依存症者に、受刑中からテキストを使用した集団認知行動療法が導入され、DV加害者のグループにも試みられている。

④当事者による自助グループ

アルコール依存症のAA（アルコホーリクス・アノニマス）という12 Stepsの自助グループ[*43]が有名で、わが国でも約50年の活動歴がある。薬物でNA（ナルコティクス・アノニマス）、ギャンブルでGA（ギャンブラーズ・アノニマス）など同じ12 Stepsグループがある。

断酒会はAAを参考に独自につくった自助団体で、摂食障害の当事者の会NABA（日本アノレキシア〔拒食症〕・ブリミア〔過食症〕協会）や、森田療法を受けた神経症者の「生活の発見会」も日本独自の自助グループである。また、発達障害者の自助グループ、自死遺族の自助グループなどもある。

❷アクションや集団演技を基本とするグループ

①集団の即興劇などによる集団精神療法

サイコドラマでは、創作過程のコミュニケーションなどは言葉での

*43
AAは、回復の道標を12 Steps（12のステップ）で示し、ステップ1で「アルコールに対して無力」と認め、その後のステップで「考えや行動を変える」ことに取り組み、最後のステップ12では、「自分の体験を仲間に伝え、生活のすべてにステップの考え方を取り入れる」とした。AAを手本に、12 Stepsの理念と活動でのanonymity（無名性）を取り入れ、自分でコントロールできない行動等に応用した自助グループが12 Stepsグループである。

意思疎通だが、ウオームアップからさまざまなアクションを活用する。主役となったメンバーの過去の体験や感情を、出演メンバーの動作、演技で表現し、観客を含む参加者全体で劇をつくり上げ、それぞれが新たな気付きを得ていく。実施者は能動的リーダーシップを発揮し、ディレクター機能を担う。

　モレノとサイコドラマを日本に紹介した松村康平は、モレノの原法や精神分析理論に拘泥せずに、日本になじみやすいアレンジを加え「心理劇」として普及した。なお、日本の心理劇の学会では、モレノの系譜のサイコドラマのほかに、ソシオドラマ、ロールプレイング、プレイバックシアター等即興劇技法などを含めた総称的なものを、漢字表記の「心理劇」として区別している。[10)]

②他のアクションを基本とする集団精神療法

　わが国でも、ダンスムーブメントや音楽活動を集団精神療法的に行う実践がある。

（5）集団精神療法の治療機序

　集団では、さまざまな心の動き、心の相互作用（＝集団力動）が生じるが、その中に治療的に作用するものがある。コルシニ（Corsini, R. J.）は集団精神療法関連のおよそ300の文献を調べ、集団内で起きる「受容」「普遍化」「現実吟味」「愛他性」「転移」「観察効果」「相互作用」「知性化」「吐き出し効果」など、主に9個のカテゴリーを抽出し、集団の治療機序とした。[11)]

　また、ヤーロム（Yalom, I. D.）は、集団内のコミュニケーションで生じた心の動きのどの要素が効果的なのかを調査研究した。ヤーロムは、「凝集性」「カタルシス」「家族体験の修正」「対人関係の学習」などの11の因子（現在は13因子）を治療要因（therapeutic factors）としたが、近年、この中では「凝集性」要因が重要と考えられてきている。[12)]

（6）集団精神療法の運営

❶グループの編成の仕方

①目的と対象を決める

　対象・目的は例えば、「長期のデイケア利用者」の「自己表現力の改善」のためのグループなどのように決める。同じ疾患（例：依存症者のみ）での編成と、疾患や問題は異なるが、言語能力、判断力、感情保持能力などの自我機能水準が同程度のもの（例：神経症水準の通

院者）での編成がある。

　同じ診断や同じ問題で編成するときも、各メンバーの個性を考慮して編成する。

　ただし、メンバーの心理的な問題を深く扱うなら、一般に、自我機能は同レベルで、診断や問題が異なる混合的（heterogeneous）グループのほうが効果的といわれる。

②グループの大きさ・時間・頻度・担当者（GT）・メンバーの選抜方法などを決める

　グループの大きさは、一般に、8人程度がベストで、4人から15人程度までといわれる。

　時間は、言語性の高い依存症や神経症水準のメンバーのグループは60〜90分、残遺性精神病のような言語性の低いメンバーのグループは40〜50分などがよい。

　グループの設計は、例えば「神経症水準の通院患者、長期の軽うつ患者など、8人程度の小グループ」で、「毎週木曜日の14時から60分、6か月が1クール」のように具体的に決める。固定メンバーでの"closed group"とするか、随時、参加が開かれた"open group"とするかも決める。

　主GTのほかに副GTがいるほうが、グループ全体をよく見られる。GTが男女2名だと、家族関係の連想にも役立つ。

③メンバーの選定と合意

　個人治療と並行している事例は、個人療法担当者が本人にグループの意義を説明し、その後で本人がグループ担当者と会って決める。個人治療との兼ね合いが不要なときは、グループ担当者が、目的、概要を説明し、それを聞いて本人が参加するか否かを決める。

　メンバーの選定では、自殺傾向（自殺念慮や自殺企図）のある人や、静かに座って対話することができない急性期混乱状態や多動性障害、他者に全く関心のないコミュニケーション障害、重度の知的障害などがある人では対象にならないことがある。それは、その当事者がグループから恩恵を受けることができないと判断されるからであり、診断名で除外を判断するのではない。実際には多くの事例で適用できている。

　ただしGTは、自分が対応できないメンバーを入れた編成は避けるべきであり、GT自身の力量に応じて、グループサイズ、対象メンバーを考える。

＊44
精神疾患の症状の重篤度と患者の問題対処能力の総合的評価を「病態水準」というが、その中で「神経症水準」とは、不安や強迫などの精神症状はあるが、幻覚や妄想などの精神病症状はなく、自他の区別がつき、現実を検討する能力はおおむね保たれている程度をいう。カーンバーグ（Kernberg, O. F.）は、神経症水準、境界例水準、精神病水準の3分類を提唱した。

❷セッションの運営

いくつかのバリエーションがあるが、基本は、集団での自由連想対話である。ほかには、話し合う課題を定めたテーマミーティングや集団心理教育的な運営がある。

①自由連想対話型のグループ

GTは、何でも自由に発言できる、安全な雰囲気ができるように心がける。メンバーに求めることは以下のようなことである。

　　・今、ここで、自分が話したいこと、グループの中で感じることなど、自分の心に浮かんだことを自由に話す

　　・他の人はどうしているのか、どう感じたのかなど、尋ねてみたいことは尋ねる

GTは、セッションの中でグループに自然にテーマができている時間帯はそのテーマを扱う。メンバーは、なぜそのテーマを扱いたいのか、何を求めているのかなどもグループに投げかけ、一緒に考えたりする。

緊張や堅苦しさが長く続いたときに、明るい話題に切り替えたり、緊張を取るために動作を入れたり……というようなことは、自由連想対話型グループのGTは基本的にはしない。むしろ、グループに漂う緊張感や堅苦しさが、個々のメンバーのどのような気持ちと関係すると感じるかなどを、グループに投げかけてともに考える。

GTは、グループ全体を観察しながら、各個人の考えていることや感情の理解に努める。メンバーに意識されていない問題、無自覚だがグループ全体が共有している考え方などに気付いたら、全体に提示してみる。そしてメンバーとともに解釈を試み、集団での現実検討を行う。

こうしたセッションを重ねると、メンバーは例えば次のような認識を得たりする。

　　・自分の過去（の失敗）が受け入れられて、これまでの苦しい感情が洗い流された

　　・自分一人だけではない、皆にも同じようなことがあると感じて落ち着いた

　　・自己理解が深まり、考え方や行動を変えてみようというヒントを得た

　　・変えられない現実は受け入れていくしかない、と覚悟ができた

②テーマミーティング型のグループ

そのセッションで話し合う課題が「テーマ」である。セッションの

テーマについて、なぜそのテーマを設定したか、GTの考え方を説明して始める。セッションの冒頭で、メンバーから募ってテーマを決める方法もある。

セッションの終わりには、テーマについて考えたこと、セッションの中でテーマから連想して考えたこと、感じたことなどをシェアリングすることが多い。

テーマミーティングは、ソーシャルワークの中で「グループワーク」とよばれてきた手法とほぼ同質なもので、集団精神療法として初心者がやりやすい手法である。

③その他のグループ

①②のほかには、うつ病の集団心理教育や、依存症でのテキストを使う集団認知行動療法のグループがある。後者のテキストは、病態や対処行動の説明が詳しく、メンバーが書き込むワークもある編成となっている。ただし、テキストにそった進行は、経験の少ない職員が当事者へ接する際の不安を減じる利点があるが、内容に固執し過ぎると、内省、洞察を扱う集団対話の時間が少なくなる懸念がある。

❸記録と事後レビュー（振り返り）

メンバーの同意を得て、記録・メモをとり、事後に振り返る。全体の流れ、個々の発言、場を支配した雰囲気、参加したスタッフの介入、グループの反応などを記載する。

事後のレビューで流れを振り返り、グループ全体の雰囲気、その変化、メンバー間の相互作用、個人の心理に着目する。変化のあった個人や、次回に留意すべきことなどを把握する。

より専門的なスーパーバイザーから、スーパービジョンをもらえるとなおよい。

（7）集団精神療法の学習

集団精神療法の学習は、①理論学習、②自己の実践のスーパービジョン、③メンバーとしてのグループ体験学習、が3本柱である。さらに、④先輩GTの行うグループの陪席参加という「見習い学習」もよい。

日本集団精神療法学会は、学習機会を提供し、認定グループセラピストも育成している。学会認定のスーパーバイザーによる、一般に開かれた研修もある。[45]

古くから「ソーシャルワークは、ケースワーク、グループワーク、コ

＊45
研修については、日本集団精神療法学会のホームページを参照。

BOOK 学びの参考図書

●藤 信子・西村 馨・樋掛忠彦 編『集団精神療法の実践事例30』創元社、2017年。
　医療・研修・福祉・教育の領域で、集団精神療法の観点から実践されたグループ事例から学ぶ書で、実際的で読みやすい。学会が監修しており、集団精神療法の基本的な留意事項や歴史も学べる。

ミュニティワークの３つのワーク」といわれてきた。集団精神療法は、心理的支援が目的のグループワークともいえる。

　時代は、地域を基盤とする（community based）支援の方向にある。集団精神療法を取り入れた施設や共同体では、言葉の意思疎通が増え、結果的に人にやさしくなる。支援者自身も、グループでメンバーの考えを知り、メンバーの力を信じられるようになる。地域で生活する人々の支援にかかわるなかで、治療的・成長促進的なグループ運営を学び、実践することは、支援される人のみならず、施設や共同体にも、支援者自身にも、大きな意義がある。

7 プレイセラピー（遊戯療法）

　プレイセラピー（**遊戯療法**）とは、子どもの心身や行動、発達をよりよい方向に導くことを目的として行われる心理療法の総称である。多くの子どもの心理的・発達的支援の場において、さまざまな問題や課題を抱える子どもに対して実施されており、子どもの心理的支援の基礎基本ともいえる重要なアプローチである。

（1）遊ぶことの大切さ

　プレイセラピーは、子どもと支援者が主に「遊び」を通してかかわる。

　遊びが心理的・発達的支援の場で用いられているのは、遊びが子どもにとって生活の多くの位置を占める極めて重要な活動として理解することができるからである。

　発達心理学者の**ピアジェ**（Piaget, J.）は、乳児が生後１か月ごろ、ふとおもしろいことを発見し、その喜びを繰り返すこと（循環反応）を遊びの起源と考え、そのような遊びを通して外界の出来事を心の中に取り入れ、世界を認識し学習していくと考えた。私たち人間は、生まれて間もないころから遊ぶことを宿命付けられた存在であり、遊ぶことなしに成長していくことができない生物であるといえる。

　また、児童精神科医であり小児科医でもあったウィニコット（Winnicott, D. W.）は、「遊びこそが普遍的であり健康に属するものである」と指摘している。つまり、人が健康に生きられているかどうかの基準は、食事、排泄、睡眠の生活リズム、すなわち「ちゃんと食べてうんちしてしっかり寝ることができているか」だけではなく、それに加えて、「ちゃんと遊ぶことができているか」ということもしっかりと吟味

すべきであるということであり、遊べることが心身の健康を維持する上でとても大切だということを強調している。[13]

　さらに、児童精神科医の小倉　清は、子どもが遊ぶことの意義について、次のように整理している。[14]①欲求・願望の充足：子どもたちは、現実生活の中では許されることのない欲望や願望を遊びを通して何とか果たそうとする。②征服欲の充足：子どもたちは、ふだん服従を強いられ自分が正しいと思うことも受け取ってもらえないことがある。遊びを通して意のままにならない状況を自分の支配の下に引きずり下ろし、征服し意のままに主導権をもとうとする。③受け身から能動へ：子どもたちは、しつけや教育という名の下にいつも受け身の立場にいる。いつも誰かから指図を受け監視されている。もちろん安全がそのことで保たれ保護されているが、子どもにしてみれば自由を奪われていると感じていたりする。遊びの中では自分が主役になり、能動的に思うとおりにふるまうことができるようになる。④コミュニケーションの道具として：言葉を用いなくても、あるいは言葉が発達しなくとも、子ども同士の間でも、国が違っても言語が異なっていても遊びは成り立つ。母子で行う「イナイイナイバア」も言葉はなくても遊びとして成立していることなど。

　プレイセラピーとは、このような「遊び」が本来的にもっている多彩な意義や役割を心理的支援において有効に活用したアプローチである。

（2）「ともに遊ぶこと」を通した支援の役割

　先述したウィニコットは、「遊ぶこと自体が治療である」と述べ、「遊ぶことが起こり得ない場合に、治療者のなすべき作業は、患者を遊べない状態から遊べる状態へと導くように努力することである」と指摘した。さらに「もし治療者が遊べないとしたら、その人は精神療法に適していないのである」と述べた。[13]広く子ども支援に置き換えれば、子どもが安心して遊べるようになることを支えることこそが支援者の役割であり、遊べない人は子どもの支援者には向いていないということである。

　では、具体的にどのように遊べることが支援者に求められているのだろうか。ウィニコットは、「精神療法は一緒に遊んでいる２人に関係するものである」と述べている。[13]つまり、支援者はただ遊べばよいのではなく、子どもと「ともに遊ぶ」ことができなくてはならないのである。

　例えば、次のような状況を想像してほしい。子どもと支援者が２人で「ままごと」をして遊んでいる。砂を入れた茶わんを笑顔で何も言わず

差し出した子どもに対して、支援者は茶わんをありがたく受け取って、いかにもおいしそうに、「もぐもぐ」「うまい！」と言って食べた後、「ごちそうさま、お腹いっぱい」「おかわり！」と茶わんを子どもに差し戻す。そして、２人でにっこりと笑い合う。このやりとりの中で、茶わんのただの砂は、あたたかいご飯になるだけではなく、ほほ笑みながら茶わんを渡すことで、そこには「おいしく食べてほしい」という子どもの思いやメッセージがこめられているのかもしれない。遊びの中で子どもが伝えようとしているイメージを、支援者が大切に受け取り、理解した内容をていねいに伝え返すことによって生じる関係性があって初めて、「ともに遊ぶこと」による支援が成立するのである。

　プレイセラピーとは、子どもと支援者との間で共有されるイメージを重ね合うことによって生じてくる、相互的な関係性を基盤としたアプローチである。

（3）プレイセラピーの歴史とアクスラインの８原則

　プレイセラピーは、多くの心理療法的アプローチと同様に、フロイトの精神分析的理論と技法をどのように子どもに対して応用していくかという観点から始まった。今からちょうど100年前、1920～30年代（大正時代から昭和初期）のことである。フロイトの弟子であるフク－ヘルムート（Hug-Hellmuth, H.）は、世界で初めてプレイセラピーを始めた人物として知られている。その後、フロイトの娘であるアンナ・フロイト（Freud, A.）や、イギリスのクライン（Klein, M.）が、それぞれの精神分析的理論をもとにして、積極的に子どもに対する心理療法を実践し、現在に通じるプレイセラピーの基本的な考え方やルールが整っていった。

　その後、精神分析を否定する立場で、来談者中心療法を提唱したロジャーズの考え方を踏襲したアクスライン（Axline, V. M.）が、1947年に来談者中心療法的プレイセラピーを提唱し、そのアプローチは世界的に受け入れられ広がっていく。

　アクスラインは、プレイセラピーにおいて支援者に求められる姿勢として以下の８原則を掲げている。この姿勢に基づいたアプローチによって子どもの心理的・発達的課題は解消されると考えた。

①セラピストはできるだけ早くよいラポール（rapport）ができるような子どもとのあたたかい親密な関係を発展させる

②セラピストは子どもをそのまま受け入れる（acceptance）

③セラピストは子どもに自分の気持ちを完全に表現することが自由だと感じられるように、その関係におおらかな雰囲気（feeling of permissiveness）をつくり出す

④セラピストは子どもの表現している気持ちを油断なく認知し、子どもが自分の行動の洞察を得るようなやり方でその気持ちを反射（emotional reflection）する

⑤セラピストは子どもにそのようにする機会が与えられれば自分の問題を解決し得る能力をもっているという尊敬の念をもつ。選択したり変化させたりする責任は子どもにある

⑥セラピストは子どもの行いや会話を指導せず、子どもが先導することに従う

⑦セラピストは治療が緩慢な過程であることを認め、やめたり早めたりはしない

⑧セラピストは子どもにその関係における自分の責任を気付かせるのに必要なだけの制限（limitation）を設ける

　現在、わが国のみならず世界で行われているほとんどのプレイセラピーは、この考え方を基盤として行われているといっても過言ではない。プレイセラピーを行う支援者だけではなく、さまざまな問題を抱える子どもたちにかかわるすべての支援者が何度でも読み返したい重要な視点である。

　プレイセラピーとは、支援者が子どもを指導したり、リードしたりするのではなく、子どもの主体性や感情を全面的に尊重し、その表現をありのまま受け入れることによって成立するアプローチである。

（4）プレイセラピーの始まり－「治療契約」をめぐって－

　プレイセラピーは、心理的支援の一アプローチであるため、一般的なカウンセリングや心理療法と同様の構造とルールが存在する。プレイセラピーは、決まった曜日の同じ時間に50分などと設定されることが多い。決められた日時以外はプレイセラピーを行わないし、いくら遅れて来ても予定の時間になったら遊びを終了し延長することはない。場所も毎回同じプレイルームを用いることが多く、トイレ以外その部屋の中で過ごすのが一般的である。もちろん、守秘義務、秘密保持の原則も固く守られなくてはならない。このような構造やルールをしっかりと守ることで、子どもの心を守り、安全な表現の場を保証することができる。

　また、心理的支援においては、被支援者がどうなりたいか、どんな問

題を解消したいのか、そのために、どのような支援を受けるのかなど、支援者とお互いに目的や方法を確認する。すなわち「治療契約」を取り交わした上で開始する。インフォームド・コンセントのない支援は、一方的な支援の押し付け、ただのお節介にもなりかねない。

　プレイセラピーにおいても治療契約は必須である。大人は本人自らが望んで心理的支援を受けることが多いため治療契約を結ぶことが比較的スムーズにできるのに対して、子どもの場合は、子ども自ら心理的支援を受けたいと申し出ることは少ない。多くは親や周囲が心配して相談機関に連れられて来る。そのため、子どもは心理的支援を受けることへの動機づけや意欲は高いとはいえない。したがって、子どもとの治療契約の方法は、大人とは異なる以下のような配慮や方法が求められる。

　具体的には、①何と言われてここ（相談機関）に来たのかを確認する、②それについて自分ではどう思っているか、どうなりたいと思っているのかを確認する、③ここ（相談機関）はどんなところで、私（支援者）は何をする人なのかをていねいに説明する、④その上で、一緒にここで話したり遊んだりして過ごすのはどうだろうと提案する、⑤実際に一緒に遊んで過ごし、最後にこんなことをしていくのだけれども、また来てみたいかどうかを確認する、⑥本人の了解を得る、という手続きとともに、先に示した時間や場所のルール、そして以下に示す制限を伝え、お互いに共有することでやっと子どもの治療契約が成立する。

　プレイセラピーとは、一定の定められた設定やルールと治療契約の下、時間と空間を日常から仕切り、守られた安全な環境の下で実施されるアプローチである。

（5）プレイセラピーの展開－「制限」をめぐって－

　さて、プレイセラピーに特有のルールとして、（3）アクスラインの8原則の⑧にある「制限」がある。制限は学派を問わずすべてのプレイセラピーにおいて重要とされている。先に示した時間や場所のルールを守ることができない場合や、子ども自身や支援者の心身の危険にかかわる行動、例えば、自分を傷つける、支援者をたたく、遊具を意図的に破壊するなどの自傷他害行為は「制限」の対象となる。もしも、プレイセラピーの中でこのような行動が認められた場合、支援者はそれを毅然とした態度で一貫性をもって伝え、危険な行動についてはしっかりと制止しなくてはならない。

　プレイセラピーが進展し、支援者との信頼関係が深まってくると、子

どもたちの心が次第に解放され、自然な感情が表出されるようになってくる。心の中に閉じ込めてきた思いや破壊的な感情が吐露されることも少なくない。その気持ちや言動は大切に受け止めるが、それに伴う危険な行動は許容せず制限する。危険な行動の結果が、いつも使っている大切なおもちゃを壊してしまうことになったり、支援者にけがをさせてしまったり、自分が傷ついてしまうようなことになれば、プレイセラピーという安全な環境が破壊され、その時空間を失ってしまうことになりかねない。支援者の適切な制限によって、子どもたちを破壊と混沌から安全と現実へと引き戻し、守ることによって、子どもの心のさらなる変化と成長を促進していくことができるのである。

　プレイセラピーとは、お互いの信頼関係の深まりと支援者による「制限」という守りに支えられることで、子どもが自分の感情を安心して表現し続けられることを通して、子どもの心の変化を支援するアプローチなのである。

（6）プレイセラピーの効果と支援者の心構え

　遊ぶだけで本当に子どもの心理的・発達的問題を改善できるのかという疑問を耳にすることがある。大人への心理的支援のアプローチは多彩であり、時代によってそのはやり廃りは激しい。プレイセラピーもより効果的な方法があればそれに取って代わられていたことだろう。しかし、子どもの心理的支援は、100年前からずっと変わらずプレイセラピーが中心である。それだけの意義と効果があるからにほかならない。実践してみれば、そのむずかしさも奥深さもその効果もきっと理解することができるだろう。

　最後に。たとえ今、その子どもがどんなに苦しい境遇の中にあろうとも、その子どもの未来の明るさを信じて、決して焦ることなく、見捨てることなくかかわり続ける、という強い意志が支援者には求められている。たとえ今、その子どもがどんなにすさんだ状態にあろうとも、子どもの心の中にひそむ、よりよく生きたい、変わりたいと願う「成長欲求」と「変身欲求」の心が必ず存在することを確信し、彼らが自ら立ち上がろうとする姿をあたたかく見守り、信じて待ち続けることこそが、子どもと寄り添い、向き合う支援者の大切な役割である。

　プレイセラピーとは、このような支援者の揺らぐことのない心構えと途絶えることのない子どもへのあたたかいまなざしによって成立するアプローチのことである。

第5章

BOOK 学びの参考図書

●丹　明彦『プレイセラピー入門』遠見書房、2019年。
　プレイセラピーの方法やその実際を伝える入門書は少ない。本書は、プレイセラピーとは何か、どのような意義と役割があるか、そしてどうして効果があるのかについて、支援現場での複数のリアルな実践事例を通して楽しくわかりやすく解説している。

8 臨床動作法（動作療法）

臨床動作法は、成瀬悟策によって開発された、身体を動かすという「動作」を手段とし、言語は補助的な手段とする心理援助法である。臨床動作法では、「こころとからだは一体的同型的なもの」であり「こころの不調はからだの不調・動作のぎこちなさ」として現れるととらえており、典型的なものとしてはストレスによる現代病としての身体症状である肩こり、腰痛、その他心身の不定愁訴があげられる。

（1）動作を手段とするメリット

今日のストレス社会における現代病といわれるこれらの身体の不調は、無意識的な身体の動かし方の無理強いや力み過ぎによる「動作不調」として現れると臨床動作法では考えている。例えば、苦手な上司と会うときには、無意識に身体や肩の筋肉を硬く縮みこませることがある。それは、「苦手意識」という無意識の心的構え・心的緊張によるものとみる。そして、その無意識の心的構え・緊張による身体や肩の緊張が続くと、慢性の肩こりや腰痛などの身体・動作の不調となって現れる。無意識の心の緊張や不調は目に見えるものではない。しかし、身体の動きの困難さやぎこちなさなどは、その人の動作の不調・動作のぎこちなさとして目に見えるものとなる。

臨床動作法は、目に見える事実としての動作、身体の動かし方というものを取り扱うことで、目に見えない心を科学的に取り扱えるということになる。しかも、スムーズな身体の動かし方を練習するだけなので、一般的な心理療法のように、家族関係や生育史などのプライバシーや、その人の悩みや葛藤、無意識の抑圧の部分を必要以上には取り扱わずに済む。心のありようを解釈するのではなく、動作の仕方をよりスムーズに行えるように援助するのが臨床動作法の援助者の役割である。一方で被援助者は、臨床動作法の援助者の援助のもとで、課題となった動作の改善に取り組み、適切にスムーズな動作ができるようになるプロセスを体験する。そのなかで、硬くこわばった身体や、ぎこちない動作として現れていたストレスで縮こまった心、悩みにとらわれ、かたくなになったこだわりの心が柔軟になり、気楽に元気になっていくので、プライバシーに踏み込まれずに、ごく自然で安心・安全な心理支援を受けられることになる。

（2）臨床動作法は心の援助法

　阪神・淡路大震災や東日本大震災の際、いわゆる言語的な心理カウンセリングによる支援の申し出は、悩みを話すどころの元気もなく疲弊しきった被災者たちにはなかなか受け入れられなかった。しかし臨床動作法による支援は、被災者の心的な悩みやショックの状態にふれずに、被災者のかたくなな身体の動きをスムーズにすることから始めるので、被災者に喜んで受け入れられた。

　身体を楽にしてくれるのは、マッサージや整体も同じである。しかし、マッサージや整体とともに臨床動作法を体験した被災者からは、「マッサージや整体を受けると確かに身体は楽になった。しかし、夜間の不安や不眠は続いた」。ところが、「臨床動作法を体験すると身体も楽になっただけでなく、不安感や不眠が改善した」とか、「がれきを片付けようという意欲が出てきた」などの報告があった。身体の動きをスムーズに活発にする臨床動作法による援助を通じて、落ち込んでいた被災者の心が元気に意欲的に活動しはじめるというように、被災者の心的活動や行動を活発に改善することが示された。臨床動作法が心の援助法であることの証しである。

　もう一つ、高齢者福祉や介護にかかわる例を紹介する。

　グループホームでの介護を受けている85歳の認知症の女性である。日中居間のいすで過ごしていたが、右脚の内転と、左の腰が浮き、上体が右に傾きがちになってきた。また痙直（けいちょく）状態が強くなって、そのままではずり落ちてしまい、クッションで支えても5分ともたない。表情も乏しく、自発言語も少なくなってきた。そこで自室のベッド上で側臥位（そくがい）にし、上体のひねり動作や股関節部位の曲げ伸ばし動作を10分ほど行った。

　上体のひねり、股関節部位や膝の曲げ伸ばしといっても、援助者がひねってあげるのではなく、本人の自発的動作がわずかでも出るように、こちらが曲げていく方向だよと援助の手を添えて語りかけながら、あくまで自発的な動作の手がかりの誘いかけの援助をしつつ自発的動作の兆しが出るのを待つのである。その動きは、援助のために添えている手にわずかに伝わってくる感覚的な、目には見えないほど微細に動く感じであったが、紛れもなく、援助者が動かしているのではなく本人のわずかな自発的動きであった。そうした動作でのやりとりの後、再びいす座位に戻すと、上体の傾きが目立たなくなり、座位姿勢が安定し、その後30分ほどもクッションなしでいられた。

　それだけではなく、さらにうつろな表情が引き締まり、脈絡はないも

第5章

のの自発言語が増え、介護スタッフの問いかけにわずかながら答える様子が見られた。動作によるはたらきかけが、姿勢の保持改善だけでなく言語活動、対人認知、自発性といった心理活動を活発にしたのである。臨床動作法による援助の視点で日常の身体介護活動を行うことで、高齢者福祉・介護福祉の実践がより利用者に役に立つものになるといえる。

（3）さまざまな領域での心理援助としての臨床動作法・動作療法

　臨床動作法は、肢体不自由児・者の動作不自由の改善のための動作訓練から、動作不自由ではない発達障害者の社会性の発達やコミュニケーションの改善のための障害児・者への動作法へと展開した。その後、ストレスマネジメント教育やスクールカウンセリングなどの教育分野、職場メンタルヘルスなどの産業分野、高齢者のフレイル問題やスポーツ選手の心理的安定や運動技能の向上という健康・スポーツ分野、発達支援や子育て支援などの福祉・保健分野など、さまざまな人の心身の健康を統合的に支援する方法の総称として臨床動作法とよばれて広く展開している。

　そのなかでもとりわけ統合失調症者やうつ病の人への適用など保健・医療分野、精神科病院やクリニックなどでの心理療法として用いられる際には動作療法とよばれている。心理療法としての動作療法は、森田療法と並ぶ、西洋輸入ではなく日本独自の発想・発祥の心理療法である。心があって身体がある西欧的心身二元論の考え方ではなく、動くという活動をする身体の動き、すなわち「動作」は心の活動を統合した活動ととらえる心身調和的、心身統合的な考え方に基づいている。「動作」を用いるがゆえに、前記のようにさまざまな領域で活用されているので、福祉領域においてもますますの応用・実践が期待されるものである。

📖**BOOK 学びの参考図書**
●中島健一『高齢者動作法』誠信書房、2012年。
　福祉施設や高齢者向け病院にいる認知症高齢者や肢体不自由者の認知改善や情緒の安定に役立つ実際の臨床動作法を図解し、またこころのケア、心理援助としてなぜ役立つのかを平易に解説したもので、福祉施設等での社会福祉士、介護職員の学びに役立つものとなっている。

9 ブリーフセラピー

（1）ブリーフサイコセラピーとブリーフセラピー

　「ブリーフサイコセラピー」は、短期間で終了することを重視し、効果性・効率性を高めることをめざした心理療法の総称である。効果や効率を求めるなら、ユーザーであるクライエントのニーズに合ったサービスを提供するとともに、クライエントと協働してセラピーを進める必要がある。このようなセラピストのセラピーに関する姿勢や価値体系が「ブリーフサイコセラピー」の本質的な部分である。広義にとらえれば、

認知行動療法、家族療法、動作療法、EMDR、「ブリーフセラピー」など、さまざまなセラピーがその範疇に含まれる。

　その中で「**ブリーフセラピー**」は、精神科医エリクソン（Erickson, M. H.）の「治療に関する考え方や技法から発展したセラピー[15]」である。エリクソンは、1950年代にはすでに個人だけでなく、夫婦や家族に対して革新的な治療を行っていたが、「人は皆、一人一人ユニークな存在です。したがって、心理療法はそのユニークさに合わせて、一人一人に仕立てられるべき[16]」であるとして、理論や仮説モデルを示さなかった。そのため、いくつかのモデルが、その後継者たちによって開発され発展した。

　エリクソンは、人を「枠」にはめず、「『ヒト』が良くなるのは『自然』である[16]」と発想し、そのセラピーによって、「人々はすべてリソースを持っており、未来の可能性を持っている、人々は変化し発展していく、そのきっかけをわれわれはさまざまな方法で、ときには瞬間的にもつくり出せる[16]」ことを示した。

　「ブリーフセラピー」は、問題が問題なのであって、クライエント自身が問題なのではないと考え、下記のような基本仮説に基づき実践される。

①「**変化」への期待をもつ**

　変化は常に起こっており、必然であるという発想をもつ。

②**相互作用プロセスに焦点を当てる**

　他者や環境との相互作用が、悪循環（問題のパターン）になると問題が肥大する。一方、良循環をつくる解決のパターンに着目することもできる。

③**小さな変化が大きな変化につながる**

　雪だるま効果、さざ波効果ともよばれ、一人の小さな行動の変化が、関係する人々の行動の広範囲な違いをもたらすという考え方である。「一部は全体に影響し、全体は一部に影響する」という相互作用プロセスに立脚する。これは、一個人においても当てはまる。

④**病理よりも「リソース」に着目する**

　病理や問題ではなく、すでにあるもの、役に立つもの、強みに注目し、それを利用する。

⑤**個々人の独自性（ユニークさ）を尊重する**

　一律的な方法を用いるのではなく、セラピーは一人ひとりのユニークさを尊重し、それをいかして行う。

＊46
EMDRは、シャピロ（Shapiro, F.）により開発されたEye Movement Desensitization and Reprocessing（眼球運動による脱感作及び再処理法）である。PTSDに対する有効性が実証され、パニック障害、恐怖症、解離性障害などに対しても有望視されている。治療者が左右に振った指を目で追う眼球運動を行いながら、過去の外傷的な体験を思い出し、比較的少ない負担で、そのつらさを改善させる方法である。

第5章

⑥過去志向でなく、現在・未来を志向する

　クライエントは明日、来月、来年の、未来のよりよい生活を求めている。ブリーフセラピーは「これからどうなったらいいか」に方向付けられる。

　このような基本仮説を共通してもつ「ブリーフセラピー」には、大きく2つのアプローチがある。一つは「問題志向アプローチ」であり、MRIブリーフセラピーがその代表的なものである。もう一つが「解決志向アプローチ」である。

（2）問題志向アプローチ

　そもそもブリーフセラピーという表現は、1967年、MRIに設立されたブリーフセラピー・センター（BTC）の名称に由来する。MRIのアプローチでは、問題に焦点を当て、問題に対する解決努力そのものが問題を持続させているととらえる。その問題と偽りの解決努力との悪循環を断つことによって問題の解決がもたらされる。

　例えば、吃音（きつおん）に悩む営業マンに対して、「通常の営業マンから流暢（りゅうちょう）にセールストークをされると押し付けがましく感じるが、あなたのようにじっくり話すほうが、誠意が伝わりよく聞いてもらえるだろう。だから、吃音を続けてはどうか」と提案すると、営業マンは納得し、吃音を直さずにいたところ、吃音は逆に改善した。ここでは、吃音について、今までのとらえ方の枠組みをはずし、新たに肯定的な意味付け（リフレーミング）が行われている。吃音はもう問題ではなくなり、新たな意味付けが安心感を生み、吃音の改善につながったととらえられる。この例のように、問題（吃音）を直しても直さなくても本人がよい状態を得られる状況を「治療的二重拘束」とよび、二重拘束（ダブルバインド）（本章第4節5参照）を治療的に用いる方法である。「もっと問題（吃音）を続ける」という逆説的な課題提示が、MRIのアプローチの特徴である。

（3）解決志向アプローチ

　ド・シェイザー（de Shazer, S.）とバーグ（Berg, I. K.）は、問題よりも解決に焦点を当てる、解決構築の理論と技法である解決志向ブリーフセラピー（Solution Focused Brief Therapy：SFBT）を開発した。SFBTでは、クライエントを肯定し深い敬意を払い、問題や原因・病理には深入りせず、クライエントの「解決（望んでいる未来)」に焦点を

合わせ、問題が起こらずにうまくやれているとき（例外）や、クライエントのリソースや強みを取り上げ、それを発展させることで、クライエントと協働して、その望む解決の状態をつくっていく。解決のために問題の情報をもはや必要としないSFBTは、心理療法のコペルニクス的転回をもたらしたとされる。SFBTは、効果性・効率性と安全性、実用的なシンプルさを兼ね備えており、今日ではブリーフセラピーの代名詞といえるほど主流になっている。

　SFBTでは、（二方向の）解決に向けて有効な質問をすることが中核的要素となる。一つは「これから起こる解決」について、望んでいる解決の状態や未来の姿（どうなったらいいか？）を問い、クライエントの中にあるイメージを具体的に想起してもらう。「ミラクル・クエスチョン」は解決像を描く代表的な質問である。寝ている間に奇跡が起こり、問題が解決したとしたら、翌朝、何からどんな違いに気付くかを問う。ほかにも「最も望んでいるのはどんなことか？」「最高の１日はどのように過ごしているか？」など、さまざまな質問が考えられる。

　もう一つは「すでにある解決」について、「例外」「成功の実例」に注目する。「例外」とは「すでに起こっている解決の一部」と定義され、問題が起こらないで済んだとき、少しでもうまくできたこと、続いたらいいことである。問題には必ず例外がある。例えば、親が子どもに腹が立った際、いつもは殴るのに、殴らないで済んだときに注目する。そして「どうやってそれができたのか？」「何が役に立ったのか？」を問いかけ、その成功要因を見出し、それをもっと起こせるようにして、望んでいる解決をつくり上げていく。それには、クライエントの解決につながる対処できる力や強みなどのリソースを肯定してフィードバックすることが重要となる。これをコンプリメントという。

　「スケーリング・クエスチョン」はこれら２つの解決を結び付け、ゴールを明らかにする。10の段階で、10を解決の状態として、現在の段階の数を問い、その数まで来ている理由を聞く。次にそこから１進んだ状態との小さな違いを見つけていく。面接の終わりには、クライエントの変化に役立つ小さな行動が提案される。「少しでもよいときや続くとよいことを観察する」「今までの役に立つ行動をもっと続ける」の２種が重要な提案例である。

　SFBTは各領域に幅広く応用され、福祉領域では、子ども虐待への
[*47]「サインズ・オブ・セイフティ・アプローチ」などが注目されている。

BOOK 学びの参考図書
●森　俊夫・黒沢幸子『〈森・黒沢のワークショップで学ぶ〉解決志向ブリーフセラピー』ほんの森出版、2002年。
　解決志向ブリーフセラピーについて、講師の明解な語り口により、その発想から技法までを端的に学ぶことができる本。初学者にも読みやすく、実践にもいかせる。
●黒沢幸子『未来・解決志向ブリーフセラピーへの招待』日本評論社、2022年。
　事例編（12事例）と理論／技法編から具体的に学べる入門実践書。

第5章

＊47
Signs of Safety Approach (SoS) は、虐待児童保護領域で、解決志向ブリーフセラピーを応用し、家族が必ずもっている「安全のサイン（家族の強み・資源）」に注目して、援助者と当事者家族が子どもの安全のためにパートナーシップ（協働関係）を築き、相談支援活動を進める方法である。

🔟 対人関係療法

（1）対人関係療法とは

　対人関係療法（Interpersonal Psychotherapy）とは、クラーマン（Klerman, G. L.）とワイスマン（Weissman, M.）によって、うつ病に対する期間限定の短期心理療法として開発された。うつ病の原因、及び脆弱性における遺伝・生化学・発達・パーソナリティの各要因の役割を認識しながら、うつ病患者の気分と現在の対人関係の関連を強調する心理療法である。認知行動療法と同様に、エビデンスに基づく心理療法として、アメリカ心理学会のうつ病治療ガイドライン（2019年）や日本うつ病学会治療ガイドライン（2019年）においても、有効な治療法として位置付けられている。多数の臨床試験によってその効果が示されており、双極性障害などの他の気分障害や、摂食障害をはじめとした気分障害以外の精神疾患に対しても適用が拡大され、その有効性が報告されている。ここでは、特にうつ病に対する対人関係療法に焦点を当てて概説する。

（2）対人関係療法の起源と指向性

　対人関係療法は、マイヤー（Meyer, A.）とサリヴァン（Sullivan H. S.）によって展開された対人関係論に大きな影響を受けている。こうしたアプローチでは、一次的社会集団を観察や治療的介入の対象としており、対人関係療法においても、対人関係や社会的な因子を重視している。

　対人関係療法では、うつ病を①症状の機能（抑うつ感情と自律神経兆候・症状）、②社会的関係及び対人関係（社会的役割における他人とのやりとり）、③パーソナリティと性格の問題（重要な他者との心理的コミュニケーションの問題や、自尊心の問題）といった観点からとらえる。そして、これらのうち、①症状の機能と②社会的関係及び対人関係にはたらきかける。

　対人関係療法は、現在の問題にはたらきかけ、意識・前意識の両方のレベルで、症状形成、社会適応、対人関係に介入する。対人関係療法の治療者が重視するのは、現在の対人関係の中で明らかとなる不和、不満、不安、願望である。これは、いわゆる従来の支持的な心理療法のアプローチとは対照的であるといえる。すなわち、支持的な心理療法では、患者の現実を変えるのではなく、しばしば患者がすでにもっている

防衛性を増すことによって、対人関係や現実に適応できるように助けることをめざす。これに対して、対人関係療法は、患者が現在の生活状況を単に理解して受け入れるのみならず、その状況を自ら変えることができるように、患者を支援することをめざしている。治療の焦点は「今、ここ（here and now）」でのことであり、患者が現在の社会的役割に熟達して、対人関係状況に適応できるように支えていくことが、治療の全体的な目標となる。

（3）対人関係療法の特徴

❶期間を限定する

　対人関係療法は、期間を限定した短期的心理療法である。こうした短期的な心理療法であっても、多くの心理的問題を解決可能であることが示されている。一方、長期にわたって行われる心理療法は、パーソナリティ障害や、他の慢性的な問題に対して有効であると考えられるが、治療者への依存をもたらしやすいことや、コストが増大するという問題点を有しているといえる。

❷問題を焦点化する

　対人関係療法は、患者の現在の対人関係機能における1つ、あるいは2つの問題領域（後述）に焦点を当てる。患者と治療者は、初期の評価セッションの後に焦点を当てる領域に合意し、セッションを進めていくことになる。

❸現在の対人関係に焦点を当てる

　対人関係療法では、うつ病エピソードの発症の直前と発症以降において、患者の社会的状況や社会的機能がどのようなものであったか、といった点について、セッションの主な焦点を当てる。過去のうつ病エピソードや、過去の重要な人間関係などは、患者の対人関係パターンをよりよく理解するために評価される。

❹防衛機制や内的葛藤ではなく、対人関係から検討する

　対人関係療法では、対人関係の問題を話し合ううちに、否認や抑圧などの内的な防衛機制に気付くことがある。しかしながら、それを内的葛藤の顕在化、という解釈をするのではなく、あくまでもその行動を、患者の対人関係という観点から理解する。例えば、患者によって夢の内容を

報告された場合には、その夢の内容と関連する感情に焦点を当て、現在の対人関係の問題に結び付ける形で扱うというアプローチが考えられる。

❺認知や行動ではなく、対人関係に焦点を当てる

対人関係療法では、患者の生活の中の重要な人物との関係において、どのような認知や行動が対人関係に影響を与えているのか、という点に焦点を当てる。しかしながら、否定的な認知や社会的スキルの欠如など、それ自体に焦点を当てることはない。すなわち、例えば認知行動療法が強い感情を伴う思考（ホットな思考）に一般的に焦点を当てることに対して、対人関係療法では、感情や気持ちに直接アプローチする。さらに、認知行動療法とは異なり、ホームワークなどを課すことによって歪んだ思考を体系的に客観化したり、代わりの思考をもてるように手助けしたりすることはしない。目標は、対人関係のパターンを変えることであり、抑うつ的な認知は抑うつ症状として認識される。

❻パーソナリティには治療の焦点を当てない

対人関係療法では、患者のパーソナリティを認識するが、焦点を当てることはない。対人関係療法は、比較的短期間で行われ、強度も低いため、パーソナリティ構造の持続的な側面に大きな影響を及ぼすことは期待できないとされる。一方で、対人関係療法において確立された技法（感情状態の明確化や、対人コミュニケーションの改善、対人接触を通じた物事の受け止め方と言動の検証など）によって、パーソナリティの問題を埋め合わせる新たな社会的スキルを獲得すると考えられている。

なお、対人関係療法とほかの心理療法の共通要素として、①達成感を得ること、②社会的孤立を乗り越えて、社会的な帰属感を回復すること、③人生に意義を見出せるよう患者を支援すること、という点があげられる。心理療法が奏功する上で、これらの要素が極めて重要であることが示唆される。

（4）対人関係療法の概略

対人関係療法では、一般的に3つの段階で治療が構成されている。期間と頻度はさまざまであるが、急性のうつ病エピソードの治療には、12～16週間、45～50分間のセッションが週1回程度行われるのが一般的である。

❶初期

　最初の１～３セッションめであるこの段階では、うつ病に関する心理教育を含めた診断的評価を行い、対人関係質問項目を含めた精神科的な病歴を聴取する。対人関係質問項目とは、患者の現在の社会的機能、重要な人間関係のパターン、その関係の中でのお互いの期待などを振り返るものである。こうした項目の聴取を通して、症状の始まりに近い対人関係の変化（配偶者との死別、対人関係の悪化など）を明らかにし、抑うつ症状の発症と維持を、社会的・対人関係的文脈において理解する枠組みが提供される。

　加えて、初期のこうしたセッションを通じて、対人関係フォーミュレーションが行われる。対人関係フォーミュレーションとは、①悲哀、②対人関係上の役割をめぐる不和、③役割の変化、④対人関係の欠如から構成される４つの問題領域のうち、１つか２つの領域の中で、患者の抑うつ症状と対人関係状況を理解するアプローチである。こうしたアプローチに基づいて治療における焦点の設定がなされる。そして、治療の方向性について、患者との間で合意がなされることで、中期のセッションに移行することになる。

❷中期

　中期では、治療者は以下のように、マニュアルに規定されている問題領域ごとに対応した戦略を進める。

①悲哀：患者の喪失を埋め合わせられる新たな活動や人間関係を見つけられるように患者をサポートする。

②対人関係上の役割をめぐる不和：重要な他者（配偶者や家族、同僚など）との関係や、不和の性質、そして解決のための選択肢を探るように患者をサポートする。

③役割の変化：患者の新たな役割（転居や昇進、恋愛関係の始まりなど）と、古い役割のそれぞれのプラス面とマイナス面を認識することで、変化に対処できるように患者をサポートする。

④対人関係の欠如：患者の社会的孤立を減らし、新たな関係をつくれるようにサポートする。

　なお、対人関係療法のセッションでは、「今、ここ」での問題を扱うため、「前回お会いしてからいかがですか」という質問でセッションを始めることが多い。こうした質問によって、患者を現在の対人関係や現在の気分へと焦点付けることができる。[50]

*50
各戦略や、用いられる技法の詳細については、参考文献にあげたワイスマン、マーコウィッツ（Markowitz, J.C.）、クラーマンの『対人関係療法総合ガイド』などを参照されたい。

❸終結期

　典型的には、治療終結の2〜4セッション前である。終結期では、これまでの治療で学んだ内容を患者が認識し、今後抑うつ症状が生じた際にも、患者がそれに気付き、対処できるようにサポートする。

　終結期における課題として、患者がセラピストとの対人関係を無事に終えるということや、「セラピストからの援助なしでも今後の問題に対処できる」という患者の感覚を確立することなどがあげられる。これらの課題を達成できない場合には、セラピーの終了間際や終了後において、抑うつ症状の再燃につながる可能性がある。そのため、最後の数セッションでは、①治療の終結についてはっきりと話し合うこと、②治療の終了は悲哀のときとなる可能性があること、③自立した能力があると患者が認識できるようにしていくこと、といった点が、終結期の課題達成を容易にするために重要である。

　以上、対人関係療法の特徴や概略について述べた。治療方法を選択する際には広範囲の選択肢を考慮すべきであり、有効性に関するエビデンスを比較検討することが重要である。そのため、実践家・研究者においては、対象や目的に応じた心理療法のエビデンスを常に意識し、患者にとって最適となるアプローチを選択する観点を有することが望まれる。

11 森田療法

　森田療法は、大正8（1919）年に東京慈恵会医科大学精神医学講座初代教授であった森田正馬（もりたまさたけ）によって創始された日本独自の精神療法である。

　森田は幼少期より過敏で、自ら神経症症状に悩み克服した経験をもつが、その闘病体験を礎に、およそ20年間の試行錯誤の末、森田療法を生み出した。森田は非常に探究心が旺盛であり、当時効果的といわれていた安静療法、作業療法、説得療法などさまざまな方法を試みたが、神経症に対する効果的治療法を見出すには至らなかった。そんな折、神経衰弱の患者を自宅に下宿させたところ症状が軽快する経験を得た。これを機に、森田は自宅を開放し、家庭的な環境下で絶対臥褥（がじょく）、作業療法を行う入院治療を構想し、現在の森田療法の原型を確立したのである。

（1）治療対象

　森田療法の治療対象は、元来、森田神経質とよばれる神経症であり、

森田はそれを強迫観念症、普通神経質、発作性神経症に分類した。これは、DSM-5では、パニック症、全般不安症、広場恐怖症、社交不安症（社交恐怖、対人恐怖症）などの不安症群、強迫症、病気不安症（心気症）などに相当する。しかし最近は多様な病態に適用されており、慢性化したうつ病、また慢性疼痛、アトピー性皮膚炎など広義の心身症や、がんなどの身体疾患を有する患者の不安や苦悩に対しても有効性が指摘されている。そのほかにも、不登校、学校や職場の対人関係の葛藤、親子関係の問題を抱えている人など、生き方に苦悩している人々はその対象となる。

（2）病理の理解

　森田は、幅広い病態（悩み）を対象としながら、その多くに共通した性格傾向（神経質性格）があることに着目した。神経質性格とは、内向的、自己内省的、心配性、敏感といった弱力的側面と同時に、完全主義、理想主義、頑固、負けず嫌いといった強力的な側面をあわせもち、内的葛藤を生じやすい性格をさす。森田は、こうした性格傾向を基盤として、ある特有の機制（とらわれの機制）が生じたとき、神経症に発展すると理解したのである。

　「とらわれの機制」の一つは、注意と感覚が相互に影響することによって生じる悪循環（精神交互作用）である。例えば、人前で赤面してしまう自分に不安を覚え、顔の表情に注意が集中すると、より感覚が敏感になり、さらに不安が募っていっそう顔が赤くなるといった悪循環である。一種の視野狭窄状態ともいえるが、特に苦痛な感覚・体験に対して生じやすい。

　もう一つは思想の矛盾とよばれるもので、悪循環を生じさせる構えである。神経質性格の人は、自然に生じる感情を「かくあらねばならない」「こうあってはいけない」と考え、知性によって解決しようとする。これは自然や自然の現象である心身を支配しようとする万能感、もしくはコントロール欲求ということもできるが、不快な感情を「あってはならないもの」として観念的にやりくりしようとするために、よりいっそう思うようにならない自己（理想の自己と現実の自己とのギャップ）に葛藤が生じるのである。先の例であれば、何かの折に恥ずかしく感じて顔が赤らむこと自体は自然な反応であるにもかかわらず、赤面してしまう自分を「ふがいない」と考え、恥ずかしがらないようにと身構える結果、かえってそれにとらわれてしまうのである。思想の矛盾は、コント

〈図５−６〉　森田療法における病理の理解と治療目標

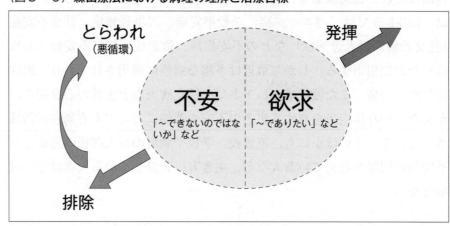

（出典）久保田幹子「対人恐怖の森田療法」『こころの科学』日本評論社、第147巻（2009年）、75頁をもとに一部改変

ロール欲求ともかなり関連が深いと考えられる。このように思想の矛盾によって不安を知的に解決しようと構えれば、さらに精神交互作用が強まり、「なくそうとすればするほど、そのことが気になり、ますますとらわれる」といった堂々巡りの袋小路に陥るのである。

（3）森田療法の人間理解と治療目標

　森田療法が他の学派、とりわけ西洋の学派と異なる点は、不安のとらえ方にある。ここに森田の人間観がある。すなわち、不安を病理ではなく、あくまでも自然な感情反応としてとらえ、「よりよく生きたい（〜でありたい）」という健康な欲求（生の欲望）があるからこそ、「それができなかったら」という不安が生じると理解する。このように不安と欲求を表裏一体とみなし、その一方だけを特別視し、排除しようとする姿勢が「とらわれ（悪循環）」を生み、神経症の症状として発展すると考えたのである。したがって治療の目標は、この悪循環の打破、すなわち不安も欲求もあるがままに受け止める姿勢を培うとともに、本来の欲求（生の欲望）を建設的な行動に発揮していくことに据えられる（**図5−6**）。こうした実践を通して、ありのままの自分を受け止め、自分らしい生き方を実現することが可能になるのである。

（4）治療の形態（入院療法及び外来森田療法）と技法のポイント

　森田療法では、体験的理解を重視することもあって、入院療法を基本形としてきた。入院療法は４期の治療期間から構成される。第１期の絶対臥褥期（約１週間）は、終日横になったまま過ごし、患者は「不安や

症状はそのままにしておく」よう指示される。この時期の目的は、不安にそのまま向き合う体験とともに、心身の活動欲が高まる経験を得ることである。第2期の軽作業期（4日〜1週間）では、外界の観察とともに、木彫りや陶芸など軽い作業に携わる。心身の状態を多少欲求不満状態に置くことでさらに活動欲を促すことが目的である。この時期から日々の体験を記載し、治療者がコメントを返す日記指導も開始される。第3期の作業期（約1〜3か月）では、他の患者たちとともに病棟の掃除、動植物の世話など、日常生活に即したさまざまな作業に取り組んでいく。この時期の目的は、不安や疑問などを棚上げにして目前の作業に取り組み、臨機応変に行動する姿勢を培うことである。また、作業や他者とのかかわりを通して、観念的・自己中心的な態度から事実に即した態度へ、気分本位から目的本位の姿勢へと転換を図ることといえる。第4期の社会復帰期（1週間〜1か月）は、外出・外泊などを行いながら社会復帰の準備をする時期である。

　近年は、入院療法が可能な医療機関の減少、精神科の外来クリニックの増加などもあり、外来（通院・通所形式）での森田療法が中心となっている。また、医療のみならず教育（学生相談、スクールカウンセリング）や産業（職場でのカウンセリング）など、さまざまな領域で活発に取り入れられている。日本森田療法学会は平成21（2009）年に「外来森田療法のガイドライン」を策定し、外来森田療法の基本的要素として「感覚の自覚と受容を促す」「生の欲望を発見し賦活する」「悪循環を明確にする」「建設的な行動を指導する」「行動や生活のパターンを見直す」の5つをあげている。

　森田療法では、一貫して不安や症状に対する態度に焦点を当て、症状の原因やその意味内容を過去にさかのぼって探求することはない（不問技法）。治療者は、患者の自己、他者、外界へのかかわり方、またそこで生じるさまざまな感情に対する態度に注目し、どのような感情も自然なものとしてあるがままに受け止められるよう修正を図っていく。症状にとらわれていた注意の転換や、不安の受容を促すものは、生の欲望を原動力とした試行錯誤の体験であり、治療者はそうした患者の体験を支えていく。患者自身の振り返りを促すために、日記療法を併用することも多い。

BOOK 学びの参考図書
●北西憲二・中村　敬編著『森田療法』ミネルヴァ書房、2005年。
　森田療法の歴史、基本的理論に加え、入院治療及び外来治療の詳細について総合的に学ぶことができる。

引用文献

1）小此木啓吾『現代精神分析Ⅰ・Ⅱ』誠信書房、1971年、162頁

2）Greenberg, J. R., Mitchell, S. A.（1983）*Object Relations in Psychoanalytic Theory*, Harvard University Press, p. 20.（横井公一 監訳、大阪精神分析研究会 訳『精神分析理論の展開：欲動から関係へ』ミネルヴァ書房、2001年、25頁）

3）Gabbard, G. O.（2000）*Long-term Psychodynamic Psychotherapy Theory: A Basic Text*, p. 89.（狩野力八郎 監訳、池田暁史 訳『精神力動的精神療法 基本テキスト』岩崎学術出版社、2012年、85頁）

4）池田由子『集団精神療法の理論と実際』医学書院、1968年、11〜12頁

5）池田由子、前掲書、23頁

6）池田由子、前掲書、34頁

7）American Group Psychotherapy Association.
https://www.agpa.org/home/practice-resources/what-is-group-psychotherapy-

8）Gazda, G. M.（1993）'Comparison of Group Counseling and Group Psychotherapy', in Kaplan, H. I., Sadock, B. J.（eds.）, *Comprehensive Group Psychotherapy 3rd ed.*, Baltimore, Williams & Wilkins, pp. 717-724.

9）田辺 等「集団精神療法」「臨床精神医学」編集委員会 編『精神療法マニュアル』（臨床精神医学）第41巻増刊号、アークメディア、2012年、203〜209頁

10）高良 望『サイコドラマの技法−基礎・理論・実践』岩崎学術出版、2013年、17頁

11）Corsini, R. J., Rosenberg, B.（1955）'Mechanisms of group Psychotherapy', *Journal of Abnormal and Social psychology*, Vol. 15, pp. 406-411.

12）Yalom, I. D.（2005）*The Theory and Practice of Group Psychotherapy 5th ed.*, Basic Books, New York, pp. 1-2.

13）Winnicott, D. W.（1971）*Playing & Reality*, London, Tavistock Publications.（橋本雅雄『遊ぶことと現実』岩崎学術出版社、1979年）

14）小倉 清「プレイ・セラピィの基本的な考え方」山崎晃資 編『プレイ・セラピィ』金剛出版、1995年、43〜70頁

15）宮田敬一 編『ブリーフセラピー入門』金剛出版、1994年、13頁

16）森 俊夫『ブリーフセラピーの極意』ほんの森出版、2015年、189〜191頁、201頁

参考文献

● Wallerstein, R.（1986）*Forty-Two Lives in Treatment*, Guilford Press.

● 坂上貴之・井上雅彦『行動分析学−行動の科学的理解をめざして』有斐閣、2018年

● J. S.ベック、伊藤絵美・神村栄一・藤澤大介 訳『認知行動療法実践ガイド：基礎から応用まで 第2版−ジュディス・ベックの認知行動療法テキスト』星和書店、2015年

● 藤田哲也 監修、串崎真志 編著『絶対役立つ臨床心理学－カウンセラーを目指さないあなたにも』ミネルヴァ書房、2016年
● M.ハーセン・V. B.ヴァンハッセル、深澤道子 監訳『臨床面接のすすめ方－初心者のための13章』日本評論社、2001年
● 熊野宏昭『新世代の認知行動療法』日本評論社、2012年
● 日本家族研究・家族療法学会 編『臨床家のための家族療法リソースブック－総説と文献105』金剛出版、2003年
● 日本家族研究・家族療法学会 編『家族療法テキストブック』金剛出版、2013年
● 藤　信子・西村　馨・樋掛忠彦 編『集団精神療法の実践事例30』創元社、2017年
● 鈴木純一『集団精神療法－理論と実際』金剛出版、2014年
● 田辺　等 編著「グループの力」『こころの科学』第192号、日本評論社、2017年3月
● 長谷川行雄・磯田雄二郎・成沢博子・高良　聖『心理劇の実際』金剛出版、1986年
● Piaget, J. (1945) *La Formation du Symbole chez Lenfant,* Delachaux & Niestle S. A., Neuchatel.（大伴　茂 訳『遊びの心理学』黎明書房、1967年）
● Axline, V. M.（1947）*Play Therapy,* Houghton Mifflin.（小林治夫 訳『遊戯療法』岩崎学術出版社、1972年）
● 丹　明彦『プレイセラピー入門』遠見書房、2019年
● R. フィッシュ・W. A. レイ・K. シュランガー 編、小森康永 監訳『解決が問題である』金剛出版、2011年
● I. K. バーグ、磯貝希久子 監訳『家族支援ハンドブック－ソリューション・フォーカスト・アプローチ』金剛出版、1997年
● 井上直美・井上　薫 編著『子ども虐待防止のための家族支援ガイド　サインズ・オブ・セイフティ・アプローチ入門』明石書店、2008年
● P. ディヤング・I. K. バーグ、桐田弘江・住谷祐子・玉真慎子 訳『解決のための面接技法［第4版］』金剛出版、2016年
● 森　俊夫・黒沢幸子『解決志向ブリーフセラピー』ほんの森出版、2002年
● 黒沢幸子『未来・解決志向ブリーフセラピーへの招待－タイムマシン心理療法』日本評論社、2022年
● 日本ブリーフサイコセラピー学会 編『ブリーフセラピー入門－柔軟で効果的なアプローチに向けて』遠見書房、2020年
● American Psychological Association Guideline Development Panel for the Treatment of Depressive Disorders (2019) *Clinical Practice Guideline for the Treatment of Depression Across Three Age Cohorts,* APA.
● 日本うつ病学会気分障害の治療ガイドライン作成委員会「日本うつ病学会治療ガイドライン　II.うつ病（DSM-5）／大うつ病性障害」日本うつ病学会、2019年
● M. M. ワイスマン・J. C. マーコウィッツ・G. L. クラーマン、水島広子 訳『臨床家のための対人関係療法クイックガイド』創元社、2008年
● M. M. ワイスマン・J. C. マーコウィッツ・G. L. クラーマン、水島広子 訳『対人関係療法総合ガイド』岩崎学術出版社、2009年
● American Psychiatric Association (2013) *Diagnostic and statistical manual of mental disorders. 5th ed.,* American Psychiatric Association.（高橋三郎・大野　裕 監訳『DSM-5：精神疾患の診断・統計マニュアル』医学書院、2014年）
● 北西憲二・中村　敬 編著『森田療法』ミネルヴァ書房、2005年
● 久保田幹子「対人恐怖の森田療法」『こころの科学』第147巻、日本評論社、2009年、72～78頁
● 森田正馬『神経質の本態と療法－精神生活の開眼』白揚社、1960年
● 森田正馬『神経衰弱と強迫観念の根治法』白揚社、1953年
● 中村　敬・北西憲二ほか「外来森田療法のガイドライン」『日本森田療法学会雑誌』第20巻第1号、2009年

第5節　心理専門職と地域連携

1 ソーシャルワークにおける心理的支援

（1）ソーシャルワークと心理的支援

　経済的な困窮や、育児や介護、障害などにより生活が不安定になると、人は心理的にも不安や苦悩を経験する。そのような心理的な不安定さが、生活への意欲の低下を招き、さらに生活状況を悪化させることもあるだろう。つまり、生活を立て直すためには、単に生活環境が整うことだけではなく、一定の健康な心理的状態が必要になる。このように考えると、ソーシャルワークには、人の心理に何らかの影響を与え、健康な状態に近づけようとする営みが含まれているといえる。

　ソーシャルワークにおける心理的支援は、現実生活の質の向上や対象者のエンパワメントをめざして、環境調整も含めた介入の一部として行われる。後述する公認心理師をはじめとした心理専門職が、心の健康をめざして心理的支援を行うのに対して、ソーシャルワーカーは、人が現実社会の中で自立的に生活すること、いわば社会的な健康をめざした支援の一環として心理的支援を行う。

　例えば、がん手術後に退院して自宅療養を始める患者は、継続的な医療的ケアはもちろん、仕事への復帰や収入の維持、生活環境の整備などの多様な課題を抱えている。その際、患者の不安があまりにも大きく、抑うつ状態では、多様な課題に向き合い、解決していくことはむずかしいだろう。そこでソーシャルワーカーは、患者が生活への意欲を高め、建設的に課題に向き合うことができるよう、退院後の生活に必要な情報を提供しながら、一方で不安や心配ごとを率直に話してもらえるように[*51]マイクロカウンセリングの技法を用いる。あわせて現状を必要以上に悲観的にとらえて不安を大きくしてしまうことがないように、[*52]動機づけ面接の技法を使って患者の生活への動機づけを高めたりもする。

　このように、ソーシャルワーカーは、心理的支援の技法を用いて、対象者のエンパワメントを図り、最終的には対象者自らが生活の質を高めていくことができるようにはたらきかけていく。

（2）心理的支援の留意点

　ソーシャルワークで用いられる心理的支援の技法や概念の中には、体

系化された心理療法として発展してきたものもある。例えば、転移や逆転移などの用語は、精神分析の用語であり、対象者とソーシャルワーカーの関係性の理解や、ソーシャルワーカー自身の自己覚知において重要な概念である。しかし、一方で精神分析は、神経症患者を対象とした精神療法として発展してきた歴史をもつ。精神分析では、自由連想法を用いた治療的面接が行われ、そこで生じる治療者への転移や退行などの無意識のはたらきを、患者との面接の中でも取り扱う。つまり、精神分析で用いられる心理的支援の技法や概念は、面接の構造や対象者との関係性のつくられ方が、ソーシャルワークのそれとは大きく異なるなかで発展してきたものである。

　このように本来、治療関係の中で発展してきた方法は、治療関係の中で効果を発揮するものであり、そのまま無意図的に技法や概念だけをソーシャルワーク実践に取り入れてしまうと、支援関係の中で効果を発揮するとは限らないばかりか、かえって対象者との信頼関係を損ね、支援が継続できなくなることさえある。

　ソーシャルワークにおける心理的支援では、用いられる技法や概念がどのような発展の歴史や特徴、目的をもつのかを知り、ソーシャルワークとの面接構造の異同をふまえて、技法や概念を選択して活用することが必要となる。

　また、ソーシャルワーカーの行う心理的支援は心理療法ではなく、心理的支援技法の援用である。技法それ自体は、どのような目的にでも使うことができてしまう危険性があることから、技法をどのような目的で用いるかについて、ソーシャルワーカー自身が責任をもたなければならない。心理的支援のための技法は、対象者のエンパワメントやウェルビーイングの向上のために用いられるべきなのであって、病気や障害そのものの排除をめざして用いられたり、ましてや支援する側の欲求充足や都合、利益のために用いられたりすることは決してあってはならない。

2 公認心理師

（1）公認心理師とは

　公認心理師とは、公認心理師法に基づく国家資格であり、公認心理師登録簿への登録を受け、公認心理師の名称を用いて、保健医療、福祉、教育その他の分野において、心理学に関する専門的知識及び技術をもって、心理に関する相談や助言、指導等を行うことを業とする者をいう。

〈表5−5〉公認心理師の定義と役割（公認心理師法第2条）

第2条　この法律において「公認心理師」とは、第28条の登録を受け、公認心理師の名称を用いて、保健医療、福祉、教育その他の分野において、心理学に関する専門的知識及び技術をもって、次に掲げる行為を行うことを業とする者をいう。
1　心理に関する支援を要する者の心理状態を観察し、その結果を分析すること。
2　心理に関する支援を要する者に対し、その心理に関する相談に応じ、助言、指導その他の援助を行うこと。
3　心理に関する支援を要する者の関係者に対し、その相談に応じ、助言、指導その他の援助を行うこと。
4　心の健康に関する知識の普及を図るための教育及び情報の提供を行うこと。

平成27（2015）年、日本で最初となる心理にかかわる国家資格を定めた法として公認心理師法が制定され、令和元（2019）年に国家試験に合格した最初の公認心理師が誕生した。それまで、心に介入することを目的とした資格としては、学会や民間団体等が定めた資格が多数あり、信頼度も千差万別で、国民の心理的支援ニーズに対して、十分に応えられない状況にあった。

一方、心の支援の重要性は、災害のケアや学校、組織等でのメンタルヘルスの不調者、自殺者への対応などを通して、国民に広く認識されるようになっていた。このような社会背景から、国民が、質の担保された心理的支援を受けることができるよう、成立したのが名称独占の公認心理師である。

公認心理師は、心の健康の保持増進を目的として、**表5−5**に示した4つの業務を行うことが定められている。心理的アセスメントや当事者及び関係者への心理学的支援に加え、心の健康に関する予防や教育までを含んだ業務が想定されている。

資格を取得するための基本的な養成ルートは、大学と大学院修士課程の両方で心理学の科目を修めることとされ、特に大学において「心理学」を基礎とした25科目を修めなければならない点は、すでに心理専門職として信頼を得ていた臨床心理士（公益財団法人日本臨床心理士資格認定協会認定）と大きく異なっている。基礎学問として、科学としての心理学を修めており、科学的方法を用いて心を取り扱うことが求められている資格である。

公認心理師の活動領域は限定されず、領域横断的な汎用性のある資格と位置付けられている。そのため、公認心理師法は、厚生労働省と文部科学省の両省が所管している。

（2）公認心理師の職責と働く場

公認心理師の活動領域は限定されていないが、養成課程を見ると主に
５つの活動領域が想定されていることがわかる。

❶保健医療領域

保健医療領域は、現在、最も多くの公認心理師が働いている領域であ
ると考えられ、医師や看護師等の医療職とともに、患者、家族の支援に
あたっている。診療科としては精神科、心療内科をはじめ、小児科や周
産期科、思春期外来、もの忘れ外来など、医療の多くの領域ですでに心
理専門職が活躍している。主な業務としては、心理的アセスメントや個
人、集団に対する心理面接、チーム医療へのコンサルテーション、デイ
ケアや家族教室の企画運営などがあげられる。[*53]

公認心理師の資格創設までは、国家資格がなかったために、心理職と
して病院等で働く人を臨床心理技術者とよんできたが、国家資格である
公認心理師が、診療報酬算定上の資格要件とされるように移行してい
る。また今後も、診療報酬改定ごとに医療における公認心理師の位置付
けは広がっていくことが予想される。

❷福祉領域

ソーシャルワークと関連の深い福祉領域でも多くの心理職が働いてい
る。対象者の特性別に見ると、児童福祉分野では、児童相談所の児童心
理司や児童福祉施設職員などとして、心理的アセスメントや相談業務に
あたっている。また、障害児・者分野では、通所施設における発達障害
児の療育や入所施設における生活支援の心理的アセスメント、他のス
タッフへのコンサルテーションなどを行う。就学や就労にあたって、そ
の能力を発揮できるよう学校選択の相談やキャリア形成の支援を行って
いる。また高齢者分野では、認知症の人への認知機能アセスメントをふ
まえた支援やその家族への相談、地域包括支援センターにおける相談業
務及びそのコンサルテーションを通して地域支援も行う。

❸教育領域

学校などの教育領域では、スクールカウンセラーとして活動する公認
心理師が多い。学校外では、教育相談センターや適応指導教室等で、不
登校や発達障害に関する心理的アセスメントや相談を受けている。

スクールカウンセラーは、学校相談室で児童・生徒及び保護者の相談

*53
本双書第14巻第２部第
６章第５節参照。

第
5
章

に対応するほか、教職員へのコンサルテーションや学校組織全体への組織心理学的なアドバイスを求められる。個別のケースでは、不登校やいじめ、家庭における虐待などについて、チーム学校[*54]の一員として、本人や保護者との面接を行う。

　例えばスクールカウンセラーが、校内に設置されている相談室で、母親との関係の悩みを相談に来た生徒と話しているなかで、生徒の家庭が経済的に困窮しており、ネグレクトに近い状態にあることを知った場合、学校ではスクールカウンセラーだけが対応するわけではない。教員から給食費や教材の滞納の有無、保護者会への出席状況、生徒の学習状況などの情報を得ながら、スクールソーシャルワーカー[*55]とも連携する。スクールソーシャルワーカーが家庭訪問し、保護者の生活全般の相談にのって経済面を支える制度を活用することを勧める一方で、スクールカウンセラーは生徒との面接を通して、生徒の母親に対する感情や考え方をよりていねいに聴き取り、生徒の心理を整理して自己理解を図り、自立しようと模索している、生徒の心の健康的な発達を促していく。

❹司法・犯罪領域

　司法・犯罪領域は、公務員として心理職が比較的古くから働いている領域である。

　非行臨床では、犯罪やその恐れのある少年に対する心理アセスメントや心理的支援、また非行に至る前に学校関係者や保護者等からの相談なども行っている。少年は、心身ともに発達の過程にあることをふまえ、犯罪についても福祉や教育の視点からの理解と支援が必要である。特に14歳未満では、非行臨床にかかわる心理職は、家庭裁判所や少年鑑別所、少年院などで、非行にかかわった少年がなぜ、どのような背景で非行に至ったのかを明らかにする心理アセスメントを行い、その後の措置や処遇の判断材料を提供している。また少年院では、心理技官が入所少年の心理アセスメントを通して、入所施設での処遇環境を改善し、退所後の将来設計に向けた支援を行うほか、更生に向けたグループワークを心理技官が中心となって実施している。

　成人の犯罪臨床では、刑務所における処遇調査（生育歴や犯罪の特性などを総合的にアセスメントして今後の処遇を決定する材料とする調査）において、心理技官が心理面接や心理検査を行っている。また、特別改善指導として、受刑者に対して、薬物依存や性犯罪などに関する認知行動療法を取り入れたグループワークを行う場合にも、心理技官が中

＊54
学校で生じる問題が多様化した現代において、校長のリーダーシップのもとで、教員のみならず専門職や事務職員も含めたチームとして学校を運営していく体制のこと。

＊55
本双書第5巻第2部第3章第2節参照。

心となっている。認知行動療法を基盤としたグループワークは、社会復帰に向けた支援の中で重要性を増しており、出所後の円滑な社会復帰をめざした更生保護においても、保護観察官が行う専門的なプログラムが用意されている。

犯罪被害者支援では、平成16（2004）年の犯罪被害者等基本法の制定により、起訴、裁判、判決後において、被害者が事件や裁判に関与するシステムができた。そのため被害者は、被害直後から支援を受けることができる体制が整えられつつある。犯罪被害によって生じたPTSDや、裁判への出廷や証言に伴う急性ストレスなどが支援の大きなテーマである。心理職は警察や司法機関に属して、心理的支援にあたるほか、こうした被害者支援に取り組むスタッフへのグループワークやスーパービジョンを行って後方支援を担っている。

❺産業・労働領域

1960年代より、産業精神保健活動が少しずつ活発になり、企業内カウンセラーが徐々に配置されるようになってきた。平成27（2015）年に労働安全衛生法の改正によって、企業に義務付けられたストレスチェック制度が制度的な裏付けとなり、現在、労働者のメンタルヘルス支援が普及している。この制度の中で公認心理師は、研修を受けることで、医師や保健師等と並んでストレスチェックの実施者となれることが定められている。

ストレスチェック制度は、単に労働者のメンタルヘルスのチェックを行うだけではない。職場単位でのメンタルヘルス状況を企業が把握して、労働環境の改善を進めるほか、労働者が自らのメンタルヘルスへの自覚を深め、必要に応じて相談できるようにすることも狙った制度である。そこで多くの企業では、メンタルヘルスを支援するEAP専門会社にメンタルヘルスチェックの実施・分析、労働者へのメンタルヘルス教育、希望する労働者に対する電話や面接でのカウンセリングの実施などを委託している。現在、産業・労働領域で働く公認心理師が増加しており、EAP専門会社で相談や企業研修の講師を担うほか、職場環境改善のコンサルティングなども行っている。

（3）事例

ここでは、支援事例を通して、ソーシャルワーカーの心理的支援と公認心理師の役割を見てみよう。

＊56
本双書第13巻第3部第3章第1節参照。

＊57
本双書第2巻第6章第2節4参照。

第5章

❶事例の概要と事例化までの経緯

　A氏（58歳・男性）は実母Bさん（82歳）と戸建住宅に2人暮らし。結婚歴、妻子ともになし。

　A氏から「母親を施設に入れたい」と地域包括支援センターに相談があり、社会福祉士Xが担当となり話を聴いた。半年ほど前から、母親が家事をきちんと行わないことが増え、ごみを出していなかったり、夜になっても夕飯をつくっていなかったりすることなどが続くようになった。また料理の味が変わり、味が極端に濃くなって、母親とけんかになることも増えた。A氏は、母親とのトラブルを避けるために、食べるものがなくなると、近くのコンビニに買い物に行くが、それ以外はほとんど自室にこもるようになった。

　A氏は3人きょうだいの末っ子で、兄と姉はA氏が高校生のときに結婚して家を出ている。若いころから両親と同居してきたが、5年前に父親が病死してからは母親と2人暮らしになった。家事はすべて母親が行い、A氏は家のことはほとんどしてこなかった。高校を中退した後は、仕事が長続きせず、経済的にも両親に頼ってきたようだ。

　Xは母親にも会いたいと思い、訪問を打診したがA氏は即座に拒み、それ以上話を聴くことができなかった。

　後日、Xが電話をかけるも、つながらないまま1か月が過ぎたころ、A氏の隣家から地域包括支援センターにA氏の母親の様子がおかしいと電話があった。対応した公認心理師Yが電話で聞き取ったところ、A氏の母親が家に帰れなくなり、近所の人が連れて行ったことがあること、入浴ができていない様子で顔色も悪いこと、などの情報が得られたため、Xと相談した上で、YがA氏の自宅を訪問した。しかし、ベランダの窓が開いた音がしたものの、誰も出てくる気配はなく、A氏や母親と会うことはできなかった。Yは職場に戻って、XとともにA氏や母親への支援について話し合った。

❷支援目標の検討

　Xは母親に認知症がありそうで栄養状態も心配だとし、何とか早めにA氏に状況を伝えて、受診につなげたいと考えていた。また、A氏に少しでも母親の生活を支援してもらえないか、話をしてみたいとも思っていた。一方Yも、A氏の母親が認知症であることを想定したものの、その支援をA氏に頼むことはむずかしいかもしれないと考えていた。A氏が高校中退後、就労が継続できない状態が続いていたことをふまえる

と、どのような理由かは不明だが、A氏が対人関係をつくることが得意ではなく、地域包括支援センターをはじめとした、支援者との関係も慎重に築いていく必要がありそうだと考えていた。また、A氏が家事いっさいを母親に任せていたことを考えると、A氏は心理的にも生活上でも母親に依存した状態のまま、現在に至っていることも予想された。

そこでXとYは、最終的に母親の生活が安定するためには、A氏の生活も安定したものである必要があると考えた。そして、①母親の心身の健康状態や生活への意向の確認と、②A氏と支援者との安定した関係構築と生活への意向の確認、を当面の支援目標とすることとした。

A氏と一定の良好な関係を構築するために、まず1人の担当者が根気よくかかわって警戒心を解くようにし、A氏の生活の大変さを話してもらえる関係をつくることをめざした。また母親に対しては、連絡をくれた隣家の住人に再度連絡を取り、可能ならば母親に声をかけるなどかかわってもらい、今後も引き続きA氏と母親の様子について情報提供してほしいと頼んでみることにした。そして、A氏と母親の生活において、仮に同居していても、それぞれ一定の心理的な距離をつくる必要があると考え、公認心理師のYがA氏との関係をつくるようにし、社会福祉士Xは近所の人を通して、母親の状態把握と必要なときには介入をすることとした。

❸支援の経過

Xが隣家のCさん（女性・79歳）に連絡を取ったところ、以前はA氏の母親と交流があり、互いの家に行き来するようなよい関係があったことがわかった。Xからの申し出を受けて、CさんはA氏の母親に声をかけてくれるようになり、A氏の母親が自分のもの忘れや失敗でどうしてよいかわからないと思っていることや、息子であるA氏がひきこもっているので心配していることがわかった。そして、Cさんの仲立ちで、Xは母親と直接話すこともできるようになった。A氏の母親は、認知症のようなもの忘れがあることなど、自分の状態に不安を感じていた。母親が訴える不安を傾聴した上で、Xが受診についてどう考えるかを尋ねると、今のままでは不安だし、息子のことも相談したいので受診したいとのことだった。

一方Yは、A氏と関係を構築するために、頻繁ではあるが、しつこくならないよう短い時間で立ち去るようにして、A氏宅を訪問して声をかけ続けた。あるとき、A氏がベランダから顔を出してYと目が合ったの

で、Yは自己紹介をした後、A氏が以前、地域包括支援センターに相談に来たことについてねぎらい、その後の様子を尋ねた。すると短い時間ながら、A氏は母親が入浴せず、不衛生で一緒に生活するのがつらいと話してくれた。それ以降、週に2回程度訪問していくうちに、A氏は毎回ベランダから顔を出して、Yと話してくれるようになってきたので、Yは門を開けてもらえないかと打診し、庭先に入れてもらうことができるようになった。少しずつ、物理的に近づいて話ができる関係をつくり、訪問開始1か月半後には、YはA氏と軒下で腰かけて話ができるようになった。

　Yは、A氏の苦労や困りごとについて傾聴し、状況に対してA氏が取った努力や新しい方法を見つけては是認するように努め、母親への支援については話題にしなかった。A氏の話から、家事ができなくなった母親に腹が立ち、このままでは自分が母親に暴力を振るってしまいそうだと感じて、自らひきこもっているとのことであった。Yは、自ら暴力を回避する行動をとっているというA氏を是認した上で、A氏が困っている「母親が入浴しない」状況を取り上げて、この状況だけでも改善できるよう方法を一緒に考えたいと思っているがどう思うかと、訪問開始後2か月して初めて申し出た。

❹事例における公認心理師の役割

　この事例は、同じ地域包括支援センターに所属する社会福祉士と公認心理師が、連携しながら支援を進めた事例である。支援目標を共有しながらも、生活への支援が必要だと思われる母親には社会福祉士が、母親との葛藤や対人関係の不得意さなど心理的な課題を抱えると想定されるA氏には公認心理師が、それぞれ支援を行っている。

　社会福祉士は、A氏の母親の率直な意向や感情を引き出すために、マイクロ技法をはじめとした心理的支援技法を用いた。仮に認知症やほかの障害があっても、マイクロ技法は対人関係構築に必要な技法であり、意図して技法を用いることで安定した人間関係を構築することができるだろう。このように、受診やサービスの紹介の前に、一定の信頼関係を構築することは社会福祉士の行う心理的支援の基本である。また、地域住民に支援を依頼する場合には、最初にCさんとA氏の母親Bさんとの過去の関係性についての情報を得てから打診している。相手と一定の信頼関係をつくってから、支援者としての要望を打診するという手順は、地域住民の理解を得る上で欠かせない人間関係の構築の技術でありソー

シャルワークにおける重要な心理的支援の一つである。Xはそれをていねいに行って関係を構築した。

　一方、A氏にかかわる公認心理師は、A氏にとって対人関係の構築や母親との葛藤が課題となっていることを見極め、支援にあたって、性急にA氏に母親支援の要請を行っても状況が悪化することを予想した。実際のかかわりでは、当初は母親支援について説得や説明を試みないことはもちろん、強引にならないよう、最初は接触頻度を増やしてA氏がYに慣れることをめざした。その後A氏がYに顔を見せるようになっても、一度に説得したり、家の中に入ろうとしたりすることを控えて、完全に慣れてから門を開けてもらうよう依頼するようにして、スモールステップで関係を構築している。その後A氏と話ができるようになってからは、A氏の努力を繰り返し是認して、動機づけを高めるはたらきかけとともに、あくまでA氏の困りごとに焦点を当てて応答した。このようにA氏の自己肯定感を少しでも高めるためのアプローチを試みることで、安定した関係をつくることに成功している。さらにYは、2か月たって初めてA氏の母親への支援をA氏に打診したが、自分の提案に対するA氏の意向を確認して、A氏の自己決定を促している。このように公認心理師は、関係構築のための心理的支援技法を面接場面で用いるだけではなく、A氏に対する心理的なアセスメントに基づいて、関係構築をより戦略的に行う。最終的には、A氏が自分の生活に関して自己決定できるようになることがA氏自身の生活の安定化に必要だとふまえて、Yが自己決定理論を背景にした動機づけ支援を行っているのである。

　このように、公認心理師が対象者に心理的な変容を起こすために、理論に基づいた心理的支援を戦略的に行う一方で、ソーシャルワーカーは心理的支援技法を用いて良好な対人関係を構築しながら、同時に環境調整や見守りなど具体的な支援を提案したり行ったりして、生活の質を担保しようとするところに特徴がある。

参考文献
- 岩田正美・上野谷加代子・藤村正之『ウェルビーイング・タウン　社会福祉入門　改訂版（有斐閣アルマ）』有斐閣、2013年
- 野島一彦 編『公認心理師の基礎と実践　第1巻 公認心理師の職責』遠見書房、2018年
- 武田　建・津田耕一『ソーシャルワークとは何か－バイステックの7原則と社会福祉援助技術』誠信書房、2016年

COLUMN
●支援する上での落とし穴
（1）よかれ違い

　2歳のCくんは保育室の扉に関心をもった。身長の3倍はある大きな吊り引き戸が戸袋にスーッと入っていき、また、スーッと出てくる。その様子を不思議そうに何度も見ている。次に、自分の力で吊り引き戸を動かして戸袋へ入れようとした。戸袋に
吸い込まれるところをのぞき込むには、吊り引き戸の引き手は遠くて使えない。そこで、手のひらをぴったりドアに押しつけて力をこめて横に動かす。手を離すと戸は静かにスーッと戸袋から出てくる。力の入れ加減や足の踏んばり具合をそのつど微妙に調整して戸袋の不思議に全身で取り組むCくんの姿に、こちらも引き込まれる。集中したまなざしで真剣に繰り返す姿は、まるで研究者そのもの。この研究にどのようにひと区切りを付けるのかと楽しみに見守っていた。

　そのとき、保育室にボールプールが準備された。Cくんの好きな遊びである。「ボールプールできたよ」という呼びかけに、振り向くこともなくCくんは吊り引き戸に取り組んでいる。保育士の呼びかけに応えたのは母親のほうであった。Cくんをひょい
と抱き上げてボールプールに入れた。いきなり妨げられたCくんはあわてて背丈ほどもあるボールプールの壁を乗り越えてもとの場所に戻った。Cくんの研究への思いは途切れることなく再開して約10分後、スーッと戸が閉まったのを確認したCくんはくるりと戸に背を向けて、ピョンピョンと飛び跳ねた。心躍る思いの表現であろうか、いい表情である。それから、周りを眺めて自分からボールプールを選んで入り込んだ。

　発達支援では、このタイミングを大事に待ちたい。自分が興味をもったことに集中して取り組み、自分で終わりにすることができたとき、満ちたりた喜びでCくんのからだは飛び跳ねた。能動的に何かを極めた満悦の心の現れであろう。ここに自我の育
ちゆく姿がある。母親は「こっちのほうが楽しそうだから」と大好きなボー

ルプールにCくんを入れてあげたが、大人がよかれと思ってする行為の中にもこのような「よかれ違い」が少なくない。

　支援の場におけるこのような「よかれ違い」を省察するには、スタッフミーティングが欠かせない。保育の場でも高齢者の介護の場でも同じである。その日の活動を振り返るスタッフミーティングで、被支援者の思いに気付かされて理解が深まることが少なくない。被支援者の思いをくむ視点を磨いていくプロセスは、支援者の成長のプロセスに重なるものであろう。

（2）平等と画一

　幼稚園の秋の行事の一つにサツマイモ掘りがある。4月に植えた苗の育ちを散歩の折に観察しながら、いよいよ収穫のときを迎える。ここでは、2つの園の様子を紹介しながら、平等と画一について考えてみたい。

❶ 「自由にお芋掘り」の園：平等

　お芋畑に到着すると、子どもたちはどこを掘ろうかとにぎやかに畝（うね）の間を歩いて見て回る。間もなく、あちこちでつるや葉っぱを引く作業が始まり、それぞれがお芋掘りに夢中になる。なかには、葉っぱやつるがおもしろくて、お芋掘りを忘れて遊んでいる子もいる。そんななかで、Pくんは最初から最後まで黙々と掘り続けて袋に入り切らないほどの量を収穫した。

　園に帰ると、先生はその日お休みだった3人の空っぽの袋を見せてクラスの皆に「どうしようか？」と相談をもちかけた。すると、「私のを分けてあげる」と、お芋を差し出す子がいた。「ぼくのもいいよ」と袋にお芋を入れてくれる子に、先生は「ありがとう」と言いながら受け取った。少ない中から惜しげもなく友だちにあげようとする子もいるのに、一番たくさん収穫したPくんが1本も手放そうとしない。そのことが気になった先生は、「休んだお友だちに少し分けてもらえる？」「きっと喜ぶよ」と促したが、Pくんは返事に困り黙っている。先生はPくんが人に分けられる子になってほしいと思い、さらにはたらきかけた。いよいよ何本かのお芋を提供せざるを得ないような雰囲気になり、Pくんはしぶしぶうなずいた。一件落着とばかりに、自由遊びの時間になった。しかし、Pくんは遊びには行かず保育室に一人ぽつんと残っていた。

　Pくんの姿に気付いて戻った先生に、「ぼくが掘ったお芋を全部お母さんに見せたかった」とPくんは泣き出した。この言葉を聞いた先生は頭をガーンと殴られた思いであったという。「そうだったの、ごめんね、先生が間違ってた、本当にごめんね、『こんなにいっぱい掘ったよ』ってお母さんに見せ

たかったのね、わかった、先生今から集めてくるから」と謝った。でも、いくら謝ってお芋を返しても取り返しがつかない気がした。Ｐくんの姿を欲張りと思ってしまった浅薄な自分が恥ずかしいと先生は落ち込んだ。

　スタッフミーティングで先生は考えた。保護者の手前、持ち帰るお芋の数にあまり差が出ないようにしたいという思いにとらわれていた自分にも気付かされた。しかし、Ｐくんの気持ちを知った後に、ほかの子どもたちにも収穫したお芋の数についてその思いを尋ねたところ、それぞれに自分の考えがあってのことだとわかった。袋にたった３本しか入ってない子でも「お父さんと、お母さんと、私の分なの」と誇らしげに満足している。３本がいい子には３本が、Ｐくんが一生懸命掘った証しとしてのすべてで、その子にとっての必要にして十分な数だとするならば、これが子どもにとっての平等であろう。数をそろえることが平等だと思っている大人の考えとは本質的に異なるものである。一人ひとりの子どもたちの思いによるお芋の数が、本当の意味での平等であることにスタッフ一同が思い至った。

　思いがけない失敗を通してではあったが、先生にとっての収穫は大きかった。トラブルや葛藤を乗り越えてしか学べないものがここにはあり、思いがぶつかり合い、わかり合いながら人間が豊かに育つ土壌があった。

❷「一人一株」の園：画一

　畑に着くとオーナーが待っていてくれた。サツマイモの葉の部分がきれいに取り除かれて掘りやすいように準備されていた。よく見ると、畝には10センチほどの茎が残されて土から突き出ていた。その茎を目印にして、園児は畝の間に順序よく並ぶ。自分にあてがわれた茎に名前の旗を差す。こうして自分用の茎を確保してその前にしゃがんで待機する。そして、オーナーから掘り方の説明を受ける。子どもたちが茎の周りを素手で掘っていくと紫色のお芋が見えてくる。歓喜の瞬間である。

　掘り出したサツマイモを持ち上げて、「重い！」「大きい！」「変な形！」などの歓声が上がる。持参の袋に収穫したお芋を入れて園に帰ると、園庭に丸くなってしゃがみ、自分のお芋を先生に見せる。先生は袋の中から焼き芋大会のお芋を１本ずつ集める。大きさのそろったお芋が大きなたらいに集められる。残りのお芋は家庭に持ち帰るので、数が平等になるようにと少ない子の袋には補充がなされた。こうして、周到に準備された流れにそって、お芋

掘りの行事はことなく終えた。

❸ 2つの園にみる平等と画一

　辞書によると、画一は「個々の事情や個性を考慮に入れないで、すべてを一様にそろえること。一律、均一」とある。大人の準備が行き届いた「一人一株」は「平等」という名の画一といえよう。一方、「自由に掘る」園では、「個々の事情や個性を考慮に入れて、一様にそろえないこと」が子どもにとっての「真の平等」であることを子どもから学んだ。こうして、子どもに心のエネルギーを費やした分だけ、大人の心の枠は広げられ柔軟になっていく。このような姿勢に、支援者として学びたいものだと思う。

さくいん

糸井　尚子（東京学芸大学名誉教授）
第3章 第2節2

遠藤　利彦（東京大学大学院教授）
第3章 第2節4

工藤　浩二（東京学芸大学教授）
第3章 第3節1・2

小野寺敦志（国際医療福祉大学准教授）
第4章 第1節、第2節

堀毛　裕子（東北学院大学名誉教授）
第4章 第3節

内田　雅志（元 旭川大学教授）
第4章 第4節1

田中　康雄（北海道大学名誉教授／こころと
　　　　　　そだちのクリニックむすびめ院長）
第4章 第4節2〜4・7

三原　聡子（国立病院機構久里浜医療センター
　　　　　　主任心理療法士）
第4章 第4節4（7）

久蔵　孝幸（札幌学院大学教授）
第4章 第4節5・6

川俣　智路（北海道教育大学准教授）
第4章 第4節8

加藤　伸司（東北福祉大学教授）
第4章 第4節9

松田　康子（北海道大学大学院教授）
第5章 第1節

欅木てる子（静岡福祉大学教授）
第5章 第2節

福井　里江（東京学芸大学准教授）
第5章 第3節1〜5

村上　伸治（川崎医科大学准教授）
第5章 第3節6

岩野　卓（福島県立医科大学博士研究員・認知行動
　　　　　コンサルティングオフィス代表）
第5章 第3節7

須藤　昌寛（国際医療福祉大学教授）
第5章 第3節8

小林　要二（こもれび診療所院長・精神科医）
第5章 第4節1

井上　雅彦（鳥取大学大学院教授）
第5章 第4節2

嶋田　洋徳（早稲田大学教授）
第5章 第4節3

山本　哲也（徳島大学大学院准教授）
第5章 第4節4・10

小倉菜穂子（八王子メンタルクリニック臨床心理
　　　　　　士）
第5章 第4節5

田辺　等（前 北星学園大学教授／北海道精神保健
　　　　　協会会長）
第5章 第4節6

丹　明彦（すぎなみ心理発達研究センター・ほっと
　　　　　カウンセリングサポート代表）
第5章 第4節7

清水　良三（明治学院大学名誉教授）
第5章 第4節8

黒沢　幸子（目白大学特任教授）
第5章 第4節9

久保田幹子（法政大学大学院教授）
第5章 第4節11

北村　世都（聖徳大学教授）
第5章 第5節

※執筆者の所属・肩書は、令和5年11月30日現在のものです。

社会福祉学習双書2024
第11巻
心理学と心理的支援

発　行　2020年12月22日　初版第1刷
　　　　2022年　1月21日　改訂第1版第1刷
　　　　2023年　1月31日　改訂第2版第1刷
　　　　2024年　1月31日　改訂第3版第1刷

編　集　『社会福祉学習双書』編集委員会

発行者　笹尾　勝

発行所　社会福祉法人　全国社会福祉協議会
　　　　〒100-8980　東京都千代田区霞が関3-3-2 新霞が関ビル
　　　　電話 03-3581-9511　振替 00160-5-38440

定　価　2,970円（本体2,700円＋税10%）

印刷所　日経印刷株式会社　　　　　　　　　　　禁複製

ISBN978-4-7935-1452-4 C0336 ¥2700E